Trajectory Equifinality Approach

TEA
と質的探究 用語集

サトウタツヤ　安田裕子 監修

中坪史典　土元哲平　上川多恵子

中本明世　加藤 望 編

誠信書房

まえがき
TEA をめぐる「知の最前線」の結集をめざして

　本書は，時間の経過とともにある人生径路や人間発達の多様性，複線性を捉える質的探究の方法論である TEA（Trajectory Equifinality Approach: 複線径路等至性アプローチ）について，その基本概念やそれに関連する多様な理論を体系的に整理した用語集です。TEA は，その発生母体である心理学はもとより，保育・幼児教育学，看護学，言語教育学，障害学，教育学，経営学などの学問分野に拡がり，多くの研究者に用いられています。こうした状況を踏まえて私たちは，多様な専門領域において質的探究を志す人たちのために，TEA をめぐる「知の最前線」の結集を目指して，2022 年 3 月の「TEA と質的探究学会」発足と同時に，本書の企画と作成を進めてきました。用語の精選や編集作業は，監修者の協力を得ながら，同学会の研究交流委員会が担いました。

　本書は，これから TEA を学び始める方，卒業論文・修士論文・博士論文において TEA を用いた質的探究に挑みたいと考えている方，すでに TEA を用いて論文等を執筆した経験のある方など，幅広い読者を対象としており，次の特徴を有します。第一に，データ分析の手法である TEM（Trajectory Equifinality Modeling: 複線径路等至性モデリング）の概念ツール，TEA を用いた質的探究の手続き，TEA の実際など，基本概念に関する用語を網羅しています（第 1 章）。第二に，TEA の最大の特徴であるプロセスの探究や時間の概念について解説するとともに，TEA を用いた質的分析を拡張する用語について紹介します（第 2 章）。第三に，TEA が発展した背景学問である文化心理学の源流をたどるとともに，ヴィゴツキーやヴァルシナーの記号論に関する用語について紹介します（第 3 章）。第四に，TEA の理解を深めるための概念や TEA の理論を発展させるための概念，さらには質的研究法をめぐるさまざまな用語を網羅しています（第 3 章）。そして第五に，保育・幼児教育学，看護学，言語教育学，キャリア心理学，臨床心理学，法と心理学，厚生心理学，障害者研究，経営学といった，TEA が拡がりを見せる学問分野の動向について解説します（第 4 章）。

iii

私たち質的探究者は，人間の経験や現象を深く理解するために，参与観察，インタビュー，資料収集などを通してデータを採集し，その人が直面している状況，環境，条件などを考慮しながら，その人の経験やその現象の背後に潜在する意味を発見し，文脈に即して記述することを志向します。TEA は，そうした人間の経験や現象の多様性，複雑性，可能性，潜在性などについて，それらに影響を与える社会的・文化的な諸力とともに捉えるうえで有力な視点を提供します。本書が TEA に関心のあるすべての方にとっての必読書となり，質的探究の旅路を支える有益な羅針盤となることを心から願っています。

　さて，本書に掲載される用語の 1 つ 1 つについては，執筆者，編者，監修者の間で幾重にも検討を重ねてきました。本書の企画から完成に至るまで 3 年間という時間を要したのも，こうした丁寧な議論の過程を経たからにほかなりません。この間，（株）誠信書房編集部の小林弘昌さまには，細部にわたって多大なご支援，ご教示，お力添えをいただきました。毎月開催された小林さまと編者とのオンライン会議での議論はもとより，メールでのやりとりは膨大な数に上ります。ここに深く感謝の意を表します。

　本書が多くの議論と検討のもとに完成したとはいえ，周知のとおり，TEA の概念や関連する理論は，現在進行形で多様に発展し，新たな視点を生み出し続けています。本書に収められた用語をもって完結ということは決してなく，今後も新たな概念や理論が登場するのは必至です。読者のみなさまには，本書の発行が「必須通過点（obligatory passage point）」の 1 つにすぎないことをご理解いただき，これを機に TEA がさらに発展する契機となれば幸いです。

　2025 年 1 月

編者を代表して　　中坪　史典

監修者

サトウ タツヤ　　　　　　　　　　　　　安田 裕子

編　者

中坪 史典（編者代表）

土元 哲平　　　　上川 多恵子　　　　中本 明世　　　　加藤 望

執筆者

石盛 真徳	加藤 望	髙井 かおり	福山 未智
市川 章子	上川 多恵子	田垣 正晋	柾木 史子
伊東 美智子	神崎 真実	田島 美帆	三田地 真実
乾 明紀	北出 慶子	田中 千尋	宮下 太陽
上田 敏丈	木戸 彩恵	張 暁紅	森 直久
上村 晶	香曽我部 琢	土元 哲平	安田 裕子
ウォーカー 泉	河本 尋子	豊田 香	山口 洋典
大川 聡子	小菅 竜介	中坪 史典	山田 早紀
大野 志保	小松 孝至	中本 明世	横山 草介
岡花 祈一郎	小山 多三代	滑田 明暢	横山 直子
小川 晶	境 愛一郎	濱名 潔	李 睿苗
小澤 伊久美	サトウ タツヤ	日高 友郎	渡邉 真帆
小田 友理恵	小路 浩子	廣瀬 太介	
尾見 康博	白井 利明	廣瀬 眞理子	
香川 秀太	卒田 卓也	福田 茉莉	

凡　例

①項目見出しにはルビを振った。略語で特別な読み方がある場合もルビを振った。

②相互に関連の強い用語は斜線（／）で区切って併記した。

③項目見出しに対して略語がある場合は，英語表記の後に記載した。

④項目見出しに対して同義語がある場合は，項目見出しの下部に記載した。

⑤解説文中のゴシック体は，本用語集に独立項目として収載されていることを示す。ただし，ゴシック体とするのは解説文中の初出箇所のみとした。引用文中にある場合は，初出であってもゴシック体にはしていない。

⑥略語を用いる場合は，日本語の初出箇所に併記し，以降の記述は略語のみとした。ただし，本用語集で略語を項目見出しとした TEA，TEM，HSI，TLMG などは日本語表記を併記していない。

⑦英語以外の外国語については，該当する語句の右側に，フランス語は〔仏〕，ドイツ語は〔独〕，ロシア語は〔露〕，ラテン語は〔羅〕と上付きで示した。

⑧当該項目をさらに理解するのに役立つと思われる本用語集の項目を，関連項目として解説文の末尾に示した。関連項目の配列は，本用語集での掲載順とした。

⑨執筆者名は解説の末尾に示した。

⑩本文中の引用文献表記で，「ヴァルシナー（2024/2014）」のように年号が斜線（/）で区切られているものは，翻訳書発行年/原書発行年を表す。翻訳書の場合は，人名をカタカナで表記した。

⑪第 4 章において，見出しの●は解説全体を読み進めるうえで理解しやすいようにつけたものである。見出しの■は，当該項目を理解するうえで重要な用語の解説を記述した部分であることを意味している。

⑫引用文献は巻末にまとめて示した。各文献の末尾〔　〕内には，引用されている項目を，章番号–節番号–項目番号でつないで示した（ただし，第 4 章の項目番号はない）。翻訳書については，原著者の綴りと原書発行年のみを翻訳書の末尾の〔　〕に示した。

⑬索引において，索引項目の所在を示した太い（ボールド体の）数字は，そのページに項目見出しおよびその略語があることを表す。また，項目見出しに対して付けられたアルファベットの略語については，索引項目の後の角括弧（ブラケット）内に対応する項目見出しを記載した。

目　次

まえがき　iii
監修者，編者，執筆者　v
凡例　vi

第 1 章　TEA の基本概念

第 1 節　TEA の基本的枠組み

1　TEA　2
2　TEM　3
3　HSI　4
4　TLMG　5

第 2 節　TEM における概念ツール

1　複線径路　6
2　径路　7
3　等至点［EFP］　8
4　両極化した等至点［P-EFP］　9
5　2nd 等至点［2nd EFP］　10
6　両極化した 2nd 等至点［P-2nd EFP］　11
7　分岐点［BFP］　12
8　必須通過点［OPP］　13
9　社会的助勢／社会的方向づけ［SG/SD］　14
10　目的の領域［ZOF］　15
11　価値変容点［VTM］　16
12　総合された個人的志向性［SPO］　17

第 3 節　TEA の研究手続き（TEA の実際）

1　研究協力者　18
2　1/4/9 の法則　19
3　ライフライン・インタビュー法［LIM］　20
4　トランスビュー　21
5　ラベルづけ／コーディング　22
6　可能な径路　23
7　時期区分　24
8　画期点　25
9　ストーリーライン　26
10　TEM 的飽和　27
11　径路の類型化　28
12　TEM 図　29
13　統合 TEM 図　30
14　TLMG 図　32

vii

第2章　プロセスの理解（新しい文化科学）

第1節　TEA におけるプロセスの探究

1　等至性　36
2　複線性　37
3　構造／過程　38
4　変容／維持　39
5　分岐点における緊張　40
6　定常状態　41
7　モデル／モデリング　42
8　個性記述的アプローチ　43
9　ライフ　44
10　ライフコース　45
11　類似性／同一性　46
12　境界域　47
13　非可逆的時間　48

第2節　TEA における時間概念

1　純粋持続　49
2　クロノス的時間　50
3　カイロス的時間　51
4　偶有性　52
5　未定さ　53
6　未来志向性　54
7　時間的展望［TP］　55
8　異時間混交性　56

第3節　TEA 分析の拡張

1　多重等至点　57
2　ゼロ等至点［Z-EFP］　58
3　未来等至点［F-EFP］　59
4　分岐域［BFZ］　60
5　等至域［ZEF］　61
6　影の径路　62
7　記号論的罠　63
8　包括体系的セッティング／記号的プロトコル［STS/SOP］　64
9　発生の促進的記号／収束の促進的記号［PSG/PSC］　65
10　多声モデル生成法［PMPM］　66
11　時間プロセス並行法　67
12　多声的・山脈的自己　68
13　Parallel-TEM／Parallel-3D-TEM　69
14　KTH CUBE システム［KTH］　70
15　クローバー分析［CLVA］　71
16　関係学　72
17　展結　73

viii

第3章　理論の深化

第1節　文化心理学の源流
1　文化心理学　76
2　民族心理学　78

第2節　ヴィゴツキーの記号論的文化心理学
1　記号　80
2　ヴィゴツキーの三角形　81
3　記号による媒介　82
4　心理的道具　83
5　総合　84
6　発達の最近接領域［ZPD］　85
7　最小のゲシュタルト　86
8　ポドテキスト　87

第3節　ヴァルシナーの記号論的動態性の文化心理学
1　ヴァルシナー，ヤーン　88
2　文化が人に属する　89
3　促進的記号／抑制的記号［PS/IS］　90
4　点的記号／域的記号　91
5　更一般化された情感的な記号領域　92
6　内化／外化　93
7　個人的文化／集合的文化　94
8　拡張的現在　95
9　記号の階層　96
10　壁象　97
11　冗長性／冗長な統制　98
12　ナノ心理学　99

第4節　TEAと関係の深い文化心理学の概念
1　ラプチャー　100
2　イマジネーション　101
3　移行　102
4　移境態　103
5　多声性　104
6　対話的自己論［DST］　105
7　足場かけ　106
8　ぶ厚い記述　107
9　現場　108
10　ナラティブ　109
11　意味づけの諸行為　110
12　ナラティブ・モード　111
13　可能世界　112

第5節　TEA 理解を深めるための概念

 1 相補性 113
 2 微発生 114
 3 記号圏 115
 4 私的事象 116
 5 随伴性 117
 6 心理的葛藤 118
 7 場理論 119
 8 社会的表象 120
 9 アブダクション 121
 10 後成的風景図 122
 11 水路づけの理論 123
 12 距離化 124
 13 詩的運動 125
 14 布置 126
 15 前方視／後方視 127
 16 前向型研究／回顧型研究 128

第6節　TEA 理論を発展させるために知っておいてほしいシステム論の用語

 1 一般システム理論［GST］ 129
 2 サイバネティクス 130
 3 動的平衡システム 131
 4 包括体系的な視点 132
 5 開放系／閉鎖系 133
 6 フィードバック／フィードフォーワード 134

第7節　質的研究法としての TEA

 1 トライアンギュレーション 135
 2 一般化 136
 3 妥当性 137
 4 再現性 138
 5 真正性 139
 6 転用可能性 140
 7 サンプリング 141
 8 因果関係 142
 9 実証主義 143
 10 ポスト実証主義 144
 11 社会構成主義 145
 12 解釈主義 146

第8節　質的研究法と TEA/TEM

 1 ライフストーリー［LS］ 147
 2 個人の生活の質評価法［SEIQoL］ 148
 3 ナラティブ・アプローチ 149
 4 ライフヒストリー［LH］ 150
 5 KJ 法 151

6 テキストマイニング 152
7 SCAT 153
8 会話分析［EMCA］ 154
9 GTA 155
10 エスノグラフィー 156
11 オートエスノグラフィー［AE］ 157
12 事例研究 158
13 アクションリサーチ 159
14 混合研究法［MMR］ 160
15 定性データ分析ソフト［QDA ソフト］ 161

第4章 対象の拡がり（新しい個性記述）

第1節 TEA×保育・幼児教育学 164

第2節 TEA×看護学 168

第3節 TEA×言語教育学 173

第4節 TEA×キャリア心理学 178

第5節 TEA×臨床心理学 183

第6節 TEA×法と心理学 188

第7節 TEA×厚生心理学 193

第8節 TEA×障害者研究 198

第9節 TEA×経営学 203

引用文献 208
あとがき 233
和文索引 235
欧文索引 240

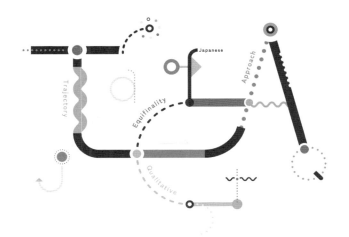

第1章
TEAの基本概念

第1節　TEAの基本的枠組み
第2節　TEMにおける概念ツール
第3節　TEAの研究手続き（TEAの実際）

第1節　TEAの基本的枠組み［1］

TEA

Trajectory Equifinality Approach

同義語 複線径路等至性アプローチ

　TEA は，TEM，HSI，TLMG の三鼎によって構成される，**文化心理学**に依拠した総括的な理論体系である。TEM は**等至性**の概念に基づき，人間の発達や人生の**径路の多様性・複線性**，可能性・潜在性を，**非可逆的時間**と社会的・文化的な諸力によって記述する方法であり，TEA の根幹をなす。等至性の概念では人間は**開放系**と見なされ，時間経過の中で多様な軌跡をたどりながらもある**定常状態**に等しく（equi）到達する（final）存在（安田，2005）とされる。そして HSI は，研究する事象を設定し**研究協力者**を選定する理論である。HSI は**等至点**（EFP）と密接に関連する。EFP は，そこに至りその後に持続する様相を捉えるうえで基点となる概念であり，研究目的に即して定める。非可逆的時間と社会的・文化的諸力の影響によって生じうるありさま，すなわち，歴史的に構造化された結び目に焦点を当て，その事象を経験した人を研究にお招きするという，研究者目線による対象選定の理論である。EFP はそれ以前に複数の径路が存在していることを含意し，ゆえに**分岐点**（BFP）と不可分であるが，TLMG は BFP の概念と関連する。TLMG は，自己の**変容・維持**の過程を，第1層の個別活動（行為）レベル，第2層の**記号**レベル，第3層の信念・価値観レベルの3つの層によって理解する理論である。換言すれば，TLMG では，行動や認識などの変容・維持の過程（第1層）を，信念・価値観（第3層）やそれらを媒介する記号（第2層）とともに可視化する。記号は文化心理学における鍵概念であり，常に主体（人）は記号を介して環境（社会など）と向き合っているとされる。とりわけ行動や認識などに転換が生じるとき，その分岐を促す記号，つまり**促進的記号**がどうあるかを可視化しようとする。TLMG は初期から存在した TEM や HSI よりもやや遅れて現れたが，BFP における自己の変容・維持過程を把握しようとする TLMG を用いた研究も，多く産出されている。

　関連項目 TEM，HSI，TLMG

■ 安田　裕子 ■

2　第1章　TEAの基本概念

TEM
テム

Trajectory Equifinality Modeling

同義語 複線径路等至性モデリング

　TEM とは **TEA** の**モデリング**を体現する研究手続きである。**ヴァルシナー**の理論的アイデアのもとにサトウらが 2004 年から共同で開発した手法であり（サトウら, 2006），**等至点**（EFP）に注目した場合，人がそこに行き着くまでには複数のプロセス（**複線径路**）があると想定し，その経験のプロセスを描き出す一連の研究手続き（モデリング）のことを指す。

　TEM では，**径路**が複線的であるなら，ある**分岐点**（BFP）で特定の選択をした結果がその時点で成功しても失敗しても，その後また同じ点（EFP）に至ることもありうると考える。複線径路という考え方に基づくことにより恢復過程を暗示しつつ，成功体験や失敗体験を増長させないモデル化を試みている。

　TEM では EFP に至るまでの過程をモデル化する。モデリングの際には，単に人生や人の経験を記述するだけではなく，人や組織などのシステムが多様性を実現する，その時間的変化を文化との関係で展望する新しい試みを目指す。TEM が示すのは時間的経緯の中で生きる人や組織と文化の相互作用の構造モデルであり，これは心理学におけるモデル構成の要である，「ローカリティをもちながらの一般化を目指す」という矛盾した要請に応える試みともいえる（サトウら, 2006）。

　TEM には BFP や**必須通過点**，**社会的助勢**，**社会的方向づけ**などのさまざまな概念ツールがあり，研究者はそれらを自由に組み合わせることができるが，**非可逆的時間**と EFP が設定されていることが，TEM の最小の構成単位と考えられている。なお，TEM は分析の生成的なありさまを適切に表現すべく，2004 年に生まれた複線径路等至性モデルという名称から複線径路等至性モデリングへとその名称を変えている（上川, 2023a）。

関連項目 TEA，複線径路，等至点，TEM 図，非可逆的時間

■ 木戸 彩恵 ■

第1節　TEAの基本的枠組み［3］

HSI
Historically Structured Inviting

［同義語］歴史的構造化ご招待

　TEM は**等至点**（EFP）となる現象を定めることが研究設問になる質的研究法であり，研究者の関心をひく事象としての EFP を経験した人を探して，自身の研究に協力してもらうために招く手続きが HSI である。ここで，研究者も招かれた人も歴史的に構造化された社会においてそれぞれの経験を紡いできており，また，紡いでいく存在であるとされる。

　ヴァルシナーは，心理学における**サンプリング**が時間を輪切りして人を扱っていること，そこで扱う個人は母集団を想定して取り出した「標本（sample）」でしかないことについて批判的であった（Valsiner & Sato, 2006）。人は時間の中で**変容**していく存在であるにもかかわらず，時間を止めて標本を抽出して母集団の性質を語ることへの疑問を呈したのである。そうではなく，ある個人がどのような時間的経緯（個人史，歴史）をたどって特定の経験をしているのか，を記述して理解すべきだとして HSS（Historically Structured Sampling）を提唱した。

　だが，そもそも質的研究においてサンプリングという概念が必要なのかという疑問が呈され（尾見, 2009），HSS に替えて HSI という名称（サトゥ, 2017b）が導入された。

　sampling に替えて inviting を用いるという変更は単なる名称変更ではない。HSI の基本姿勢はご招待であり母集団の１つの標本として扱わず（サトゥ, 2016），招いた相手を対象ではなくパートナーとして遇する。したがって研究者が**トランスビュー**の手続きを通して協働作業的に **TEM図**の完成を目指す姿勢に，HSI という考え方が具現化されているとも言える。さらに HSI は，研究に参加していただく方を研究参加者，研究に協力していただく方を**研究協力者**，と呼ぶ姿勢とも通じ合うものがある。

［関連項目］等至点，研究協力者，トランスビュー，サンプリング

▌サトウ タツヤ▌

4　第1章　TEAの基本概念

第1節　TEAの基本的枠組み [4]

TLMG
Three Layers Model of Genesis

同義語 発生の三層モデル

　TLMGは，自己の**変容・維持**過程を，アクティビティが発生する第1層の個別活動（行為）レベル，サインが発生する第2層の**記号**レベル，ビリーフが発生する第3層の信念・価値観レベルという3つの層によって理解する理論である。TLMGはもともと，**開放系**としての主体である自己が，情報の**内化**と**外化**を行いながら変容していく様相を捉えるためのモデルである（サトウ，2022b）。外界の情報は，幅をもつ3つの**境界域**を経て第3層の信念・価値観に到達する可能性があるとされる。つまり，外界の情報は，まず第1層の個別活動レベルで<ruby>篩<rt>ふる</rt></ruby>いにかけられる。第2層に入ってきた情報は個人史と結びつけられ，記号が立ち上がる。そして第3層へと入り込んだ情報は，個人の信念・価値観に統合される。これが内化の過程である。また，そのようにして形成された新たな信念・価値観（第3層）によって，行動や認識など（第1層）に変容が生じることがある。これが外化の過程である。情報の内化と外化に関するこのモデルは，**TEA**を構成する重要な理論であるTLMGが考案される基盤となった。TLMGに関わり，**価値変容点**といった概念が提唱されてもいる（廣瀬，2012）。TLMGによる分析には2つの典型が見いだされている（安田，2018a）。1つは，**分岐点**に焦点を当てTLMGを重ねはめ込むようにして，自己の変容・維持過程を捉える型である（上田，2013）。もう1つは，TLMGの第1層である個別活動レベルの分析に**TEM**を用い，それとの関連で，第2層で**促進的記号**（PS）の働きを，第3層で信念・価値観の変容を捉える型である（豊田，2015）。これら2つの型をモデルとしつつ，研究が蓄積されてきている。**文化心理学**に依拠するTEAでは，主体と環境を媒介する機能をもつ記号を重視する。かかわって，TLMGによる分析では，第2層の記号レベルにおいてPSをいかに可視化するかが鍵となる。

関連項目 分岐点，価値変容点，境界域，記号，促進的記号

安田　裕子

第1節　TEAの基本的枠組み　5

第 2 節　TEM における概念ツール［1］

複線径路
multiple trajectories

　複線径路は，人間の発達について，**ヴァルシナー**（Valsiner, 2000, 2001）が唱えた発達径路の多重性（multi-linearity）と，サトウ（Sato, 2004; サトウら, 2006）が重視した個人的・社会文化的制約の**等至性**が融合し生まれた概念で，個人の発達は，社会文化的な関わりにより，複数の異なる**径路**をたどる可能性があるとする。

　発達径路の多重性は，人生には機械的な要素還元主義では説明ができないような，無数の相互的な力が働いているため存在する。**TEA** が依拠するフォン・ベルタランフィ（1973/1968）の**一般システム理論**が示すように，人間は，自己を取り巻く，家族，社会，時代などのさまざまなシステムを包括した環境と動的に相互作用しながら，有機的に自分の人生である径路を紡いでいく**開放系**である。ドリーシュ（Driesch, 1908）は，ウニの胚を用いた実験で，細胞分裂中の細胞を切り取っても，小さいながらも完全な幼生になることを発見し，細胞の運命は既定されているという当時主流の前成説に反した。ドリーシュの考えは，胚の各部分は全体として調和的に発達するとした後成説的なものである。TEA においては，人生で 1 つの径路が塞がれても，別の径路を選択し進むことで，同じ最終状態に到達しうるという希望がつまり，場合によっては，別の径路を選択しても，大きな枠組みから見ると同じ結果をもたらすという達観性が複線径路なのである。

　一方，人間の発達，すなわち複線径路には多様性があるものの，個人の生物的・文化的な制約を受けるために，ある一定の方向づけや範囲に収まるのが現実である。サトウ（2009a）は，マーフィー（Murphy, 1947）の**水路づけの理論**のように制約が径路を固定する側面に焦点を当てるのではなく，その制約を促進とも捉え直し，複線径路の概念を通して，個人の選択がもつ可能性を重視している。

関連項目 等至点，可能な径路，開放系／閉鎖系

▌ 柾木 史子 ▌

第2節　TEMにおける概念ツール［2］

径路
けい　ろ
trajectory

　径路とは，人生の軌道である。それは，さまざまな困難や達成，人との関係性や社会動向によって差異が生まれ，彩られる軌跡である。後戻りできない**非可逆的時間**の中で，ある方向に向かって進んでいく人間の選択の累積である。自ら決めた**等至点**（EFP）を目指しながら歩むことも可能であるし，決めなくとも生物として進んでいく方向はある程度定められている。サトウら（2006）は，**後成的風景図**（Waddington, 1957）を例に，地形の起伏が染色体に変化をもたらすように，人生の径路も，生まれ持った素質が社会文化的な環境の影響を受けて収束する形だという。

　TEAにおける径路とは，研究者のリサーチクエスチョンに対応するEFPをもつ歴史的構造化ご招待者の人生について，そのEFPまでの道筋を**TEM**図により可視化したものである。インタビューから帰納的に導き出した招待者の人生の**ナラティブ**を，**社会的方向づけ**，**社会的助勢**，**分岐点**などのTEAの概念を使用して分析し，文化の影響を受けた径路を浮き彫りにする。

　質的研究法として発展したTEAでは，招待者の繊細な感情の動きや行為を捉えて道筋を描くため，多くが一斉に通る「経路」ではなく，個のこだわりや趣を大切にする「径路」を重視する。さらに，AからBという地点をつなぐ空間に焦点を当てたpathではなく，AからBにどのくらいの熱量と時間をかけて動いたかを表す軌跡としてのtrajectoryであり，時間と過程を重視する。

　TEA分析の**トランスビュー**を通して，歴史的構造化ご招待者が可視化された自分の径路を見るとき，これまでの人生を俯瞰することにより気づきが起こり，未来への勇気を感じるということも多い。径路は，さまざまな時点での意思決定や行為選択がどのようなメカニズムによって現実化したのかを捉える媒体でもあり，ナラティブの1つの形である。

関連項目 HSI，複線径路，等至点，可能な径路

▌柾木 史子▌

第2節 TEMにおける概念ツール［3］

等至点
とう し てん

equifinality point **略語 EFP**

　等至点（EFP）とは，多様かつ複線的である人生の**径路**（ライフコース）において，歴史的・文化的・社会的な文脈の影響を受ける中で収束していくポイントのことである。個人が多様な径路を歩みながらも等しく（equi）至る（final）点という意味を込めて概念化された（サトウら，2006; 安田，2005）。EFPは **TEA** の中心的概念であり，**一般システム理論**（フォン・ベルタランフィ，1973/1968）に依拠し，**開放系**が異なる径路をたどりながらも類似の結果にたどり着くことを示す**等至性**を，発達や文化的な事象に関する心理学的研究に取り入れようと創案された（Valsiner, 2001）。

　TEAは人間を開放系として捉えたうえで，その対象者が置かれた文化における発達を描くが，EFPに至る**複線径路**を前提としている。**TEM** は，ある地点からEFPへと至る人生プロセスを**非可逆的時間**軸上で径路として描き，EFPに至る行為や動的な心理状態を可視化することを目指している。EFPは研究者の最初の関心や研究目的に基づいて定めるポイントである。また，EFPは同一ではなく類似な経験である。TEAではEFPを研究者が設定してよいが，固定的に捉えないことが重要である。最初に研究者が設定したEFPは研究前の視点の反映であり，データを分析する過程で最初に考えていたEFPとは異なるEFPが見えた場合，**変容**することがある。つまり，面接と分析を通じて，対象者にとって意味のあるEFPを設定することができる（サトウ，2015a）。TEAはEFPを決定することから始める対象選定を行うことで分かりやすくEFPまでの径路を可視化することができるが，未来をあらかじめ決定したうえで調査が進められ，逆行的に径路が描かれるため，発達の未決定性や創造性を捨象するリスクを含んでいる。したがって，研究者が定めたEFPについて，分析過程で何度もその適切性を問う必要がある（香川，2015a）。

関連項目 両極化した等至点，2nd等至点，両極化した2nd等至点，等至性

■ 中本 明世 ■

8　第1章　TEAの基本概念

第2節　TEMにおける概念ツール [4]

両極化した等至点
polarized equifinality point　**略語 P-EFP**

　両極化した等至点（P-EFP）は，**等至点**（EFP）と対極の意味をもち，EFPの補集合的事象を設定する概念ツールである。P-EFPを設定することによって，そこに至る可能性も視野に入れながら**径路**の多様性をダイナミックに可視化することができる。P-EFPは，研究者がEFPを設定することで対象とする現象や経験を価値あるものとして見なしてしまうことを避けるために，EFPと両極化する概念として設定された。

　EFPとP-EFPの軸を**非可逆的時間**の軸と直交させることによって，**TEM**が2次元で構成されることを保証することができる。また，EFPとして設定された研究者の関心を相対化することができる。EFPは研究者の関心どころであることから，その現象や経験が社会的に価値づけられてしまう可能性がある。それを避けるためにP-EFPは役立つといわれている（サトウ，2017b）。

　EFPの対極として仮定したP-EFPは，分析を通して当事者の意味づけを反映した意味あるP-EFPを探究していくことが重要である。つまり，分析の過程でEFPを再設定するのと同様に，P-EFPもその適切性を検討する必要がある。研究者が**HSI**によってEFPに至った当事者の径路を聴き**TEM図**を描くが，P-EFPになぜ至らなかったのかを聴くことに意義がある。例えば，EFPを「○○をする」と設定した場合，P-EFPは「○○をしない」である。しかし，それでは当事者の意味世界が表れず心理学的に有意義であるとはいえない。したがって，研究者が設定したEFPに対し，現象に即した意味のあるP-EFPを設定する必要がある。TEM図を描きながら当事者にとって意味のあるP-EFPを設定することができれば，**TEM的飽和**が実現されたといえる（サトウ，2015c）。

関連項目 等至点，TEM的飽和，等至性

▌ 中本 明世 ▌

第2節　TEMにおける概念ツール　9

第 2 節　TEM における概念ツール［5］

2nd 等至点
セカンド とう し てん

second equifinality point　略語 **2nd EFP**

同義語 **セカンド等至点**

　2nd 等至点（2nd EFP）とは，**等至点**（EFP）以降に捉えられる，**研究協力者**にとっての EFP のことをいう。**TEM** では，語りデータを分析していく過程で，当初は研究者の関心として焦点が当てられていなかった研究協力者当人の次なる展望のようなものが見えてくることがある。研究者の最初の関心や研究目的として捉えられ，研究者が設定したポイントが EFP であるのに対し，研究協力者にとっての未来展望や**ライフ**の次なる目的のようなものを焦点化するポイントが 2nd EFP である。

　初期の TEM 研究においては，EFP に至る多様性を描くことに重点が置かれており，研究者が設定した EFP 以降の**径路**，EFP を起点とした未来への展望という発想は希薄であったが（サトウ，2009f），TEM 研究が展開していく中で EFP 概念が拡充されて 2nd EFP と概念化された。

　EFP として焦点化した経験以後に生じる当人の展望は，複数回インタビューをして**トランスビュー**の実践過程で，明確になってくることでもある（安田，2022b）。そして，データを分析する過程で研究者が設定した EFP とは異なる EFP が見え，EFP が**変容**していく際に 2nd EFP として捉えることができる。

　研究者にとっての目的や視点（EFP）よりも当人にとっては，その後の EFP 以降の人生のほうが重要な場合がありうる。研究者は自分の目の付けどころを大事にしながらも，研究協力者の展望も尊重する必要がある（サトウ，2015d）。そのような場合には，2nd EFP という概念を用いることによって，より本人目線のモデルを描くことができる。これが TEM の強みでもある（サトウ，2022a）。そして，EFP だけでなく，2nd EFP を描き出すことによって，より当事者に対する理解を高めることができる（上川，2023a）。

関連項目 等至点，両極化した等至点，両極化した 2nd 等至点，ゼロ等至点

■ 大野 志保 ■

10　　第 1 章　TEA の基本概念

第 2 節　TEM における概念ツール ［6］

両極化した 2nd 等至点
polarized second equifinality point　　略語 **P-2nd EFP**

同義語 **両極化したセカンド等至点**

　両極化した 2nd 等至点（P-2nd EFP）とは，研究者が設定したポイントである**等至点**（EFP）以降の**研究協力者**の次なる展望や目的である **2nd 等至点**（2nd EFP）と背反する事象のことを指す。すなわち，2nd EFP にとっての両極化した等至点（P-EFP）を P-2nd EFP という。**TEM** には，EFP に対して，その補集合的経験を考える概念ツールとして P-EFP があり，2nd EFP にも対応される P-2nd EFP を設定する必要がある（サトウ，2017b）。

　TEM では，EFP と P-EFP に対して直交する位置に**非可逆的時間**の矢印が配置される。2nd EFP に対する補集合（P-2nd EFP）を理論的に設定すれば，EFP と P-EFP の関係と同じ非可逆的時間に直交する時間軸の設定となる。しかし，2nd EFP と P-2nd EFP は当事者にとっての時間の流れであるため，研究者が設定した EFP と P-EFP の時間とは異なる関係であろう。そこで，本人にとって意味のある P-2nd EFP の探究が重要になる（サトウ，2015d）。研究者が **HSI** で研究にご招待したときには，本人にとってはすでに時間は経過しており，EFP 以降にさまざまな人生経験を積み，時間経過の中で新しい展望が生まれていると考えられる。また，研究者が最初に立てた仮説が正しいとは限らない。それゆえに，2nd EFP の検討と P-2nd EFP の検討を往来しながら，研究協力者にとっての時間軸や展望の幅を探究していくことが重要である。

　展望の様相は，**目的の領域**の概念によって包括的に説明され，EFP と P-EFP により示されるありようは「目的の幅」，2nd EFP と P-2nd EFP により示されるありようは「目的の範囲」と整理されている（安田，2022a）。そして，EFP や 2nd EFP，P-EFP や P-2nd EFP を適切に定めることができれば，可視化した**径路の真正性**を高めることができる（安田，2019）。

関連項目 等至点，両極化した等至点，2nd 等至点，目的の領域，TEM 的飽和

▋ 大野　志保 ▋

第 2 節　TEM における概念ツール　　11

第 2 節　TEM における概念ツール［7］

分岐点
ぶん　き　てん

bifurcation point　　略語 **BFP**

　分岐点（BFP）とは，**社会的助勢・社会的方向づけ**のせめぎ合いから，**非可逆的時間**の中で偶有的に分岐が発生するポイントであり（福田，2015b），**等至点**の対概念である（安田，2015b）。**複線径路**を可能にする結節点であるが，**径路の分岐**が前提にあるのではなく，結果として後に径路が複線化する（サトウ，2009e, 2012d）。

　BFP には，過去から複数の可能性を有する未来へと向かう創発的な機能がある（Valsiner, 2009）。常に複数の選択肢が想定され，径路を歩む主体は意図的・無意図的にかかわらず 1 つを選択している（福田，2015b）。選択肢や径路分岐は必ずしも可視的ではなく，社会システムのありさまによって異なる（安田，2017）。時間を経て振り返り，初めて意識化されることもある（安田，2015b）。分岐の後には，実際に選択されて現実化した径路と，選択されなかったが実質的にありえた径路が描かれる（安田，2015g）。これにより，実際にはとらなかった不可視的径路の展望や，径路の非選択をめぐる洞察が可能になる（サトウ，2006）。

　安田（2015e）は，BFP の 2 つの設定方法を示している。分岐をもたらしたポイントを BFP に設定する方法と，分岐をもたらす**促進的記号**の発生と諸力のせめぎ合いを明確にして複数の選択肢の存在を BFP とする方法，の 2 つである（安田，2015e, 2017）。BFP をどう焦点化するかは，**研究協力者**の語りに基づく検討が重要である（安田，2017）。なお，行為だけでなく，**心理的葛藤**の状態を BFP に設定する場合もある（福田，2015b）。

　類似する概念に転機があるが，BFP には，必ずしも転機のような重大かつ急激な変化の意味合いはない。大きな負の出来事を経験しても，それに対する恢復可能性を有する見方ともいえる（サトウ，2009e）。
かいふく

関連項目 複線径路，等至点，社会的助勢／社会的方向づけ，分岐点における緊張，非可
逆的時間

■ 河本　尋子 ■

12　第 1 章　TEA の基本概念

第2節　TEMにおける概念ツール [8]

必須通過点
おbligatory passage point　　　**OPP**

　TEMの記述において，多くの人が**等至点**に至るまでにある地点から次の地点に移るために，ほぼ必然的に通らなければいけない地点のことを必須通過点（OPP）と呼ぶ。「必須」という意味は「全員が必ず」という強い意味ではなく，「ほとんどの人が」という緩やかな意味で用いられている。

　複線性の補償という観点から見た場合，OPPには人の多様性を制約する文化が影響していると考えることができる。そのため，TEMではOPPという概念を取り入れることで，本来大きな自由をもちうるはずの人間の経験が，ある一定の結節点に収束しているという状態を描き出す試みを行っている（サトウら，2006）。TEMにおいてOPPとして焦点を当てた経験を分析することは，そこに作用する社会文化的な諸力を明らかにし，見えにくくなっている文化をあぶり出すことにつながる（安田，2009）。また，OPPが何らかの転換点となりうる場合には，プロセスの**時期区分**に活用されることもある（安田，2023）。

　OPPは大きく3つの種類に分けられる。それぞれ，制度的OPP，慣習的OPP，結果的OPPである。制度的OPPは，制度的に存在し，典型的には法律で定められているようなもの（例えば，義務教育課程への入学）である。慣習的OPPは，法律で定められているわけではないが多くの人が経験するようなこと（例えば，七五三およびその際の正装）である。これら2つのOPPは，多くの人々が文化的に常識だと考えたり，当然であると判断したりしがちなOPPといえる。結果的OPPは，制度的でも慣習的でもないにもかかわらず，多くの人が経験する天災や戦争などの大きな社会的出来事などのこと（例えば，新型コロナウイルス感染症の流行）である。

関連項目　TEM，分岐点

木戸　彩恵

第2節　TEMにおける概念ツール [9]

社会的助勢／社会的方向づけ
social guidance / social direction　　略語 **SG / SD**

　社会的助勢（SG）と社会的方向づけ（SD）は，ともに**径路**にかかる社会的諸力を表す概念である。

　SG は，**等至点**（EFP）へ向かうことを促進したり助けたりする力，反対に，SD は，EFP へ向かう個人の行動や選択などに制約的，阻害的な影響を与える力を象徴的に表すものである（安田，2019）。なお，SG・SD ともに，「社会的」という言葉が付されているが，社会的なことに限定されておらず，例えば，「自尊心」や「モチベーション」などといった個人の内的なことも含まれる（安田，2019）。

　SG は，SD に拮抗する力として概念化されたものであり，SG が見いだされたなら SD の存在を，SD が見いだされたなら SG の存在を，というように対概念として検討するとよい（安田，2017）。SG と SD がせめぎ合う様子を描き出すことによって，**分岐点**を捉えることができ，**分岐点における緊張**や**心理的葛藤**を考察しながら，行動の**変容**と**維持**，選択の過程を明らかにすることができる。また，SG と SD は，時間の経過とともに個人の心理的状況や環境が変化することによって，SG が SD に，SD が SG に働くという反転が起こることがある（安田，2017）。このような場合，反転の原因や背景を突き止めることで考察も深まっていくため，どのように可視化するかは工夫が求められるところである。

　インタビューなどの分析データを読み解く過程において，行動や選択に制約や阻害をもたらすような SD を特定することができたら，その SD によって影響を受けた行動や選択，つまり，**必須通過点**（OPP）が浮き彫りにされることがある。反対に，OPP の設定によって，SD を見つける手がかりを得ることもできる（安田，2017）。

関連項目 等至点，分岐点，必須通過点

▌ 田島　美帆 ▌

14　第1章　TEA の基本概念

第 2 節　TEM における概念ツール［10］

目的の領域
zone of finality　　略語 **ZOF**

同義語 目標の領域

　目的の領域（ZOF）とは，未来の見通しに関する概念であり，**等至点**（EFP）**と両極化した等至点**（P-EFP）との間の幅を，領域（zone）として考える領域概念でもある。「目標の領域」とも呼ばれ（安田, 2023），達成されるべき目的や将来への展望を1つのポイントとして捉えるのではなく，領域として考えることを意味する。ヴィゴツキー（Vygotsky, L. S.）が提唱した**発達の最近接領域**を応用させたものとしても位置づけられている（サトウ, 2009f）。

　例えば，「Aになりたい」など，個人の目標や選択肢が明確になっているとき，それらは点的であり，A以外のものになることは考えられていないが，何らかの理由でそれがかなわなかった場合，代わりの目標や別の選択肢をすぐに設定し直すことは容易ではない。そのようなときは，「Aにはなれなかったが，Bをやりたいわけでもない」というように目標が曖昧に設定されることも少なくない。サトウ（2012d）によれば，このように点的ではなく，領域的に考える目標設定のことがZOFであるという。そして，EFPとP-EFPとの間を領域的に捉えることによって，その幅の中にはどのような**径路**がありうるのかという観点で多様な径路を浮き彫りにすることが可能となるのである。つまりZOFの中には，さまざまな可能性が混在しており，それらの連続性や拡がりを可視化することが重要であるといえる（サトウ, 2009f）。

　また，人は目標がかなえられなくなったときに自己との対話が始まることから，対話的自己によってZOFが生成されることもある。なお，zone of finality の finality は，**2nd 等至点**を含むものとして概念化されている。

関連項目 等至点，両極化した等至点，2nd 等至点，多重等至点，対話的自己論

田島　美帆

第2節　TEMにおける概念ツール[11]

価値変容点
value transformation moment　　略語 **VTM**

同義語 価値変容経験（value transformation experience; VTE）

　個人に対して大きな影響を与える出来事が生じることで，個人の価値が変わるような経験やある時間を指す。個人の価値が変わるような経験を価値変容経験（VTE）といい，その経験を時間の流れのある一時点として焦点を当てて描く場合は価値変容点（VTM）とも表現される（サトウ，2012d）。

　例えば東日本大震災を経験したある家族の場合，親と子どものVTMが必ずしも一致するとはいえない。親は，東日本大震災自体がVTMになっていても，義務教育段階にある子どもは，「地震のときは，大変そうだった。親や先生たちがいろいろしてくれた」と記憶するにとどまるかもしれない。東日本大震災を経験したある子どもが，大学に入学後，アルバイト先で店長から叱られて悔し涙を流した経験がVTMになることもあるだろう。このように東日本大震災のように結果的に多くの人が同じ時間に経験する有事の出来事だけでなく，個人の日々の行為や経験，つまり他者との出会いを通して自己を変革させる契機となったある経験をVTMと位置づけることもできる。先の例は，学校制度が地震を経験した子どもの教育環境を維持したことで子どもたちが将来に対して大きな**未定さ**を感じずに済んだことを示唆する。

　VTMは廣瀬（2012）により初めて**TEM図**に描かれた。廣瀬の研究では，ある支援者が支援グループでの新しい意味づけを見いだす過程を**TLMG**で分析する中でVTMが用いられた。この研究では，「ぴったしやんか，ぴったしやんか」という表現を使い，VTMに至る際の言語産出，すなわち**記号**も同時に描かれている。また，大野（2017）の研究では，対人援助職が気持ちを落ち着かせ，職務に励むまでをVTEとして描いている。

　記号は社会的結合の手段であり，記号が**内化**することは，**文化が人に属する**ことである（サトウ，2012d）。VTMは，文化が人に属する過程を詳細に描写することを可能にする。

関連項目 TLMG

■市川　章子■

第2節 TEMにおける概念ツール [12]

総合された個人的志向性

synthesized personal orientation 　　**略語 SPO**

同義語 統合された個人的志向性

　「総合」は，2つ以上のいくつかのものをまとめ合わせる意味をもつ。つまり，総合された個人的志向性（SPO）とは，人が**非可逆的時間**を生きる中で，個人の目標や願望，未来展望，行為や行動を支える意志・意思を表す概念であり，これらをまとめたものと定義できる。SPOを初めて取り入れたのは，弦間（2012）である。弦間は，個人の内的志向性としてSPOを捉えた。弦間の研究では，SPOを「学生相談室に相談したい」とし，「TEM分析のための概念」において「個人の内的志向性であり図示しない」とし**TEM図**には描いていない。次に取り入れたのは，林田（2017）と市川（2019）である。林田は，「精神科における看護師の役割」としてSPOを用い，TEM図に示している。市川も日本の公立小学校で学ぶ外国人児童を事例に「将来社長になって活躍したい」をSPOとして図示している。

　SPOは，個人の内的状態を表現する概念の1つである。個人の内的な欲求や意志を強調したい場合に用いると有効であり，ある個人の目標に向かう絶えざる力として概念化されている（サトウ，2012d）。なお，SPOはTEM図に背景のように書くこともあれば（市川，2024b），経験や出来事の間に書く場合もある（市川，2024a）。

　SPOは，日本語学習者の児童が，日本語未習で来日し，学級担任やクラスメイトの話す日本語が分からなくても，「小学校卒業までに日本語を使って堂々と発表したい」という意志をもち，小学校での日本語学習や教科学習に励む際にも，TEM図に描くことが可能だろう。ただしSPOと**促進的記号・抑制的記号**や**分岐点**など他の**TEM**の諸概念との関連について，議論が始まっていない。図示しないことで，**研究協力者**の内なるもの（意志・意思）への思いや組織などの質感を読み手に伝えることも可能になるだろう。

関連項目 目的の領域，未定さ，対話的自己論

┃ 市川　章子 ┃

第3節　TEAの研究手続き（TEAの実際）[1]

研究協力者
confederate

同義語 研究参加者，共同研究者

　質的研究における研究協力者とは，「研究を生み出すプロセスにおいて研究者と協働作業をするという意味を強調しての呼称」（北村，2018）である。

　過去において，研究対象者は「被験者」や「クライエント」（田中，2004），あるいは「対象（object）」や研究「主題（subject）」と呼ばれてきた。一方の研究者は社会的敬意を受ける存在とされ（大谷ら，2005），両者には明らかな上下関係や利害関係が存在していた。しかし現在は，「『研究対象』と呼ばれてきた人たちは，研究の目的と意義を理解して，それに主体的に参加するボランティア」（大谷ら，2005）であり，「『研究参加者（research participants）』『共同研究者／研究協力者（co-researchers）』と表現され，これまで被験者と呼ばれていた人々を，研究における重要な役割の担い手とみなす」（Parker，2008/2005，pp. 29-33）ようになった。これにより，「両者はともに主体的で平等かつ互恵的 mutually beneficial な関係」（大谷ら，2005）となった。そこには，「『客観』と『主観』という二元分割を疑い」（やまだ，2004），観察者と観察対象を完全に独立したものとせず，両者の相互作用を重視する質的研究の基盤がある。

　そこから発展してさらに **TEA** では，「研究者が関心をもった事象を経験した人をお呼びして行うインタビューを，歴史的構造化ご招待（Historically Structured Inviting: HSI）」と呼んでいる（サトウ，2016）。根底にあるのは，サンプルの1つとして人の話を聞くのではなく，自分が興味をもった経験をした，唯一無二のその人から話を伺うという，研究協力者ありきの視点である。これは質的心理学が，「尋問や取り調べとは違って，『お願いして教えていただく』のが基本の構図」（田中，2004，p. 73）であり，質的心理学の倫理的な基本姿勢がそこには見て取れるのである。

関連項目 HSI，トランスビュー

伊東　美智子

第3節　TEA の研究手続き（TEA の実際）[2]

1/4/9 の法則
law of 1/4/9

TEA を用いて語りを分析する場合，「1 人の話を分析すれば深みが出る，4 名の話を分析すれば多様性がみえる，9 名では径路の類型ができる」（荒川ら，2012）とする，**研究協力者**の数の目安を指したものである。これをサトウ（2015c）は，「経験則にすぎない」と明言しているが，1 の自乗，2 の自乗±1，3 の自乗±2 という語呂のよさと合わせ，質的研究歴 30 年以上の彼の実績から導き出されたものである。

質的研究における研究協力者の数について能智（2004）は，「サンプル数の適切さはあくまでも，分析に使われるデータの豊かさや深さ，さらには最終的に構成された理論やモデルとの関係の中で判断されるべきであり，形式的な基準に頼りすぎるべきではない」としている。また，荒川（2015）は「それ以上の事例になると（中略）TEM のように時間を捨象しない分析は抽象度が高くなり，ひとつのラベルのもとに無理に『分類』してしまうリスク」を指摘し，理論的飽和を迎える数としてもこの法則を支持している。

さらに田垣（2008）は，「通常，査読付きの学術雑誌に掲載するには，10 人から 20 人程度に，1 時間半程度のインタビューを 2 回するべきと言われている」とし，人数よりも回数の重要性に言及している。サトウ（2016）も，「『何人』問題よりも，『何回』問題を！」と強調し，1/4/9 の法則は同一人物に 3 回以上会うこととセットで成立するとしている。つまり，初回の聞き取りは研究者の主観が強く出たもの（イントラビュー，intra-view），2 回目の聞き取りは対象者の主観を反映させるもの（インタビュー，inter-view），そして 3 回目は相互の主観が融合した形のもの（**トランスビュー**，trans-view）といったように，回を重ねるたびに「進度が深まる聞き取り」を目指したうえでこそ活きてくる法則であることを認識しておきたい。

関連項目 複線径路，TEM 的飽和，径路の類型化

▌伊東　美智子▐

第 3 節　TEA の研究手続き（TEA の実際）[3]

ライフライン・インタビュー法

life-line interview method　　略語 **LIM**

　ライフライン・インタビュー法（LIM）は，インタビュイーにライフライ
ンを描きながら語ってもらう方法で，老いと個人の**ライフコース**についての
メタファーを研究する中で発達してきた（川島，2007; Schroots & ten Kate, 1989）。
ライフラインは，人生を線に例え，横軸を時間の流れ，縦軸を自尊感情や自
己認知とし，時間の流れに沿って山や谷を描くように 2 次元で図示する。縦
軸において，「山」は上昇や上向きの心情，「谷」は下降や下向きの心情を表
象するとされる。インタビュイーはライフラインの描画を通して自己と向き
合うことになり，人生における転機や**変容**といった**分岐点**について，インタ
ビュアーに開示する（Schroots & ten Kate, 1989）。LIM は，自伝的記憶におけ
る人生の浮き沈み（川島，2007）に着目することから，時間の経過に伴うイン
タビュイーの心情や価値観の変化を捉えるのに有効である。

　TEA では，生きられた時間を重視した語りを引き出す方法として LIM の
有用性が示されている（サトウ，2012c）。香曽我部（2012）は，保育者の成長
プロセスの研究において，縦軸を「保育者効力感」を主観的に評定した値，
横軸を保育者になってから現在に至るまでの時間の流れとして，ライフライ
ンを**研究協力者**に作図してもらい，その図を刺激素材として転機について半
構造化面接を行っている。また，ライフラインで描かれる山を**等至点**として
焦点化した事象に近い経験，谷を**両極化した等至点**として焦点化した事象に
近い経験と仮定して，山や谷として表象された出来事をより具体的にするた
めに質問を掘り下げていくこともできる（安田，2015f）。LIM を援用して，
TEM を描く場合には，山や谷として表象された出来事や**複線性**について詳
細に聴き取ることが必要となる（サトウ，2012c）。

　関連項目 ライフコース

■　小路　浩子　■

20　　第 1 章　TEA の基本概念

第3節　TEAの研究手続き（TEAの実際）[4]

トランスビュー

trans-view

　研究者と**研究協力者**が TEM を用いて複数回の面接を行うことをトランスビューと呼ぶ（サトウ，2015c）。これは，インタビュー（inter-view）に対比する概念としてサトウ（2012b）により提唱された（佐藤紀代子，2015）。トランスビューは，経験の当事者／語り手と分析者／聞き手とが，いま・ここで，TEM 図を介して過去−現在−未来を行き来しながら視点（view）を融合（trans）させ，捉えられた径路の**真正性**を精査する行為である（安田，2018b）。

　サトウ（2012b, 2015c, 2015e）は，トランスビュー的な TEM を描くためには最低3回は研究協力者と会うことを推奨し，1回目の聞き取りを intra-view，2回目の聞き取りを inter-view，3回目の聞き取りを trans-view と段階づけている。1回のインタビューでは研究者の問題意識が前面に出た個人的な見方を相手に投映している可能性があるが，再度（2回目）会って研究者の解釈を相手に見せれば，解釈の誤りや食い違いの指摘を受けることができる。その際，TEM を用いる利点として，図があることで研究協力者が自分の考えを理解しやすく，研究者の解釈への理解も進み，TEM 図を見ながら意見交換のような形でより詳しく話を聞くことができるようになり，お互い（inter）の見方（view）が交換され，inter-view が成立する（サトウ，2015e）。2回の面接を経て書き直したことを TEM 図に表し，研究協力者に見せることで，お互いの納得が生まれ，それが trans-view になる（サトウ，2015e）。トランスビューにより，お互いの異なる見方が融合され，研究結果の真正性により近づくことができる（サトウ，2012b）。研究者と研究協力者が何度かのやりとりを経て双方が納得する TEM 図を作れたと考えるなら，それは一種の飽和であり，トランスビュー的飽和と呼ばれ，研究の終了を意味してもよいとされる（サトウ，2015c）。また，トランスビューは，観察データの TEM 分析への適用やクライエントの経験の語り直しなどに活用されている（安田，2018b）。

（関連項目）研究協力者，TEM 図，1/4/9 の法則，TEM 的飽和，真正性

■　小路　浩子　■

第3節　TEAの研究手続き（TEAの実際）［5］

ラベルづけ／コーディング

labeling／coding

　コーディングとは質的データを分析するためのプロセスであり，データを整理して意味のあるラベルをつけて分類することである。そのことにより，社会生活の現場で使われているさまざまな言葉を，それぞれが使われている文脈に注意しながら，少しずつ「学問の言葉」または「理論の言葉」として概念的カテゴリーに置き換えていくのである。その結果，そのデータのもつテーマを浮き彫りにすることができる（佐藤，2008）。

　質的研究における一般的なコーディングの手順は，まず，収集したデータを整理し熟読し，意味のまとまりごとに分け，それぞれに小見出しをつけていく。この小見出しをつけることをラベルづけという。次に，つけた小見出しを見比べて類似するものをまとめて，そこに最初の小見出しより抽象度を上げたラベルをつけていく。それぞれのラベルづけの段階におけるラベルの抽象度は同じになるように注意する。抽象度が高くなったラベルは概念的カテゴリーと呼ばれる。

　もとのデータをどのくらいのサイズに区切るのか，どのような視点で類似性を判断しまとめるのか，どのようなラベルをつけるのかということは，研究法によって異なる。さらに，コーディングし脱文脈化したデータをどのように再文脈化するのかも研究法によりさまざまである。再文脈化に際しては，いつでももとのデータを参照できることが肝要である。また，コーディングは1回行ったら終わりではなく，複数回繰り返すことができるため，構築された概念的カテゴリーは修正されたり再構築されたりする。質的研究におけるコーディングは文脈と概念的カテゴリーの間の往復運動である（佐藤，2008）。

関連項目　KJ法，SCAT，GTA

■ 髙井　かおり ■

22　　第1章　TEAの基本概念

第3節　TEAの研究手続き（TEAの実際）[6]

可能な径路
potential trajectory

　可能な径路は，実際には存在しないが，存在しえた**径路**である。また，**未来志向性**的には，これからたどる可能性がある径路である。可能な径路を考える意義は，**研究協力者**から直接経験として語られなかったことでも，社会文化的や理論的に多くの人がたどると思われる選択や行為を径路として示すことで，**TEM図**の径路がいわばモデルのようになり，研究協力者や読者が自分のこれまでの経験やこれからの可能性と照らし合わせ，示唆を得ることができる点である。また，研究者が分析をする際に，補集合的な事象を意識して可能な径路を描いてみることで，全体像を捉え，より公平で適正な分析を行うことができるだろう。

　しかし，起こらなかった出来事，通らなかった径路であれば，何でも可能な径路になるかというと，そうではない。**開放系**である人間が，環境との相互作用で何を感じ，選択し，行為し，どのように意味づけをするかは，その主体の個人的要素や社会文化的文脈により，径路の可能性にも範囲がある。それゆえ，その要素や文脈を反映したプロセスの背後にどのような構造があるのかを，明らかにする必要がある。例えば，ある生徒の問題行動の径路と同時に，他の可能な径路を描くとき，その生徒が問題行動を起こす必要性について行動機能評価をしたうえで，その機能を実現する他の行動の径路を考えるのである。具体的には，注意をひくという行為が行動機能であったとしたら，なぜその生徒は注意をひきたいと思うのか，根底に何があるのかという構造を分析したうえで，問題行動を起こさずに注意をひくことができる方法は他にないのか，可能な径路を描く必要がある。これは**発達の最近接領域**（Vygotsky, 1978）を見極めることでもあり，**TEA**の**目的の領域**につながる概念である。可能な径路は，事象をより深く分析し解決策につながる**足場かけ**（Wood et al., 1976）のプロセスのためにも重要である。

関連項目 径路，両極化した等至点，目的の領域，開放系／閉鎖系

▍柾木 史子▍

第3節　TEAの研究手続き（TEAの実際）〔7〕

時期区分
time division

　TEMにおいて時期区分とは，ライフイベントや社会文化的事象の区切り
だけではなく，リサーチクエスチョンに対して明らかとなる心的変容プロセ
スの視点から，**非可逆的時間**を区切ったものである。

　TEM図を作成するうえで，時期をどのように区分するのかは，重要であ
ると同時に悩ましい問題である。TEMは，研究者のリサーチクエスチョン
に対して，そのプロセスを明示化する。その際に，そのプロセスが大きくど
のような段階を経ているのかを示すために，時期区分を行うことが多い。だ
が，TEM図を描くうえで，時期区分を単なるライフイベントや社会文化的
事象の区切りとして用いるのは基本的には望ましくない。例えば，ある人の
プロセスを描こうとしたとき，1970年代・1980年代・1990年代のように時
代で区切ったり，小学校期・中学校期・高校期と区分したりも可能である。
このような区分が求められるリサーチクエスチョンであれば，年代や学校段
階での区分も否定はされないが，多くの場合，TEM図を描くのは，その中
で生きる人の心的なプロセスであろう。したがって，単純に暦の区切りや，
一般的なライフイベントの区切りによって時期区分を行うのではなく，リ
サーチクエスチョンを説明するうえで適切な時期で区切ることが求められ
る。

　心的プロセスに基づき，非可逆的時間を区切る際には，**分岐点や必須通過
点**などで焦点化したラベルを踏まえたうえで，その時期から次の時期までを
区切り，それを適切に名づけることで，一般的な区切りではなく，リサーチ
クエスチョンに対応した**研究協力者**の心的プロセスの段階として捉えること
が可能となる。また，その際には，単純に区切られるのではなく，緩やかに
変化していく過渡期のような区切り方があることにも留意すべきであろう。

　(関連項目) 分岐点，必須通過点，画期点，TEM図，非可逆的時間

■ 上田　敏丈 ■

24　　第1章　TEAの基本概念

第 3 節　TEA の研究手続き（TEA の実際）[8]

画期点
かっ き てん

preordained point

同義語 メルクマール（Merkmal[独]）

　画期点とは，「人生径路や人間発達の変容・維持のプロセスを捉えるうえ
で時期を画するメルクマール（指標）の役割」（安田，2015d）をもつものであ
る。

　TEM 図を描いていくうえで，通常，**必須通過点**（OPP）や**分岐点**（BFP）
がどこにあるのか，それらを踏まえながら**径路**を探索的に作成するだろう。
探索的な径路作成を行う際，その人の心的な**変容**と**維持**を描くうえで極めて
重要なポイントとなるものが表出されるとき，それが画期点として捉えら
れ，**時期区分**としての 1 つのメルクマールとなるのである。

　例えば，幼稚園から小学校に進学する際，小学校への入学が OPP として
設定され，同時にそれが画期点としても捉えられる。確かに，幼児期におい
て，小学校への入学は 1 つの画期点であり，大きなライフイベントである。
リサーチクエスチョンが，単なる学制上の段階を描くことであれば問題ない
が，多くの場合，TEM 図を描いているのは，そこに生きる人の心的なプロ
セスであろう。したがって，時期を画する画期点の前後で，どのような心理
的変容があったのかということを想定しながら，画期点を設定する必要があ
る。いわば，TEM 図を描いていくうえで，どのような OPP や BFP を画期
点として設定するか，リサーチクエスチョンを設定した研究者のあり方によ
るものといえよう。その意味において，TEM 図を描いたうえで，フォロー
アップインタビューを行い，画期点の解釈についてインタビュイーと共有し
ておくことが求められる。

　なお，画期点は，TEM 図を描き，時期区分を行ううえで研究者が活用す
るものであり，TEM 図自体に画期点として明示されている論文は少ない。

関連項目 分岐点，必須通過点，時期区分，TEM 図

▎上田　敏丈 ▎

第 3 節　TEA の研究手続き（TEA の実際）　　25

第3節　TEAの研究手続き（TEAの実際）[9]

ストーリーライン
storyline

　ストーリーラインは，元来，グレイザーとストラウス（1996/1967）が提唱
したGTAの手続きにおいて用いられてきた語である。そのため，GTAに
おける位置づけについて簡単に触れたうえで，TEAを用いた研究において
この語がどのように用いられているのかを紹介する。GTAにおいて，ス
トーリーラインとは，データから抽出した概念同士の関係を文章として表し
たものを指す。ただし，ストーリーラインという語は，「一般的には研究対
象となる現象を文章表現したもの」（森岡，2018）を指す場合もあり，GTA
や，その流れを継ぐM-GTA（木下，2003）を採用した研究以外でも用いられ
ることがある。

　現状，TEAにおけるストーリーラインの考え方については議論が盛んに
行われていないものの，近年ではTEAを用いた研究の中にもこの語が見ら
れ始めている（浅井・浅井，2022; 小山，2021; 野屋敷・川田，2019; 塩満，2015; 牛場，
2022など）。これらの研究においては，TEMによる分析内容を文章化したも
のがストーリーラインとして掲載されており，「作成したTEM図に対する
説明的記述」（塩満，2015; 牛場，2022）や，「個人の辿った径路について，
TEMの概念ツールに文脈を補いながら文章化したもの」（小山，2021）とし
てストーリーラインが位置づけられる場合もある。このように，TEMを用
いた研究においてもストーリーラインという語が使用されている背景には，
径路の分析内容を文章で端的に表したいというニーズや，その文章に対する
名づけを行いたいというニーズもあると考えられる。今後は，**ナラティブ**と
TEMの概念を結びつける記述のあり方や，TEAの考え方をより反映させ
た新たな名づけをめぐって議論が展開されていく可能性がある。

関連項目 径路，GTA

▌ 小山 多三代 ▌

26　第1章　TEAの基本概念

第3節　TEAの研究手続き（TEAの実際）[10]

TEM 的飽和
テム てき ほう わ

saturation in TEM

　TEM 的飽和とは，**TEM** の分析終了段階において，これ以上の修正の必要がなく，その TEM ですべてのプロセスを説明することができた確信をもてるような終結の状態に至ることを指す。**GTA** では，形になった理論が現象を十分に説明できる状態になることを理論的飽和（theoretical saturation）というが，TEM の分析過程においても，このような飽和（saturation）を目指して分析を進めていくことが求められる。

　TEM における飽和に関して，サトウ（2015c）は，「トランスビュー的飽和」と「両極化した等至点的飽和」の2つを提唱している。まず，トランスビュー的飽和とは，研究者と**研究協力者**が TEM を用いて複数回の面接を行う中で，両者にとって納得感がもてる **TEM 図**ができた状態に至ることを指す。研究者と研究協力者の対話は，双方の相互理解を深めるために，intra-view（研究者の主観が反映されやすい初回の聞き取り），inter-view（初回の聞き取りに基づき研究協力者の主観を反映させた2回目の聞き取り），trans-view（相互の主観が融合した形の3回目の聞き取り）の3回のプロセスを経ることが一般的に推奨されている。初回の聞き取りに基づき研究者が描いた TEM 図を用いて2回目の聞き取りを行い，さらに過不足を調整して描いたうえで3回目の聞き取りを行った場合，結果の**真正性**を担保できるといえる。

　一方，両極化した等至点的飽和とは，研究者が設定した**等至点**（EFP）に対して，現象にふさわしい意味のある**両極化した等至点**（P-EFP）が設定できたと感じる状態に至ることを指す。EFP は研究者視点で目的に照らして設定されるが，研究協力者の意味世界における補集合的経験を十分に理解したうえで，P-EFP，**2nd 等至点**，**両極化した 2nd 等至点**を解明し，意味づけることが重視される。これは単に手順を追って設定するのではなく，研究者が意味を探究する中で到達されることが重要である（サトウ，2015d）。

　関連項目　両極化した等至点，トランスビュー，真正性，GTA

┃ 上村 晶 ┃

第3節　TEAの研究手続き（TEAの実際）［11］

径路の類型化
けい ろ るい けい か
classifying trajectories

　径路の類型化とは，単に**径路**をまとめるということではなく，それぞれの類型にある人々の特徴を見いだすことを含む。

　1/4/9の法則をもとに9人以上の人にインタビューを行い，**TEM図**を作成しようと考えた場合に，必ずといってよいほど立ちはだかるのが「9人の径路をどのように1つの図に描き切るか」という問題であろう。個々人のライフプロセスの径路を詳細に記述するのが**TEA**の手法であるが，詳細に記述すればするほどTEM図は肥大化していき，研究者が最も伝えたかったことが伝わりにくくなってしまう。このような場合に「径路の類型化」を推奨したい。

　方法として，まず**研究協力者**全員もしくは大多数の人が経験し，その後の径路が分かれた出来事に着目する。多くの場合，それは**分岐点**（BFP）となっているだろう。そのBFPを中心に，BFP 1でAを選んだ場合パターンI，Bを選んだ場合パターンII，BFP 2でAを選択した場合パターンIII，Bを選択した場合パターンIVの，4つの類型に分類する。BFP以外にも，**必須通過点**をどのような時期（研究協力者の年齢や社会情勢）に通ったかを類型化の軸とすることも可能である。

　いずれにしても，類型化する場合は研究者の主観でなく，研究協力者の年齢，その後の進路の変化，社会情勢など，客観的に見てそれが研究協力者の人生に大きな影響を与えたと判断できるような地点を見つけ出すことが重要である。類型化した後も，パターンごとに研究協力者のデータを読み比べ，違和感がある場合には再度パターンを変更するなど，常にデータと往還しながら研究協力者の選択に思いをはせて類型を考えていくことが必要である。

関連項目 分岐点，1/4/9の法則，時期区分

▌大川　聡子▌

第3節　TEAの研究手続き（TEAの実際）［12］

TEM 図
TEM diagram

　TEM 図とは，**TEM** を用いて人々の**ライフ**の**径路**を描いたモデル図のことを指す。このような TEM 図を作成して分析を行うためには，**等至点**，**両極化した等至点**，**分岐点**，**必須通過点**，**社会的助勢・社会的方向づけ**などの諸概念に対する理解が必要となる。

　TEM 図には主に 2 種類の描き方が見られる。1 つ目は，横軸を**非可逆的時間**として設定し，非可逆的時間を表す矢印を左から右に（→）向かって明記するものが多く，縦軸には人生径路における**研究協力者**の経験（「実現したこと」および「実現しなかったこと」）を記述する。2 つ目は，縦軸を非可逆的時間として設定し，非可逆的時間を表す矢印を上から下に（↓）向かって，あるいは，下から上に（↑）向かって明記するものである。この場合，必然として横軸には研究協力者の実現した経験と実現しなかった経験が記述される。どちらの図の描き方を用いたとしても，TEM 図では非可逆的時間と「実現したこと」と「実現しなかったこと」の 2 次元で人生径路を描くことによって，人の選択肢や径路の**複線性**および多様性を表すことができる。

　TEM 図には，個人の歴史性を帯びた経験だけではなく，組織そのものやグループ内における人間関係，経験に伴う個人の思考や感情などの心理的変化などを描くことも可能である。サトウ・安田（2023）では，さまざまなテーマの研究に取り組む表現豊かな図が集められており，TEM による分析方法の発展可能性とともに図そのものの多様性を見ることができる。

関連項目 TEM，複線性，ライフ，非可逆的時間

■ 上川　多恵子 ■

第3節　TEAの研究手続き（TEAの実際）[13]

統合 TEM 図
integrated TEM diagram

同義語 TEM 統合図，統合した TEM 図

　統合 TEM 図とは，**TEM** を用いて複数名の人々の**ライフ**の**径路**を統合して描いたモデル図のことを指す。

　TEM 図で統合される**研究協力者**の人数は **1/4/9 の法則**によって定められることが多い。1/4/9 の法則に従えば，研究協力者の数は 1 人，4±1 人，9±2 人という具合で，研究の対象となる経験をした方々をお招きする。何人の研究協力者をお招きするかという問いに対しては，研究者自身が知ろうとする経験事象に焦点を当てる必要があり，複数名の個人の経験がまったく同じでないとしても「同じような＝類似の」経験として研究者自身の責任において焦点化する必要がある（サトウ，2012）。複数名の経験を統合するという点においては，23 名を対象とした職業キャリアに関するアイデンティティの変容径路を 1 枚の TEM 図に統合した研究が見られる（豊田，2015）。豊田（2023）はこの結果をもとに，25±5 の人々を対象とした事例が示すものは，「BFP の類型把握と径路類型の偏りの把握である」ということも指摘している。

　複数人のデータを TEM 図にまとめる手法としては，荒川（2012）が詳しい。荒川（2012）は複数人のデータをまとめる手法として，**KJ 法**（川喜田，1967）の思想と手法を手がかりに「同じような経験をした」複数人を対象としたインタビューデータから TEM 図を作成する方法を紹介している。また，類似した内容のものをまとめ TEM 図の各要素となる**ラベルづけ・コーディング**をする際には，ラベル名が抽象的になりすぎないように注意し，できるだけデータの中で使われている表現（言葉）を用いるようにすることで当事者の言葉・目線を活かすことが重要であるとされる（荒川，2012）。TEM 図を作成する際のラベルづけの文言は，当事者のライフに迫るための概念形成と結びついており，情報を取捨選択し整理する中で，研究者は何が研究課題にとって描く意義のある径路であるのかの理解を深めることができる（小澤，2023）。

30　　第 1 章　TEA の基本概念

安田（2012）は、「TEMでは多様性と複線性を捉えることを眼目とするが、対象者が多くなれば、個々人の径路の多様性を1枚のTEM図に描き出すことによって、複雑さが顕わになるおそれがある。一方で、9人程度を対象とすると、多様なばかりではない有様、つまり共通性が浮き彫りにもなってくる」（p. 41）と説明している。つまり、「多様なようでも歴史的・文化的・社会的な文脈のなかでいくつかのパターンにまとまっていく径路の類型」（安田，2012，p. 41）を統合TEM図によって捉えることができる。このように、統合TEM図の作成過程では、個々の研究協力者の語りや経験を丁寧に分析しながら、共通する要素や特徴的な差異を見いだしていく作業が求められる。その過程の中で、研究者は単に経験を統合するだけでなく、その背景にある社会文化的な文脈や制度的な影響についても考察を深めることができる。さらに、統合TEM図は、研究協力者全体の経験の傾向を可視化するだけでなく、特異な径路や例外的な経験についても適切に位置づけることで、より豊かな理解を促すことができる。

　TEM図は「対象への理解を深めるための気づきのためのツールであり、複雑な人生の時間の流れを、いったん手のひらサイズにすることで把握し、対象者への理解を深めるプレゼンテーションのツールである」（荒川，2012，p. 31）が、複数名の研究協力者の経験を統合したTEM図においても、この基本姿勢が変わるものではない。統合TEM図によって径路の多様性や類似性をまとめる場合にも、研究者自身の思い込みを相対化し、研究者自身以外の視点を取得しつつ、対象に対する理解を深めることを目的にして分析し記述する工夫をすることが求められる（荒川，2012; 荒川ら，2012）。個人のTEM図作成過程と同様に研究者と研究協力者との視点を融合させた対話的な関係性を維持することは、統合TEM図の事象に対する新たな気づきと理解の深化につながるだろう。

関連項目 研究協力者，1/4/9の法則，ラベルづけ／コーディング，TEM図，KJ法

▌ 上川 多恵子 ▌

第3節　TEAの研究手続き（TEAの実際）[14]

TLMG図
TLMG diagram

　TLMG図とは，**TLMG**を用いて個別活動（行為）レベル（第1層），**記号**レベル（第2層），信念・価値観レベル（第3層）の関係性を表したモデル図のことを指す。TLMGは**分岐点**（BFP）が捉えられるある出来事（第1層）において，どのような**促進的記号**が発生し（第2層），どのような信念・価値観（第3層）と結びついているのかという三層間の動的な記号の働きを分析するものであり，このような行為−記号−価値の三層の関係性を図に表現したものがTLMG図である。

　TEAにおいてTLMGは図1のようにBFPと関連性の深い概念であり，**開放系**としての生体が情報の内化と外化を行いながら変容していくありさまを捉えるためのモデルである（サトウ，2022b）。また，TLMGの発展に影響を与えた図2の層的モデルでは「ヒトなどの生体とその環境は，完全に分離するとは考えられていない（包摂的分離）」（サトウ，2022b，p. 31）。そのためTLMGでは分かれてはいるが重なりのある関係を包摂的分離として考える**境界域**の概念が重要視されている（サトウ，2022b）。外界のメッセージ（音声，文字，身振りや表情を含む）は第1層から第3層までの3つの境界域を経て価値観・信念レベルにあたる第3層に至る場合もあるが，第1層で注意が与えられなければ，第2層の記号のレベルに達することもない。つまり，第1層に

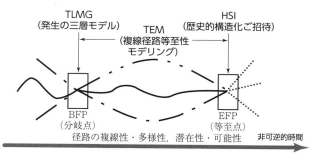

図1　TEAと，HSI，TLMG，TEMの関連性（安田，2022b）

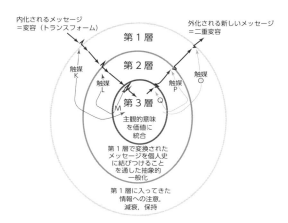

図2 心理の内界に関する層的モデル（Valsiner, 2013/2007; サトウ, 2022b）

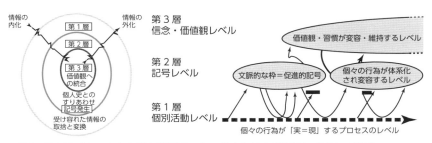

図3 TLMG（左：上から見た俯瞰図，右：横から見た側面図）（福田, 2022）

おいて，ある外界のメッセージに対する注意が与えられれば，その出来事は当事者にとってのBFPとなりうる可能性がある。

このように，BFPに関連して行為−記号−価値の三層関係性を図で表すTLMG図は，上から見た俯瞰図（図3の左）と横から見た側面図（図3の右）で表されたものがあり，富士山のような山をメタファーにしたり，3階建て家屋のような地上の建造物をモチーフにして考えたりする場合もある（サトウ，2012d, 2022b）。

関連項目 TLMG，分岐点，境界域，促進的記号／抑制的記号，内化／外化

上川 多恵子

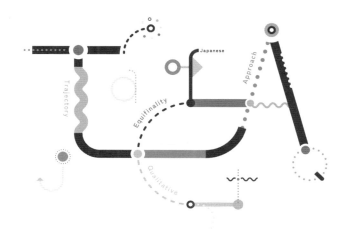

第2章
プロセスの理解（新しい文化科学）

第1節　TEA におけるプロセスの探究
第2節　TEA における時間概念
第3節　TEA 分析の拡張

第1節　TEAにおけるプロセスの探究 [1]

等至性
とう　し　せい

equifinality

　等至性は，異なる**径路**をたどりながらも類似の結果にたどり着くということ
を示しており，**TEA**の根幹をなす概念である。等至性はequifinalityを訳
した造語であり，"equi（エクイ）"はequal（イコール）で「等しい」という意
味，"final（ファイナル）"は目的やゴールを意味している。

　等至性の概念は生物学者であり生気論者であるドリーシュ（Driesch, H.）に
由来する。ドリーシュは実験において，受精卵がそのまま育っても，初期に
完全に2つに分かれても個体が成立する（同じ結果になる）ことを発見し等至
性という概念を導いた。この等至性概念をフォン・ベルタランフィ（1973/
1968）が**一般システム理論**に取り入れ，**開放系**と**閉鎖系**の違いを等至性の有
無から考えた。一般システム理論では，あらゆる生命体は開放系であると見
なされ，複数の多様な径路を経由しても同じ結果が実現されるとして，「開
放系は等至性をもつ」と仮定された。**文化心理学**における概念化としては，
心理学者である**ヴァルシナー**（Valsiner, 2001）が等至性の概念を文化的・発達
的事象の心理学研究に取り込み，発達の多重線形性と等至性の現象を示した
ことに端を発している（サトウ，2009c, 2017b）。

　TEAにおける等至性の概念は2004年1月のシンポジウム「文化心理学と
人間関係の諸相」で披露され（Sato, 2004），その後，安田（2005）の論文にお
いて，開放系である人間が時間経過のなかで歴史的・文化的・社会的な影響
を受け，多様な径路をたどりながらも類似の結果にたどり着くということを
示したのが初出である。このようにして発展してきた等至性の概念は，
TEAの基本的な諸概念を理論的に説明しうるための中心的概念である。

　関連項目 等至点，複線性，一般システム理論，開放系／閉鎖系

▌ 中本　明世 ▌

36　　第2章　プロセスの理解（新しい文化科学）

第1節　TEAにおけるプロセスの探究 [2]

複線性
multilinearity

同義語 多重線形性

　複線とは2つ以上の平行している線のことであるが，TEMにおいて複線性という場合は，**径路**が複数存在するさまを指す。

　TEMにはさまざまな概念ツールがあるが，その中でも**分岐点**（BFP）は欠かすことのできない重要な概念であり（福田，2015b），ある経験において，複数の径路が存在する中で，その複線性の基準となるのが，BFPである（香曽我部・上田，2019）。

　等至性概念を**文化心理学**に取り入れ，かつ，TEAの共同開発者でもある文化心理学者の**ヴァルシナー**は，著書 *Culture and Human Development*（Valsiner, 2000）の中で，人間をオープンシステム（**開放系**）として捉え，そのオープンシステムの重要な特徴として，複線性を挙げている（サトウ，2017b）。ヴァルシナーは，同じ職業を目指す異なる2人のうち，1人は親のモデルに支えられ，熱心なサポートを受けながらその職に就く一方で，もう1人は，十分ではないサポートを自分自身の努力で補いながら，職に就くことができる例を挙げている。これは，両者の発達過程は異なるが，結果は同じであるという事例であり，TEMにおける複線性を表すものとして，TEMの開発初期に大きな影響を与えたとされている。

　また，サトウら（2006）は，あるBFPにおける選択が，その時点では失敗だとしても，後に同じ等至点に至る可能性があり，「複線径路という考え方は恢復過程を暗示するモデルでもある」と述べており，径路が複線的であることの重要性を指摘している。

関連項目 複線径路，分岐点，等至性

■ 田島　美帆 ■

第 1 節　TEA におけるプロセスの探究［3］

構造／過程
structure / process

　一般的に，構造とは，物事（例えば現象や文化）の構成要素とそれらの関係
性を表した全体像であり，過程とは，持続的な時間とともに物事が**変容**して
いく道程である。2 つの概念は，全体と部分などの関係で重なり合う場合も
ある。また，人々の行為や営みを具体的に理解しようとする質的研究におい
ては，両者ともにそれを解明することが主目的となりうる。他方，構造と過
程のどちらをより重視するかによって，研究の性質に差異が生じる例もあ
る。以下，本項目では，質的研究における各概念の扱いに限って解説する。

　サトウ（2009b）は，**GTA や KJ 法**に代表される従来の質的研究法が時間
をうまく扱ってこなかった点を指摘し，時間を捨象せずに個人の経験を描き
出す **TEM** を提案した。以上は，構造の解明に重きを置く前者の方法に対し
て，過程を重視する TEM を示したと言い換えられる。GTA から派生した
M-GTA では，プロセス的性格をもった現象の研究に適するとされるように
（木下，2003），GTA などが過程をまったく扱わないというわけではない。し
かし，程度の差はあれど，データに潜む重要な意味を抽出，整理することで
概念やカテゴリーを生成し，それらの関係性を見いだして理論を構築すると
いう分解と再構築の作業を伴うため，種々の構成要素からなる網羅的理論
（全体構造）が得られる一方，事例固有の時間の流れ（過程）が破断されやす
い（境，2019）。TEM は，**非可逆的時間**という装置を用いることで，**等至点**
（EFP）に至るまでの人間の変容を，その人が経験した時間に沿って描くこと
を強く意識づけている。また，現象の網羅的な説明を目指す理論的飽和では
なく，EFP の意味を豊かにする **TEM 的飽和**を志向する（サトウ，2015a）。

　ただし，TEM の**ラベルづけ**や**コーディング**などのため，GTA などの発
想を援用した例もある（福井ら，2017）。構造と過程，各方法論を対立的に扱
うのではなく，目的に応じて柔軟に活用することが望ましい。

関連項目 ラベルづけ／コーディング，TEM 的飽和，非可逆的時間，KJ 法，GTA

■ 境　愛一郎 ■

38　　第 2 章　プロセスの理解（新しい文化科学）

第1節　TEAにおけるプロセスの探究［4］

変容／維持
transforming / maintaining

　変容とは，姿や形，様子が本質的に変化することであり，維持とは，物事の状態をそのまま保つことである。私たちが何らかの行為をするときには，常に「変わる（変容）／変わらない（維持）」かの選択に迫られている。

　TEA では，**非可逆的時間**軸上での人生径路や自己に内在化する価値・信念の変容プロセスを記述することができる。例えば，**TEM** を用いた研究では，**等至点へといざなう分岐点**（BFP）の存在が「変容」プロセスを捉えるための契機として描かれることがある。個々の**ライフ**における行為や価値の変容を扱うことで，動的な様相に焦点を当てがちではあるが，未来の実現可能性という意味においては，「変容」から「維持」，もしくは「消滅」の狭間で不安定に揺らぎながら**径路**を選択するさまを見て取ることができる。

　さらに，**ヴァルシナー**（2013/2007）は，社会的規範の変容プロセスについて，既存の社会的規範がこれまでの確証や反証を伴いながら，BFP において規範が「強化される」か，「維持される」か，「消滅する」かのいずれかの径路をたどることを示した。ここで注目すべきはBFP における「維持」の可能性である。「現状を維持する」という径路は，一見すると静的なもの（単線的なもの）と捉えられる。しかし実際は，**社会的助勢**と**社会的方向づけ**との緊張関係を包含した対話の結果と見なすことができる。形態維持の概念に従うならば，ある個人は「現状の維持」を切望していたが，環境の変化や周囲の他者の意見により「変容」を余儀なくされたということもあるだろう。「維持」は潜在的にすべての径路に付随しているが，**目的の領域**の中に隠されたまま，**TEM 図**上でも描写されていないことが大半である。人生径路には常に「変容」と「維持」が潜んでいるという前提に立ち，径路の**複線性**や**記号の移行**を描いていくことが TEA の醍醐味といえる。

関連項目 社会的助勢／社会的方向づけ，目的の領域，価値変容点

▌ 福田　茉莉 ▌

第 1 節　TEA におけるプロセスの探究〔5〕

分岐点における緊張
tensions on a bifurcation point

　分岐点における緊張とは，未来のAという可能性とA以外の可能性という対立するものと，過去と未来の間にある現在という**非可逆的時間**の流れとの関係にかかる緊張である（Valsiner, 2011）。**分岐点**（BFP）は，このような「四重の緊張関係にある」（ヴァルシナー，2009, p. 182）。AとA以外という対立するものに関し，BFPには，**等至点**を目指そうとする力とともに，それと対立する**両極化した等至点**へと向かわせる力が働いており（福田，2015b），**社会的助勢**（SG）と**社会的方向づけ**（SD）との力動による緊張が捉えられる（安田，2017）。**目的の領域**（ZOF）に潜在するBFPにこのような緊張が生じている。また，これらの対立するものと非可逆的時間の流れに関連し，BFPには，それ以前の状態からの**変容**や**維持**という選択をめぐって，逡巡や揺らぎの**未定さ**が捉えられる（安田，2015c）。ハーマンス（Hermans, H.）の**対話的自己論**より，未定状態では，複数の自己間の内的対話が行われており，**TEM**ではそれをBFPにおける対話的自己として示そうとする（サトウ，2012d）。

　「TEAにおける『自己のモデル』」である**TLMG**（サトウ，2015a, p. 7）は，BFPにおいて生じる個人の内在化した緊張関係の探究を可能にする（福田，2015b）。TLMGの第2層に描かれる記号の発生は，人を新しい選択肢へといざなうBFPにほかならない（サトウ，2015a）。BFPにおける緊張を解くには，**促進的記号**の発生とその背景を図示するのである（ヴァルシナー，2009）。

　TEMの完成には，分岐点における緊張の分析が不可欠である（Valsiner, 2015b）。分析の視点として，先述のSG・SD，ZOF，対話的自己に加え，自己内対話から生じる**イマジネーション**に着目するアプローチである**クローバー分析**がある（サトウ，2021b）。

関連項目 変容／維持，未定さ，促進的記号／抑制的記号，ラプチャー，対話的自己論

■ 河本　尋子 ■

40　　第 2 章　プロセスの理解（新しい文化科学）

第1節 TEAにおけるプロセスの探究 [6]

定常状態
steady state

同義語 流動平衡

　定常状態とは，システムのどの部分の性質も一定に保たれている状態のことを指す（Cammack et al., 2008）。例えば，私たち人間の体温や血圧は，外気温の変化に影響を受けつつも，一定の幅に保たれている。**一般システム理論**において定常状態は，**等至性**（等結果性）と並ぶ**開放系**の基本的特徴として位置づけられている。

　開放系は，**閉鎖系**とは異なり，環境との絶えざる関わり――物質や情報の流入と流出――が前提とされる。したがって，開放系では，仮に成分比が一定に保たれていたとしても，それは自己調整の結果であることを意味する。環境から独立ないし孤立した閉鎖系において，平衡状態（equilibrium）とされる現象とは区別される。

　フォン・ベルタランフィは著書『一般システム理論』でエネルギー産生について触れ，「この連続的なたえまない崩壊と合成はよく調整されていて，細胞と生物体はいわゆる定常状態（流動平衡，Fliessgleichgewicht）の中でほぼ一定に保たれる。これが生物システムの一つの根本的な神秘である。代謝，生長，発生，自己調節，増殖，刺激－反応，自律的な活動などのような他のすべての特徴は結局のところこの基本的な事実からの結果である」（フォン・ベルタランフィ，1973/1968, p. 152）と述べている。

　外から観察したときに変化のない現象に見えたとしても，それを環境とは関わりのない平衡状態と見なすか，環境と関わりつつ自己調整した結果としての定常状態と見なすかで，見え方は異なってくる。**TEA**では，平衡状態ではなく定常状態として現象を捉えることが試みられる。**変容**や**維持**という概念化にも，そうした現象の捉え方が表現されているといえよう。

関連項目 等至性，変容／維持，一般システム理論，開放系／閉鎖系

神崎 真実

第1節　TEAにおけるプロセスの探究 [7]

モデル／モデリング
model／modeling

　TEMにおけるモデリングはモデルを生成する過程のことを指し，その成果がモデルである（**TEM図**）。TEMが描く人生径路のモデルは，①**等至性**，②**非可逆的時間**，③時間の次元ともう１つの次元（＝**等至点**と**両極化した等至点**による次元）の設定，という特徴をもつ（サトウ，2022a）。

　学問におけるモデルとは「関連ある現象を包括的にまとめ，そこに一つのまとまったイメージを与えるようなシステム」である（印東，1973）。また「モデル構成を行うことは常に若干の理想化を伴い，不必要な細部事情は捨象され」るものの，「個々の心理学的事情も，物理的事象も，あるところまでは共通の構造を抽出」（印東，1973）できる。

　質的研究の領域では，モデル化は，第１に，個々の多様な事象を包含しまとめて記述する知活動の集積庫や図鑑を提供する機能，第２に，個々の事象を一般化したり類型化したりものさしとなる基準を作る認識の枠組みを提供する機能，第３に，個々の事象を見る見方が変わり，新たな仮説や実証を発展的に生み出していく生成的な機能，をもつとされる（やまだ，2002）。やまだ・山田（2009）はモデルについて「現象を相互に関連づけ包括的にまとめたイメージを示すと共に，そのイメージによって新たな知活動を生成していくシステム」と定義した。

　質的研究は一般的に扱う事例数は少ないが，TEMにおいてはモデル化によって個別事例を普遍的な理解につなげることを目指す。ただし，TEM図が誰のためのモデルなのか，を明確にする必要がある。当事者理解のモデルなのか，（当事者を支援する）支援者のためのモデルなのか，が明確になっていないと，実践的にも理論的にもTEM図から読み取れることが曖昧になってしまい，モデルとして機能しないこともある。

関連項目 TEM，研究協力者

▌ サトウ タツヤ ▌

42　第2章　プロセスの理解（新しい文化科学）

第1節 TEA におけるプロセスの探究 [8]

個性記述的アプローチ
idiographic approach

　個性記述的アプローチは，個々の事象の一回性や個別的文脈を重視したアプローチである。19世紀末に活躍したドイツの哲学者ヴィンデルバンド（1929/1894）は，経験科学を法則定立的な自然科学と個性記述的な歴史科学に分け，実験を基盤に据えた新しい心理学を自然科学の一部として位置づけた。ヴント（Wundt, W. M.）の心理学実験室の開設に始まるとされる近代心理学は，確かに，その後現代に至るまで基本的には法則定立的な学として発展してきたことは否めない。しかし，近代心理学の祖といわれるヴントが**民族心理学（文化心理学）**を提唱していたこと，20世紀になって米国のパーソナリティ心理学者オールポート（Allport, G. W.）が個性記述的研究の必要性を強く主張していたこと（オールポート，1982/1937），そして，20世紀末には臨床心理学や質的研究法の拡がりとともに，その理論的背景に個性記述的観点がしばしば採用されたことなどから，この間，個性記述的アプローチの意義は心理学内部で細々と，しかし確実に受け継がれてきたともいえる。

　個性記述的アプローチは，個にこだわる分，科学的知見として通常求められる「**一般化**」が容易ではない。法則定立的アプローチのように，共通の変数を用いて研究対象者からの情報を数値化してしまえば，見かけ上一般化はたやすいが，個にこだわるということは共通の変数を前提とすることへの疑義でもある（Valsiner, 2023）。つまり，個性記述的アプローチを志向した研究でも，変数の呪縛に陥ってしまうと法則定立的アプローチになってしまうといえる。例えば，データを集積する中で変数が事後的に作成される方法も個性記述的アプローチの1つとして取り上げられることがあるが，これは「方法としての個性記述」とも呼ばれ（尾見，1997），個性は捉えにくくなる。対象事例が増えると無自覚的に共通変数化の誘惑に駆られがちであるので，個性記述にこだわる場合には留意すべきである。

関連項目 一般化，ライフストーリー，ライフヒストリー，事例研究

▌尾見 康博▐

第1節 TEA におけるプロセスの探究　43

ライフ
life

同義語 生命・生活・人生

　ライフは，人の生命・生活・人生を1つにまとめて表現した言葉である。人のライフは，生命・生活・人生のそれぞれの側面から捉えることができる。生命は，生命体として生きることと死ぬことに関わる面であり，生活は，日々の暮らしに関わる面であり，人生は，長い期間を想定する中での人がたどる道のりに関わる面である。

　TEA は，学問的背景として**文化心理学**に依拠している。文化心理学は，「生命・生活・人生をまっとうする場のあり方，そこで生きる人間のあり方を描く」（サトウ，2017c）ものとして位置づけられる。このことから，文化心理学に依拠した TEA を用いた研究は，大きな枠組みで見れば，ライフのありさまを描き出し，理解するものであると考えることができる。TEA を用いた研究によって，これまでにもさまざまな**現場**と文脈におけるさまざまなライフのありさまが描かれてきている。

　生活の質（quality of life）を理解しようとする際にも，ライフを生命・生活・人生の各面から理解を進めることができる。例えば，個々人に医療やケア介入を行う，といった場合にも，これらのどの側面に対応するのがよいと考えるかによって，その支援や対応方法も異なってくることが示されている（福田，2012）。例えば，医療や身体的機能の症状の改善を行うことは生命に関わる対応であり，日常生活における介助や社会参加のサポートは生活や人生に関わる支援であると考えることができる（福田，2012）。

　TEA を用いた研究の中にも，長い時間軸における人生の**径路**を描いたものや生活における選択を描いたものがあることが見て取れる（サトウ・安田，2023）。これまでに行われてきた諸研究が示すように，ひと言でライフといってもその内容は多様であり，それを描き出すための視角も多様である。

関連項目 TEA，個人の生活の質評価法

█ 滑田　明暢 █

第1節　TEAにおけるプロセスの探究 [10]

ライフコース
life course

同義語 人生行路

　ライフコースとは，人が誕生から死に至るまでの人生の中で選択・遭遇するさまざまな経験の道程を指す。具体的には，個人が時間の経過の中で演じる社会的に定義された出来事や役割の配列を意味すると定義づけられている（エルダー＆ジール，2003/1998）。このような出来事や役割が，どの時期に生じたのか，どの程度持続したのかを，時間の経過に沿って配列しながら描く際，このような出来事や役割は，人生における時間軸の中である程度の時間的な長さを帯びた経験過程として捉えられている（田垣，2015）。

　また，人生において大きな節目となるような出来事を，「ライフイベント」という（安田，2015d）。このようなライフイベントの中で，入学・卒業，入社・退社，結婚・出産・親との死別など，多くの人が経験するようなイベントを「標準的出来事」という。一方，予測できなかった事故・病気・失業・被災・離別など，経験することが少ないまれなイベントを「非標準的出来事」という（田垣，2015）。標準的出来事を選択する岐路に立った際や，不可抗力的に非標準的出来事に遭遇した際には，人は多様な**心理的葛藤**や揺らぎを経験することが多い。

　このような心理的葛藤は，その人のライフコースそのものや，次なる経験の選択，その後の個人の人生観などを大きく**変容**させるような転機になりうると考えられている。また，新たに出会った重要な他者や構築された人間関係，参画した集団や帰属するコミュニティなども，その人のライフコースへ重層的に影響をもたらす社会文化的背景として注視されている。

関連項目 径路，ライフ，心理的葛藤

▌ 上村　晶 ▐

第1節 TEAにおけるプロセスの探究 [11]

類似性／同一性
similarity / sameness

　類似性とは複数項間における意味や性質などの似通り，同一性とは複数項間での意味や性質などの完全な一致を意味する。前者は複数の間に共通性を見いだしつつも，厳密にはそれぞれが別物，判別可能であることを内包した概念であり，後者は各項が文字どおり同じであることを示すものである。

　以上を踏まえると，**TEA** は，類似性をより重んじる方法論であるといえる。サトウ（2012d）は，**非可逆的時間**を採用する TEA の時間観について「時間を表象する際に逆戻りや円環を考えない」と説明する。人生**径路**を描くうえで，逆戻りを考えることは，過ぎ去った場所に戻るという点で，複数の経験に同一性を見いだしている。春夏秋冬やサイクルモデルに代表される円環的説明も，同様の同一視を行っている。しかし，実際の径路では，名称や文脈が類似する経験は多々存在しうるものの，生じた順序や細かな状況が異なる以上，2つの経験が同一となることはありえない。例えば，キャリアにおいて複数の「挫折」を経験していたとしても，1度目とその先に生じた3度目のそれは似て非なるものと考えるべきである。TEA は，そうした微細な違いを尊重し，人生径路のリアリティを捉えることを目指している。

　加えて，個々人の経験も厳密には異なるものであるため，同一性に固執した場合，人の経験を理解しようとする研究は狭く閉じたものになり，その応用範囲も極めて限定的となる。対して，まったく同じではないにせよ，広い視野で見れば似た経験をもつ人がいるという類似性の観点に立てば，各々の人生径路を描出することに，学術的・社会的な意義が生じる。また，似たような経験をもつ人々の径路を重ね合わせて分析するといった可能性も開かれる。TEA を構成する軸である **HSI**，その前身の HSS（歴史的構造化サンプリング）は，上記の前提のもと「『同じような＝類似の』経験を研究者が自身の責任において焦点化してまとめて捉える」（サトウ，2012b）方法である。

関連項目 HSI，1/4/9 の法則，非可逆的時間

▌ 境 愛一郎 ▌

46　第2章　プロセスの理解（新しい文化科学）

第1節　TEA におけるプロセスの探究［12］

境界域
boundary

　相対するあるいは対比的な2項の間に存在する空間的，時間的な広がりを有した領域である。2項の要素が衝突・混交・混成・重合する**移行**・**変化**・**移ろい**などの道程にして，共生する場所でもある（メルレル・新原，2014）。類似の文脈で用いられる「境界線（borderline）」は，2項の間に領域を想定せず，文字どおり線引きによって分離する概念であり，意味合いが大きく異なる。境界は，空間の内と外，自己と他者，昼と夜などあらゆる概念の「間」に見いだすことができる。こうした領域では，民話や儀礼をはじめとした多種多様な文化が発現する（赤坂，2002），柔軟かつ曖昧な行為選択や葛藤が生じる（境，2018）などと考えられており，幅広い学問分野において注目されている。

　ヴァルシナー（2013/2007）は，心理学における人（内）と環境（外）の関係を，完全に分離されたものとしてではなく，重なりを有した包摂的分離として捉えることを意図し，「境界域」の概念を用いた。**TLMG** とは，個人とその個人を取り巻く環境の間に3層からなる境界を創出し，そこで生じるメッセージの複雑な移動や変容，すなわち情報の**内化**と**外化**のプロセスを読み解くものである（サトウ，2022b）。また，**TEA** で研究対象とされる**ラプチャー**を含む経験プロセスは，状態と状態，段階と段階の境界における動態であるといえる。ジトゥン（Zittoun, 2015）は，ラプチャーについて説明する際に，新入社員が職業人としてのアイデンティティを確立する過程を例示している。この例は，素人でもあり専門家でもあり，またそのどちらでもないといった2項の境界に置かれた人の葛藤や行動にこそ，学術的な価値を見いだせることを意味している。重ねて，そもそも TEA はある状態と**等至点**または**両極化した等至点**までの「間」，人と環境の「間」に生じる複雑な相互作用を豊かに描くことを志向しており，それぞれの間を線ではなく，界として捉える発想が求められる。

関連項目 TLMG，ラプチャー，移行，移境態，開放系／閉鎖系

■ 境　愛一郎 ■

第 1 節　TEA におけるプロセスの探究　[13]

非可逆的時間
irreversible time

　非可逆的時間とは生きられた時間に力点を置いた時間概念のことであり，フランスの哲学者ベルクソン（Bergson, H.）の時間概念に由来する。ベルクソンは「生体のライフ（生命・生活・人生）と本質的に関連する時間のこと」を**純粋持続**と呼ぶ（サトウ, 2015b）。「純粋持続とはまさに，互いに溶け合い，浸透し合い，明確な輪郭もなく，相互に外在化していく何の傾向性もなく，数とは何の類縁性もないような質的諸変化の継起以外のものではありえない」（ベルクソン, 2001/1889, p. 126）ものであり，純粋持続とは時計時間のように共通言語により表現されるものではなく，それ以前に個々人の意識に途切れることなく流れ込み続けている純粋な時間である（香川, 2009）。つまり，TEM 図で示される時間を表す矢印（→）は，当事者の経験に即した時間の流れ，持続的かつ生きられた時間（**カイロス的時間**）を表している。そして，決して戻ることのない時間の持続の中で人の行動や選択は実現するということを含意する（サトウ, 2012d, 2015b）。

　また，非可逆的時間は，同じことが繰り返されているように思えることでも時間の流れの中で質的変容があるという考え方を支える（安田, 2015f）。例えば，乳幼児がAという食べ物を口にした経験を例に考えると，初めてAを一口食べることができた日と，別の日に二口，三口と自ら進んで食べようとした日は，どちらも同じくAを食べた経験をした日である。しかし，後者の経験には初めて食べた日の経験による学習が含まれ，前回の経験とは異なった感覚や意欲，周囲の配慮などの環境的要素も加わっていると考えられる。このように，Aを食べる経験が同じように繰り返されているようでも，その経験に対する意味づけは時間とともに新しく生まれ変わっているのである。TEM における非可逆的時間の概念は，このような持続的な時間とともにある人々の**ライフ**を支える重要なものである。

　関連項目　純粋持続，クロノス的時間，カイロス的時間

■　上川　多惠子　■

48　　第 2 章　プロセスの理解（新しい文化科学）

第2節　TEA における時間概念 [1]

純粋持続
pure duration, durèe pure[仏]

同義語 持続

　純粋持続とは，人々の意識の中で絶えず流れているものであり，持続に空間的なものをまったく介入させないものである。純粋持続は，ベルクソン（Bergson, H.）の『時間と自由』（『意識に直接与えられたものについての試論』）の中心的な概念となる持続（durèe[仏]）の中で説明される。ベルクソン（2001/1889）は持続には2つの考え方が可能であると指摘する。1つ目は「混合物のまったくない純粋なもの」，2つ目は「空間の観念がひそかに介入しているもの」である。前者が純粋持続と呼ばれるものであり，ベルクソンは「まったく純粋な持続とは，自我が生きることに身をまかせ，現在の状態と先行の状態とのあいだに分離を設けることを差し控えるとき，私たちの意識状態の継起がとる形態である」（ベルクソン，2001/1889, p. 122）と述べている。

　ベルクソンは持続について説明するのに聴覚的な世界を例えとして，持続はあるメロディが溶け合った状態のように互いに有機的に一体化する（ベルクソン，2001/1889）と指摘する。聴覚の対象は，はっきりとした形をもたないため，その形が固定されることはなく連続体として人々に知覚される（中村，2014）。純粋持続はメロディのように数とは類似性をもたない仕方で相互に浸透し合い，有機的に一体化する（ベルクソン，2001/1889）。また，持続はメロディというよりもリズムであるという見方もある。リズムとは「反復（何度も同じことが繰り返される）のうちに立ち現れてくる質的なもの，繰り返しによって生み出される時間パターンのまとまり」（檜垣・藤田，2022, p. 59）であり，檜垣・藤田（2022）は持続にとって重要なのは「同じことの繰り返しが同じことにはならず，少しずつ不可逆的な質的変化を生み出していく」（p. 60）という点にあると主張している。

関連項目 非可逆的時間，クロノス的時間，カイロス的時間

▌上川　多恵子▐

第2節　TEAにおける時間概念 [2]

クロノス的時間
Kronos time

同義語 クロノス時間

　クロノス的時間とは，物理的な時間の流れであり，現実世界の実時間を指すものである。**カイロス的時間**と対をなす時間の考え方である。ここでいうクロノスという名づけはギリシャ神話に登場する時の神クロノスの名を用いて，神学者ティリヒ（Tillich, P. J.: 1886-1965）が時間に関する2つの側面のうち1つの側面を示したものである。ティリヒは，ドイツで生まれ，ベルリン大学に進学し，神学や哲学を学んだ。その後1933年にナチスに追われ米国に亡命した。主要著書の1つは1951年から1963年にかけて出版された『組織神学（*Systematische Theologie*)』であるが，これ以前にもティリヒは歴史哲学にちなんだ論文や著書を執筆しており，クロノス的時間とカイロス的時間に関係する基本構想を残している（岩村，2008）。時の神クロノスは，同じくギリシャ神話で農耕の神であるクロノスと発音が似ており，混同されてきた。農耕神のクロノスは当時の芸術家によって左手に杖，右手に鎌を持たせて描かれたため，右手の鎌で時の流れすべてを刈り取ってしまうというイメージも合わさって，両者は区別されることなくイメージが定着していったが，まったくの別物である（岩村，2008）。クロノス的時間は形式的な時間であり，過ぎ去ると決して取り返すことはできない時間である（芦名，1986）。この時間の概念が私たちの共通認識にあることによって歴史的記録に同時性をもたせることが可能になった。生活面においては，人々が同時に1か所に集まることや，共通の日時を国民の祝祭日として設定することを可能にした。クロノス的時間で現在を考えた場合には，現在＝一瞬であり，現在から考えると1秒前のことは過去となり，1秒先のことは未来となる（サトウ，2019b）。

関連項目 カイロス的時間

▌ 福山　未智 ▌

50　　第2章　プロセスの理解（新しい文化科学）

第2節　TEAにおける時間概念［3］

カイロス的時間
Kairos time

同義語 カイロス時間

　カイロス的時間とは，人が感じる質的な時間の流れであり，時計時間とは異なる体感時間のことを指す。心理的な時間の流れのことでもある。**クロノス的時間**と対をなす時間の考え方である。カイロスとはギリシャ語では「切断する」という動詞に由来するギリシャ神話における神の名で，チャンス，絶好の機会を支配する男性神であり（岩村，2008），クロノスと同様に時を司る神である。ティリヒ（Tillich, P. J.: 1886-1965）はカイロスという言葉を用いて体感時間について学術的に研究し，カイロス的時間のもととなるカイロス論を自身の論文，著書で発表した。カイロス論には発展過程があり，要点こそは変化しないが，1920年代後半→1930年代→ティリヒの主要著書である『組織神学』時代，という過程で現れた神学的哲学的な深化が見られる（芦名，1986）。1920年代後半のティリヒは歴史哲学を読み解くためにカイロスを用いており，カイロスにまつわる論文やその他さまざまな短編論文を執筆した。ティリヒはカイロスとは「質的で内容に満ちた」時と規定した。ここでいう質的というのは，カイロスが一定の具体的出来事に固有な時，つまり出来事という具体的内容と不可分な時間であることを意味する（芦名，1986）。具体的には，何かに熱中しているときや集中しているときに，物理的に経過した時間よりも短い時間であると感じる。この時間体験は体験した本人の主観的なものであるが，これが質的な時間の流れである。カイロス的時間で現在を考えた場合，現在＝1秒にも1日にも1か月にもなりうる（サトウ，2019b）。クロノスだけでは説明のできない，人間的な時間感覚を説明するものがカイロスである。人の発達や経験のプロセスを2次元で示す方法である **TEM** では，人の生きた時間を重視するため，カイロス的時間を用いる。

関連項目 非可逆的時間，純粋持続，クロノス的時間

福山　未智

第 2 節　TEA における時間概念 [4]

偶有性
contingency

同義語 随伴性，付帯性

　偶有性とは，履歴，すなわち固有の歴史性をまとった人の**ライフ**を，文脈に埋め込まれ，連綿とした時間の流れとともにあり，必然でも偶然でもないような中でなりゆくありさまとして理解しようとする概念である（安田，2015c）。偶有性の起源は，アリストテレス（Aristoteles）が述べる付帯性まで遡ることができるが，TEA における偶有性の意味するところは，必然性と偶然性との間にある，「あることが偶然であるとは，そうであることもそうでないことも可能である」と定義されるような（伊藤，2016），「不確定性」や「可能性」を含意している。TEA において，ある個人が人生上にたどり着く点（ノード）は，偶然によって生じるものでもなければ，必然によって導かれるものでもない。これまでに蓄積された個人史と周囲の環境との相互作用により，ある程度の制約を含んだ範囲の中で発生しうる点を**非可逆的時間**軸上で結んでいる。現在の先にある未来は常に不確定であるがゆえに，開かれた可能性としての**目的の領域**を想定する。例えば，「宝くじに当せんして，突然 1 億円が手に入った。奇跡が起こった」という語りにおいても，その前段階として宝くじ券を手に入れる行為が生じており，奇跡的な偶然が訪れたというよりむしろ，偶有的な出来事が発生したといえる。

　土元（2021）もまた，ルーマン（Luhmann, N.）やパーソンズ（Parsons, T.）の社会システム論における偶有性を引用し，キャリアにおける予期せぬ出来事としての転機は偶有的なものであり，TEA を用いることによって個人が転機であると規定した文脈を浮かび上がらせることができると主張している。TEA では，非可逆的時間とともに**開放系**の観点から個人の営みを捉えるため，ある個人の経験は偶有的な出来事として扱われ，その経験を偶有的たらしめる個人の社会生活や生活環境との相互作用や個人の生きる文脈を詳細に描くことが可能である。

関連項目 目的の領域，ラプチャー

▌ 福田　茉莉 ▌

52　　第 2 章　プロセスの理解（新しい文化科学）

第2節　TEAにおける時間概念［5］

未定さ
uncertainty

(同義語) 未定状態

TEAでは，人は**ライフ**の中で幾度となく岐路に立ち，そこで何らかの選択をし，その後に続く人生**径路**を歩むことを想定し，この一連の時間経過を**分岐点**（BFP）として概念化している。このBFPという概念をある状態の**変容**や**維持**という視点で捉え直すと，それは多様な未定状態として立ち現れる。例えば，ある**定常状態**が維持されていたが，困難に出会い，立ちすくみ，うずくまり，コントロール不能な中で身動きがとれない状態かもしれない。また一歩を踏み出すための選択肢はいくつか展望できるものの，どれを選ぶべきか決めきれない場合もある。これらは，負の維持という状態かもしれないが，その一方で，岐路においてすでに径路選択はできるものの，一歩を踏み出すタイミングを見計らうためにあえて現状を維持するという，正の維持もある（安田，2015c, 2017）。このような未定さゆえに今ここで動けない／動かないで立ち止まる未定状態の背後には，一歩を踏み出し，質的な変容を受け入れたとしても，その次に定常状態が来るかどうか分からない，延々続く変化に揺れ動く未来展望の不安定さという未定状態があろう。このように多様な未定状態をBFPで人が経験すると考えれば，ライフは，この未定さと隣り合わせにあるといえる。例えば，社会人が，働き方に疑問をもち，その解決策を求めて大学院教育を受けるという径路を選択する。そこでは，仕事上の経験的な知識と学術的な知識が交叉し，自らの思考の軸が揺さぶられることで，自分の働き方への未来展望がいっそう未定状態に近いものになる可能性がある（豊田，2022）。このように，ライフが未定さの連続だとすると，その未定さと向き合いつつ職業人生の節目で幾度となく行うキャリアデザインでは，必ずしも過去の延長線上にない未来展望を，自らの価値観や信念とすり合わせながら導出し更新する**未来等至点**（豊田，2017, 2025）という概念が，1つのガイドとなる場合もあろう。

(関連項目) 分岐点，変容／維持，定常状態，未来等至点

▌豊田　香▌

第2節　TEAにおける時間概念 [6]

未来志向性
future orientation

　未来志向性とは，**非可逆的時間**の中で人が未来へ向かっていくさまや，未来を展望することを表した概念である。**TEA** は，ベルクソン（2001/1889）による**純粋持続**を哲学的背景の1つとしており（サトウ，2006），過去・現在・未来を持続的な時間として捉えることを重視している（福田，2023）。**TEM** においては，このような持続的な時間（非可逆的時間）と，実現したこと・実現していないことの2次元で人生**径路**を描く方法をとる。実現していないことを描くには，「あのときは○○だった」という過去志向的な語りだけでなく，「これから○○できるかもしれない」「将来は○○がしたい」という未来志向的な語りが重要となり，このような未来展望は **2nd 等至点**や**未来等至点**として描かれる場合がある。さらに，実現したことを描く際にも，**研究協力者**の未来志向性を重視して経験や出来事を理解することが求められる。なぜなら，調査において語られたことは，研究協力者の記憶から再構成されたものであり，研究協力者がどのような未来を展望するかによって，経験や出来事への解釈や意味づけも異なるからである（小山・土元，2023）。このように，「過去への関心と未来への関心が結び合わされている」（カー，1962/1961）ことは，歴史哲学でも古くから指摘されており，「歴史とは過去の諸事件と次第に現れて来る未来の諸目的との間の対話」（カー，1962/1961）であるとして，過去の出来事を未来展望とともに捉える重要性が支持されている。以上の観点から，**HSI** の理論的枠組みに未来志向性を取り入れる試みもなされ，研究協力者の選定を「研究関心上の出来事を経験した人」から「そのような未来志向をもつ人」にまで拡張させる「拡張版・歴史的構造化ご招待」が提案されている（小山・土元，2023）。

関連項目 2nd 等至点，非可逆的時間，純粋持続，未定さ，未来等至点

小山 多三代

時間的展望
time perspective 略語 **TP**

　時間的展望は，長期にわたる行動の一連の連鎖とその結果を予期的に表象したり，過去の行動の連鎖のまとまりと結果を想起したりすることによって，現在の行動を動機づけるという働きを捉える概念である（白井，1995）。この概念の提唱者のレヴィン（Lewin, 1942）は，時間的展望を「ある与えられた時に存在する個人の心理学的未来および心理学的過去の見解の総体」と定義しているが，これは彼の**場理論**（レヴィン，2017/1951）を前提としたものである。レヴィン（Lewin, 1942）の研究は，時間的展望研究の構想を提示したものであり，それ以降，多くの研究が時間的展望を測定するための多種多様な尺度を開発し，定量的な方法で時間的展望の個々人における差異が探究されている（Stolarski et al., 2018）。例えば，日本では，白井（1994）によって，希望・目標指向性・現在の充実感・過去受容という4側面から時間的展望を測定する，時間的展望体験尺度が開発されている。しかしながら，個人の生き方を全体的な過程として，**個性記述的アプローチ**によって理解しようとする研究構想（白井，1997）は，これまでの時間的展望研究において十分に実現されたとはいいがたい。そのような試みは，**ライフコース**を通じた過去と未来の行動の自己組織化に関する**ライフストーリー**研究，特に**ライフライン・インタビュー法**（LIM）を用いた研究で展開されてきたと考えられるのではないだろうか。ただし，ストレス研究にルーツをもち，ライフイベントの個人への影響を主として検討するLIMでは，時間的展望の概念は取り入れられていない（Schroots, 2003）。それに対して**TEM**では，**統合された個人的志向性**や**未来志向性**といった目標への動機づけに関わる概念によって，時間的展望概念の機能も含めたライフコースのモデル化が可能となっている。

関連項目 統合された個人的志向性，ライフライン・インタビュー法，未来志向性，場理論

石盛 真徳

第2節　TEA における時間概念 [8]

異時間混交性
いじかんこんこうせい

heterochrony

同義語 異時性

　異時間混交性は，特異な**ライフ**の様相を異質で多様な時間（歴史性）の交わりから考え語る視点を提供する。ヴィゴツキー（Vygotsky, L. S.）の思想的系譜にある活動理論やラトゥール（2008/1991）のアクター・ネットワーク・セオリーなどの関係論から見いだされ，さらなる変化の過程にある。

　第1に，本概念においては，精神とは重層的な歴史性の中で変化・発生する。スクリブナー（Scribner, 1985）はヴィゴツキーの思想から，記憶，感情などの特定の「心理システム史」，個々人の「個人史」，学校や職場などの特定の「社会集団史」，系統発生含む「人類史」ないし「世界史」という，歴史の4層構造を見いだす。各層は独立したものではなく，例えば心理システム史に焦点を当てても他は背景化するだけで世界史も心理システムに混入しそれを支える，あるいは世界史とときに葛藤し抵抗する，といったような関係にある。第2に，単一の時間概念ないし時間システムの中に人やモノを位置づける見方を拒否する。世界史に焦点化して説明しよう。近代システムでは，右肩上がりの経済成長や科学技術の発展といった「進歩の時間」が主流で，人・モノ・制度のネットワークはその時間性を生成・維持し続ける。対して前近代では「循環の時間」が主流だった。ただし，前近代にも進歩時間主流化の萌芽はすでに見られ，逆に近現代においても自然との共生を重んじる自給自足生活などで循環時間も見られる。すなわちマクロな世界史を，異なる時間システムがせめぎ合い力関係が変わる過程として語る視点を提示する。第1の点と合わせれば，よりミクロな個人史や集団史でのその具体的様相を調査することにつながろう。さらに複数の時間システム間の矛盾から新たな時間が発生する可能性もある。例えば香川（2022）は，現下の資本制における前近代的循環時間と近代的進歩時間との矛盾から，循環性をもちつつ進歩的に発展する「螺旋時間」が頭角を現す可能性を指摘する。

　関連項目 非可逆的時間，純粋持続，時間的展望，距離化

▌ 香川　秀太 ▌

56　　第2章　プロセスの理解（新しい文化科学）

第3節　TEA分析の拡張［1］

多重等至点
multi equifinality point

同義語 **多重等至性**（multi equifinality）

　多重等至点とは，研究者が設定した**等至点**（EFP）以降の**径路**，すなわち EFP を起点とした未来への展望を描くために必要とされる考え方である（サトゥ，2009f）。これは，**研究協力者**にとっての未来（EFP 以降の人生）には，多様な選択肢（多重の未来の可能性）がある（香川，2015a）こと，**2nd 等至点**にも選択可能性があることを意味し，未来が**未定さ**をもつがゆえに，その目標がいくつも重なってあるものと考えられる。

　EFP 以降の展望は，さまざまな目標や可能性が混在しながらも一連の連続性および拡がりをもったゾーン（サトゥ，2009f），**目的の領域**の概念や時間の概念と合わせて考える必要がある。**TEA** ではプロセスを描く基本として**非可逆的時間**という概念がある。非可逆的時間は，**TEM 図**に描かれる横軸で「時の次元」を表しており，縦軸は人間から見た場合の選択肢や径路の多様性ともう1つの「時の次元」，生成の次元（何かが立ち上がり，刻まれる時）を表している（サトゥ，2009f, 2015b）。EFP 以降の未来展望の記述は，TEM 図の縦軸と関連させて考えることができる。

　TEA における時間概念は，現在を軸に過去，現在，未来を持続的な時間として捉えることを重視している（福田，2023）。EFP に至る（過去の）経験があり，その経験をしたがゆえに新たな選択肢が加わって，未来の選択肢が変わっていく可能性があり，多重な目標が表れてくるといえる。これは，時間を捨象しないために見えてくる点であり，当人にとっては過去の経験であるとともに，次の行為につながる未来への方向づけであると考えられる。そして，TEA が目指す当人にとってのモデルとして，類似の経験をする人々の役に立つものであるといえる。

　多重等至点は，EFP を起点とした未来への展望を表す，**TEM 研究**の未来の径路を示す概念になりうると考えられる。

関連項目 2nd 等至点，目的の領域，非可逆的時間，カイロス的時間，未来等至点

▌ 大野　志保 ▌

第3節　TEA分析の拡張 [2]

ゼロ等至点
とう　し　てん

zero-equifinality point　　**略語 Z-EFP**

　ある人にとっての，かつての人生径路上の視点から見た未来展望を指す。
「かつての」未来展望が重要となる局面の1つは，**ラプチャー**によって未来
展望を断念せざるをえなかった状況を回顧的に内省するときである。ゼロ等
至点（Z-EFP）の概念は，東日本大震災における原発事故の影響を受けなが
らも福島県に「留まる」選択をした**研究協力者**の人生径路について検討した
有澤（2018）によって提案された。有澤（2018）の研究では，研究協力者の**ラ
イフの変容**を詳細に捉えるために，原発事故（ラプチャー）を経験する以前に
思い描いていた人生や生活，未来展望に着目した。震災のような劇的な出来
事は，それ以前とはまったく異なる方向性をもつ未来展望の生成につながる
ことがある。とはいえ，かつての未来展望が失われるわけではなく，ときに
現在の未来展望に影響を及ぼすこともあるだろう。協力者にとっての現在
（調査時点）の未来展望は **2nd 等至点**（2nd EFP）と呼ばれているが，これと
かつての未来展望とを区別するために，Z-EFP の概念が必要となる。

　ところで，**TEM** は，①かつて経験してきた人生径路における「実現－非
実現」の緊張関係と，②歩みつつある想像上の**径路**における「実現－非実
現」の緊張関係，そして過去と未来の径路（①と②）同士の関係を描くこと
ができる（Sato et al., 2014）。ここで，①と②それぞれの緊張関係から生み出
される未来展望は，Z-EFP と 2nd EFP として位置づけられる。ここで留意
すべきは，TEM では，方法論的に，2nd EFP の明確化が強調されており，
Z-EFP についてはほとんど扱われてこなかった点である。Z-EFP を検討
し，過去の径路がどのように動態的に現在の径路へと影響していくのかを記
述することは，人生移行や転機において，人が時間の連続性や新しい意味づ
けを再構築していく過程を理解するために不可欠であり，さらなる経験的研
究が求められる。

　関連項目 2nd 等至点，目的の領域，ライフ，時間的展望，ラプチャー

■ 土元 哲平 ■

第3節　TEA分析の拡張［3］

未来等至点
future equifinality point　**略語** **F-EFP**

　未来等至点（F-EFP）とは，**TEA** の概念を援用し，広く一般の人々が先の読めない時代において自律的に自己理解を深め，キャリアデザインを行うための概念である（豊田，2017，2025）。F-EFP は，未来展望の先にある**未定さ**を備え持つ未来の未来と呼べる，過去の延長線上にある／ないかもしれない未来のイメージ（**TLMG** の第2層）を，今ここの自己の価値観と信念（TLMG の第3層）とすり合わせることで導出される未来記号である。職業キャリア50年時代を生きる私たちの未来は未定さと隣り合わせであり，今ある未来展望が消えてしまうリスクに備える必要がある（グラットン＆スコット，2016/2016; 豊田，2022）。そこで必要なのは，過去とともに今ここで想起される**目的の領域**（ZOF）の外にあえて描く，常に更新できる未来記号を導出する思考技能であろう。この技能を身につけるには，はじめはセミナーなど教育的なキャリアガイダンスが必要かもしれない（豊田，2021; Toyoda, 2021）。しかし，ゆくゆくは自らが自己理解の手法として自己 TEA 分析を行い，F-EFP を導出し，必要に応じて更新することが望ましい。F-EFP の導出・更新には，研究者との**トランスビュー**は必要なく，むしろ自己内対話による自己とのトランスビューが重要となる（豊田，2017，2025）。

　TEA では，研究場面で**研究協力者**が語る未来展望は ZOF として記される。その研究協力者が，研究とは関係なく，現実社会の必要に応じたキャリアデザインとして，自ら未来の果てを拡張しつつ導出する，必ずしも過去の延長線ではない未来記号が F-EFP である。未定さに満ちた社会の中で，戦略的に F-EFP を導出し，そこに至る人生径路を模索する**ライフ**を TEA が支援できるのであれば，キャリア心理学などの臨床場面からさらに抽象度を下げ，一般生活者の人生戦略のための思考技能へと TEM はその裾野を広げることになろう。

　関連項目 目的の領域，未定さ

▌豊田　香▐

第 3 節　TEA 分析の拡張 [4]

分岐域

bifurcation zone　　**略語 BFZ**

　分岐域（BFZ）は **TEM** の基本単位の 1 つである**分岐点**（BFP）を理論的に拡張した概念である。BFP が**径路**の分岐するポイント（点）に理論的焦点を当てているのに対して，BFZ は径路の分岐していくありさまを時間的・空間的幅をもって捉えることに理論的焦点を当てている。**ヴァルシナー**（Valsiner, 2019）は，**社会的助勢**（SG）と**社会的方向づけ**（SD）の影響のもとにある，未来の可能性と過去を調整するプロセス，すなわち BFZ を特定することが，**TEA** の次なる理論的課題であると指摘した。BFZ という概念を用いることで，径路が分岐していくありさまを，時間的・空間的幅をもったゾーンとして捉えることができるようになる。例えば，研究対象が人のキャリアや教育といった時間軸の比較的長い現象の場合，径路の分岐を従来の概念である分岐「点（point）」ではなく，分岐「域（zone）」として捉えたほうが，よりよく現象を言い表すことができる可能性がある。

　分岐をゾーンとして捉えるためには，径路の中で何らかの始まりと終わりをもつ一定の幅をもったまとまりを特定する必要がある。その際ジトゥンとギレスピー（Zittoun & Gillespie, 2016b）の提唱する**イマジネーション**の考え方が参考になる。イマジネーションは現実に縛られている現在の状況から離れて別の可能性を想像・構想する力であり，分岐における緊張関係を調整するツールである（Valsiner, 2018b）。BFZ におけるイマジネーションの働きを明確にすることで，人生径路が分岐するゾーンにおける緊張関係とそこでの揺れ動き，また分岐における緊張が昇華し，新たな**ライフ**の形態が生まれるプロセスについて考察を深めることができる。価値観・信念の**変容**を伴う**移行**プロセスにおいて，さまざまな諸力（SG/SD）に影響を受けながら**研究協力者**が揺れ動き，その中で新たな径路の可能性を見いだすありさまをより明示的に捉えられるようになるのである。

関連項目 分岐点，社会的助勢／社会的方向づけ，イマジネーション

■ 宮下　太陽 ■

60　　第 2 章　プロセスの理解（新しい文化科学）

第 3 節　TEA 分析の拡張 [5]

等至域
zone of equifinality　　略語 **ZEF**

　等至域（ZEF）とは，**等至点**（EFP）と，**両極化した等至点**（P-EFP）を相補的に包含した意味である。**TEA** において，EFP は研究対象となる経験の仮の帰結であり，P-EFP は EFP の補集合のような行動である。「仮」というのは研究目的に応じて設定されるものであり，また，EFP が **2nd 等至点**（2nd EFP）になりうるからである。実際には経験しなかった事象を想定するという点で，ZEF は，現実の仮定法化（ブルーナー，1998/1986）と相通じる。ブルーナー（1998/1986）は，喪失などの大きな出来事を経験した人が，その経験をしていない場合どのような人生を送ったかを語ることは，実際に送っている人生の深い理解につながることを重視した。ZEF はこの指摘と相通じるものの，より多くの理論的意義をもつ。TEA は，**径路**の多様性を記述することを重視し，特定の状態像を理想とするような記述を避けるが，学術論文が示す EFP は望ましい状態像という印象を読者に与えかねないからである。そこで，P-EFP を設定することにより，バリエーションを想定する。

　そもそも，両者は二者択一的な事象ではない。例えば，障害者が就労することを EFP とした場合，P-EFP は「就労しない」となる。だが，就労の様態はさまざまで，パートタイム雇用，社会福祉施設における福祉的就労，在宅勤務がありうる。また，報酬を伴う活動をせずに趣味に没頭することは，非就労だろうが，重要な活動である。このように見れば，P-EFP としての就労は，障害者における就労のあり方の選択肢を増やすことにもなる。

　上述の内容には，これらのバリエーションが実際に経験されたものとは限らないという意味がある。ZEF を設定することによって，そこに至るまでのいくつかの径路をより多く描くことになる。また，2nd EFP と，**両極化した 2nd 等至点**という考え方（サトウ，2015d）が提唱されていることを踏まえれば，2nd ZEF も設定可能になるだろう。

関連項目 等至点，両極化した等至点，2nd 等至点，両極化した 2nd 等至点

■ 田垣 正晋 ■

第3節　TEA分析の拡張 [6]

影の径路
shadow trajectories

　影の径路とは，社会的に支配的と考えられる**径路**のラインに対して対極に位置している径路のことである（バストス，2015）。

　TEM 図を描くとき，径路とともに，選択されなかったが潜在的に存在すると考えられる径路を描くことがある。この潜在的な径路は，例えば，右と左の道路がある分かれ道で，右に曲がったとき，選ばれなかった左のように，単純に選択されなかった異なる選択肢という意味ではない。バストスによると，生きた径路と潜在的な径路は，どちらも対話的自己領域の中に存在しており，両者はダイナミックな緊張感をもっている。このような径路のあり方を影の径路と名づけている。例えば，「母になる」ことは，実際に選択された生きた径路であり，同時に支配的な径路ではあるが，女性にとって，予測的でありかつ自身の**ライフ**と直線的に結びついているものではない。それぞれの生きられた径路の中には，何かしらの**ラプチャー**があり，対話的自己の中で選択されてきている。その際に，選ばれなかった径路が，影の径路として存在している。それは，可能性や願望，計画的に想定されるものなど，さまざまな要素であるが，対話的自己の中で，生きた径路を支えたり，増幅したり，方向づけたり，あるいは弱体化させるものといえよう（Bastos, 2016）。

　このように潜在的な径路を影の径路というメタファーで捉えることは，TEM 図を描くうえで重要な視点となるだろう。多くの TEM 図では，**分岐点**を設定し，そこから選択されなかった径路を描くだろうが，その際に，その潜在的径路が，その人にとってどのような意味をもっているのか，それが**等至点**へと至るプロセスにどのように影響しているのかを考えなければならない。

　関連項目　複線径路，可能な径路，ラプチャー，対話的自己論

■ 上田　敏丈 ■

第3節 TEA分析の拡張［7］

記号論的罠
semiotic trap

　相手にある選択肢を選ばせるように仕掛けた後に，それを非難すること（ヴァルシナー，2024/2014），あるいは，自分自身である選択肢を選んだことについて非難し続けて自縄自縛に陥ること，である。**ヴァルシナー**が前者を提案し，サトウが後者の例を展開した。

　ヴァルシナー（2013/2007）では，ある女性Aが友人Bと話しているシーンが例として挙げられている。友人Bは鼻の整形手術をした女性Aのことを気遣って見舞いに立ち寄った。何かを話しても気詰まりで黙っていても気詰まりであった。Bは自分が親知らずを抜いたときに麻酔をしたことを思い出し，体験談を語ったところ，Aに「なんで鼻の整形手術と親知らずを抜くことを比べるの！」と激怒されてしまった。AはBを徐々に追い込んでいき最後にBを身動きがとれなくなるように追い込んだのである。BからすればAを気遣うためにいろいろと様子を見ていたのだが，最後に理不尽な通牒を突きつけられ，罠にはまったのである。

　サトウ（2019b）は，自分に自信をもてないある大学の4年生の例を挙げている。その学生は，大学の中で成績もよく課外活動もしっかりやっていてリーダー格の学生だと見られていた。だが，本人は「行きたい大学の受験に失敗してこの大学に来て，頑張ったのだが結局は行きたい企業に就職できなかった」という不全感をもっていた。この例では，自分が行きたい大学に行けばよい生活があったはずだということに自分がとらわれていて，自分が実際に経験している4年間の生活を価値づけられないことが問題である。**クロノス的時間**は進行していても**カイロス的時間**は高校生のときのままだ，ともいえる。この場合，「出来事は変えられないが出来事の意味づけは変えられる」という**ナラティブ**を実践することで記号論的罠から抜け出すことができる。

関連項目 クロノス的時間，カイロス的時間，ナラティブ

■ サトウ タツヤ ■

第3節　TEA分析の拡張 [8]

包括体系的セッティング／記号的プロトコル

systemic setting／semiotic protocol　　略語 **STS**／**SOP**

　包括体系的セッティングと記号的プロトコルは**記号圏**における**記号**現象を説明するために提示された概念である（宮下ら，2022b）。包括体系的セッティングとは，ある記号圏において繰り返し立ち現れる特定の諸環境（状況など）を指し，記号が記号として働くための場を概念化したものである。セッティングにおいては，**必須通過点**（OPP）が必須の**径路**として機能することが期待される。また，プロトコルとは，記号圏において，OPP が必須の径路として機能した際に，主体に要請される一連の行為の束を指す。セッティングにおいて，諸環境が記号に完全な効果を発揮させることを許した場合に，つまり記号が**促進的記号・抑制的記号**として十全に作用した場合に，人が通常とることが要請される行動継起（シークエンス）のことを，プロトコルと概念化しているのである。例えば外交儀礼としてのプロトコルは歴史的外交事例に基づいた慣行や慣習を整理し成文化したものであり，法的な拘束力はもたないが，ある特定環境においては，ある特定の行動が要請されるという意味で記号的プロトコルそのものである。ある記号圏における包括体系的セッティングと記号的プロトコルが十分に個人に**内化**されているとき，OPP は必須の径路として機能するのであり，**文化が人に属する**という状況であるといえる。

　宮下ら（2022b）は，セッティングとプロトコルの観点から **TEM** を用いた研究を 5 つの類型に分類した。類型 I は既存の記号圏の記述，類型 II は既存の記号圏からの離脱，類型 III は新たな記号圏との衝突，類型 IV は新たな記号圏の受容，類型 V は新たな記号圏の生成に焦点を当てた研究である。研究者が着目する人と記号との相互調整過程を，セッティングとプロトコルの観点から，より明確化することで，**TEA** 研究ひいては質的研究をより豊饒化することにつながるのである。

　関連項目 必須通過点，記号，文化が人に属する，記号圏

■ 宮下 太陽 ■

第 3 節　TEA 分析の拡張［9］

発生の促進的記号／収束の促進的記号
promoter sign of genesis／promoter sign of convergence　　略語 **PSG/PSC**

　発生の促進的記号（PSG）とは，**促進的記号**を理論的に拡張した概念である。**ヴァルシナー**（2013/2007）は促進的記号について，人間にとっての未来を志向する時間を拡張し，ありうる未来を構築するガイドとして機能しうるものであると定義している。またサトウ（2019a）は，さまざまな**記号**に囲まれて生活をしていく中で，特定の記号が人の行動を促進する場合があり，そこにおいてこそ促進的記号の働きがあると考える必要があると指摘している。このように促進的記号とは人を何か新しいことへ導く記号のことだが，**TEM** においては，**径路**の分岐を引き起こす契機となる促進的記号を捉えることが特に重要である。

　宮下ら（2022b）は，TEM と**イマジネーション**理論（Zittoun & Gillespie, 2016a）を統合し，TEM のイマジネーションモデルを提示する中で，人生径路において価値観・信念の**変容**を伴うような分岐を生み出す，大きなきっかけ（トリガー）となる記号を「PSG」として概念化した。また分岐のプロセスの中で，さまざまな**心理的葛藤**を経て次の径路を見いだし，分岐が収束していくきっかけとなる記号は「収束の促進的記号（PSC）」として概念化されている（宮下，2023）。

　PSG が生じる分岐において，人は自身を取り巻く文化的社会的環境からの力（**社会的助勢，社会的方向づけ**）を認識し，径路選択に際して，現在・過去・未来をイマジネーション（想像・構想）しながら，さまざまな葛藤に向き合うことになる。**TEA** には，このような価値観・信念の変容を伴う人間の動的なメカニズムを捉える理論として **TLMG** が用意されている。PSG は TLMG で捉えうる，人と記号とのダイナミックな相互調整過程が発生する契機となる記号であり，PSC はその過程が収束する契機となる記号なのである。

関連項目 TLMG，分岐点，社会的助勢／社会的方向づけ，促進的記号／抑制的記号，イマジネーション　　　　　　　　　　　　　　　　　　　　▎宮下　太陽▎

第3節　TEA分析の拡張［10］

多声モデル生成法
polyphonic model production method　　略語 **PMPM**

　やまだ（2020）は，**現場**（フィールド）を質的研究の対象となる現象と研究が行われる場の特徴を象徴する用語として捉え，複雑で多岐にわたる要因が連環する全体的・統合的場であると定義しているが，その現場にアプローチする方法論が多声モデル生成法である。これは，現場のデータからボトムアップに生成したモデルと，理論からトップダウンに生成したモデルの両方を対話（dialogue）させる方法論だが，両者の対話は単なる二者間の対話ではなく，相互の矛盾や時間的・空間的ズレを含む「多声対話（polylogue）」である。そのとき限りで**再現性**をもちにくい個々の現場の特殊性を重視しつつ，新しい知を生み出すために応用可能な共通性を見いだす試みであり，その生成プロセスも重視される。また，目的に合わせて具体性のレベルや質を変えて，多くの段階の多様なモデルが生成されるものでもある。

　やまだ（2020）は，この方法により生成されるモデルの特徴およびモデル提示時の留意点は4つあるとする。①すべての場面に適用できる普遍的で一般的なものではなく，限定的領域で限定的目的のために数多く生み出されるモデルである。そのため目的や視点の異なる多種のバリエーションや変異形も含めたモデル提示が重要である。②堅固な概念構造によって構築された完璧な構築物のようなモデルではなく，現場や研究者に合わせて適応的に変化し，必要に応じて変形・発達していくモデルである。そのため生成プロセスや変遷プロセスを含めたモデル提示が重要である。③モデルが生み出すイメージにより，新たな対話を生み出し知的活動を生産する，それ自体が生きもののようなモデルである。新しい知を生み出せるような演繹的モデルの役割が重要である。④もとになった現場データとだけでなく，多種のモデル間で多声的に対話がなされるモデルである。そのためモデル相互間の関係性の提示や，モデルをメタ化して調整・理論化していく作業が重要である。

関連項目 多声性，現場，モデル／モデリング

▌ 小澤　伊久美 ▌

第3節　TEA分析の拡張［11］

時間プロセス並行法
parallel temporal process method

　時間プロセス並行法とは，対象事例のデータを描く際に時間を捨象せずに質的データと量的データの２つを併記することで，その事例をより多面的に——つまりはその事例をより深く理解できる——研究方法として提案されたものである（三田地，2015）。具体的には，行動分析学の実験手続きとして知られる一事例の実験計画デザイン（single case design; SCD）における量的データ，および **TEA** で用いられる質的データをもとに描く **TEM 図**を併記するという方法である。時間プロセス並行法は，昨今，医療現場でも脚光を浴びつつある，量的研究と質的研究の両方を用いる**混合研究法**の一種であるとも位置づけられる。

　時間プロセス並行法を用いた具体的な例として，言語聴覚士（Speech Therapist; ST）が吃音のある児童の母親に介入した研究（田代・三田地，2017）がある。子どもの吃音症状の変化は SCD を用いて，ベースライン，介入期（I，II，III，IV），フォローアップ期の各期が時系列で示され，これらの期に対応する形で，ST の意思決定プロセス（介入を開始する，介入方法を変えるなど）が TEM 図で示されている。SCD では基本的には「客観的な行動データ」が従属変数として示される。臨床場面では単に介入期の行動データがどう変動したかのだけではなく，なぜそのような介入方法に至ったのか，セラピスト側の意思決定というのは重要な要因である。その点を TEM 図で可視化しながら SCD の行動データを読み解ければ，その研究を読んだ他の臨床家が自分の臨床に活かす際に有用な情報になるであろう。

　以上のような点から時間を捨象しないという同じ特徴をもった SCD と TEM 図を並行して用いる時間プロセス並行法という研究方法は，特に意図的な介入を行い客観的なデータをとりながら進行するような臨床場面での活用が期待されるものである。

　関連項目 TEM 図，私的事象，混合研究法

▌ 三田地 真実 ▌

第3節　TEA分析の拡張［12］

多声的・山脈的自己
multi-vocal and mountainous self

　多声的・山脈的自己とは，自己の世界にあるポジションごとに3層（**TLMG**）によって構成される精神構造が1つの山のように分権化されて存在し，それぞれが相互関連をもちながらも全体として自己を形成するために山々が連なる山脈のようなあり方で自己を構成していると捉える。自己は「全体としての自己」から「部分としての自己」へと要素還元していくパラダイムで捉えられてきた。この要素還元的に自己を捉えるパラダイムは，ジェームズ（James, W.）によって提示され，自己を知る自己（純粋自己：I）と知られる自己（経験自己：me）に分けてI-me図式として示された。さらに，経験自己：me は物質的自己，社会的自己，精神的自己の3つの要素によって構成されることを示した。その後，自己がどのような要素によって構成され，さらに要素間の関係によって構成されるのか，自己を多次元，階層的に捉えた研究が行われてきた。シェイベルソン（Shavelson, B. J.）は，自己にいくつかの水準を設けて，階層化した自己概念の階層構造モデルを示した。

　要素によって構造化された全体としての自己が主流となる中で，ハーマンス（Harmans, H.）らは**対話的自己論**という新しい自己論を示した。この対話的自己論はジェームズが示した要素還元的な側面を踏まえていたが，自己の世界に無数の私や私に関わる他者やモノ，出来事が存在しており，これらの他者やモノ，出来事をポジション（position）として転換する。このポジションは，「父親としての私」や「車が好きな私」のような私ポジションを内部ポジションと呼び，私のもの（mine）と呼ばれる私の子どもや私の車などの他者ポジション，モノポジションを外部ポジションと呼んだ。そして，これらの変換されたポジション同士が声（voice）によって対話的関係を生み出すことが示された。ハーマンスは，対話的自己にバフチン（Bakhtin, M.）の**多声性**概念を導入し，分権化された自己のあり方を示したのである。

　🔲関連項目　多声性，対話的自己論，記号，内化／外化

▌香曽我部　琢▐

68　　第2章　プロセスの理解（新しい文化科学）

第3節 TEA分析の拡張［13］

Parallel-TEM／Parallel-3D-TEM

Parallel-TEM／Parallel-3D-TEM

　Parallel-TEM／Parallel-3D-TEM とは，二者関係の**変容**プロセスを同時並行的に可視化し，「1本のモデル」として描出する **TEM** を指す。相互主体的関係（鯨岡，2006）の視座から，二者の関係性を分断せず，両者が紡ぎ出す関係性そのものを1つの総体として捉え，Y軸に**非可逆的時間**を，X軸に二者を同時並行的に位置づけることで，二者関係の変容プロセスや推移を描出することができる。また，X軸の両者が左右に拡がるにつれて，二者関係が拡がりを帯びている度合いが高くなるよう，二者関係性の様相を左右の振り幅で表す。同時に，二者の関係性に影響を及ぼす**社会的助勢**と**社会的方向づけ**は，1本の総体に作用するものとして捉え，両端に配置される（上村，2022a，2022b）。

　その上で，Parallel-TEM とは，二者関係の拡がりを平面積で描出する TEM である。**ライフライン・インタビュー法**を援用しながら，二者の実感の推移を時間軸に沿って線描で示すことで，各期の細やかな実感の揺らぎをグラフィティカルに描き，両者の曲線が織り成す平面上の面積を「関係性の拡がり」として表すことができる。一方，Parallel-3D-TEM は，TEM の立体モデル化を試みたものであり，二者関係の拡がりを立体的に描出する TEM である。三角錐のような立体を作り出すように，二者の境目となる支点を120度の角度で折り曲げ，各期の二者関係の度合いをポイント化（範囲：1~5）することで，左右に拡がるにつれて二者関係の度合いが高くなるよう表すと同時に，二者間と支点までの距離で形作られた底辺の三角形を「関係性の面積」として可視化することができる。

　これらの TEM は，両者が織り成す関係の推移・機微を時間の経過と左右の幅の拡がりで描出でき，さまざまな二者関係の変容プロセスを1本のモデルとしてアクチュアルに描ける特徴を有している。

　関連項目 社会的助勢／社会的方向づけ，ライフライン・インタビュー法，非可逆的時間

■ 上村 晶 ■

第3節　TEA分析の拡張［14］

KTH CUBE システム

KTH CUBE system　　略語 **KTH**

　KTH CUBE システム（KTH）は主に刑事裁判で有罪無罪を争う事件で用いられ，検察官側と被告人・弁護人側の対立のある主張の可視化と分析を行う（山田ら，2011）。この可視化と分析に用いる KACHINA CUBE システム（KC），**TEA**，浜田式供述分析（Hamada's Statement Analysis）の3つの手法の頭文字から KTH と称される。KTH ではまず，浜田式供述分析を行う。供述調書をその供述がとられた順番に並べて変遷を検討し，仮説検証を行う。次に，「事件の起こった結果」を**等至点**（EFP），「その等至点にたどり着くためには必ず起こらなければならない出来事」を**必須通過点**（OPP）として，その事件の **TEM 図**を作成する。このとき，OPP には必ず検察官側と被告人・弁護人側の対立仮説が存在する。事件の起こる時点までに起こりえた出来事を視覚化するため，**TEM** は KTH において用いられている。最後にその人の供述が TEM のどの**径路**を通っているのかを，その供述がとられた順に検討する必要がある。そこで用いられるのが，KC である。KC は地域の場所ごとの語りを，その語りがいつ記録されたのかを視覚的にコンピュータ上で仮想3次元表示するシステムである（斎藤・稲葉，2008）。X軸とY軸の底面がその地域の地図になっていて（2次元），Z軸は年代の層（3次元）を表す。例えばA公園についてXさんが2005年に語った内容は地図上のA公園の2005年の層に格納され，フラグメントというボタンで表示される。再度A公園についてXさんが2009年に語ると，その語りの内容は2009年の層に格納される。フラグメントをクリックすると語りの中身が確認できる。KTH は，この KC を用いて TEM を，その供述がとられた順に重ねていく。これによって，それぞれの時点の TEM を丹念に検討し，供述の食い違いや変遷を検討することが可能になる。

関連項目 TEA×法と心理学

山田　早紀

第3節　TEA分析の拡張［15］

クローバー分析
clover analysis　**略語** **CLVA**

クローバー分析は，**分岐点**（BFP）において，**イマジネーション**（想像）についても理解し，想像力の方向を描く手法である（サトウ，2015f）。BFPにおけるイマジネーションの働きは，現在の自己から少し離れて過去と未来を関連づけることである（Zittoun & Valsiner, 2016）。サトウ（2015f）は，イマジネーションが過去と未来のいずれを志向しているのかをかけ合わせた4つの方向性を提案した。イマジネーションの方向は，サトウ（2015f）と市川（2017）によってまとめられ過去志向促進的想像（past oriented promotional imagination; POPI），過去志向抑制的想像（past oriented restrain imagination; PORI），未来志向促進的想像（future oriented promotional imagination; FOPI），未来志向抑制的想像（future oriented restrain imagination; FORI）と提案された。この概念のルーツの1つは，ジトゥンとギレスピー（Zittoun & Gillespie, 2016a）のイマジネーション・ループ（imagynary loop）である。近年では，サトウ（2015f）が提唱した4つの次元に加えて中核の想像（core imagination; COIM）という概念も議論され始めている（市川，2017, 2021）。クローバー分析における中核の想像は，人が**非可逆的時間**を生きる中で，どうありうるか，どうあるべきでないかへと向かわせる想像（代替的な現在）であり，その語りである。**記号圏**からクローバー分析を捉えたとき，中核の想像とは，ある個人が1つのあるいは複数の記号圏の中でせめぎ合い，過去と未来に思いをめぐらせながら，自己の代替的な現在についての語りを文字や声，そして音や絵・イラストの描写，言語表現以外のもので表した形とも考えられる。**TEA**では，分析対象を人間に限定していない。歴史的資料や文献などを対象とすることで，ある時代や国・地域の人々が影響を受けたイデオロギーや思想・信条などもクローバー分析によって可視化が可能だろう。TEAは基本的に文字で人生径路を表現するが，文字以外での描き方については，今後の発展が期待される。

関連項目 分岐点，記号，イマジネーション

｜市川 章子｜

第3節　TEA分析の拡張　71

第3節 TEA分析の拡張 [16]

関係学
science of relationships

　レヴィン (Lewin, K.) のトポロジー心理学やモレノ (Moreno, J. L.) の心理劇などの影響を受けた松村康平が，「かかわり」（関係）構造の研究を通じて構築した理論である（関係学会ら，1994）。その関係学の特徴は，人間を自己・人・物との多様なかかわりの中で生きる関係的存在と捉える点にある。自己は個人や自分自身を指し，人は他者や組織を意味する。また，物には有形の自然物や人工物だけでなく，ルールや課題などといった無形のものも含まれる。関係学では，自己・人・物のかかわり方（関係構造における機能）を，内在，内接，接在，外接，外在の5つに分類し，分析・把握する（図1）。

　5つのかかわり方は，①内在：関係に入り込み，状況を内から担う，②内接：状況をここ（内側）から担う，③接在：内在を超越し状況を両側から担う，④外接：状況を傍らから担う，⑤外在：状況を外側から担う，である。

　関係学は，人間を**開放系**と捉える **TEA**（TEM）と理論的な相似性がある。そのため，**分岐点**から**等至点**に至る**径路**に関係構造の分析・把握を加えることによって，TEA（TEM）のさらなる拡充を目指そうとする試みが進められている（乾・サトウ，2023；サトウ，2022d）。

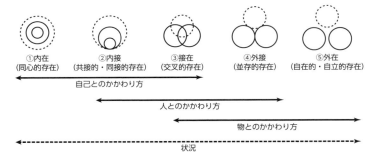

図1　関係構造と機能（松村・斎藤，1991をもとに筆者作成）

関連項目 径路，等至点，分岐点，構造／過程，開放系／閉鎖系

乾　明紀

第3節　TEA分析の拡張［17］

展結
てん けつ

transduction

同義語 転導

　TEM において展結とは，**未来等至点**として複数の選択肢が現前している
という「問題状況」において，**イマジネーション**（想像力／構想力）の助けを
借りて，「解決」するような選択肢を新しく創造（Innovating）することであ
る（サトゥ，2021a）。サトゥ（2021a）は，フランスの哲学者シモンドンのプロ
セス哲学（シモンドン，2013/2018）における展結（transduction）を **TEA/TEM**
と接続することを提案した。展結は現状において発達心理学，プロセス哲
学，生物学（形質導入），心理学（ピアジェ（Piaget, J.）の転導），電気工学（変
換），音響学でそれぞれ少しずつ異なる意味で使用されている概念である。

　シモンドンが用いた展結とは，科学分野，社会・人間科学，技術装置，芸
術分野など，さまざまな分野における分化と個体化のプロセスを理解するた
めに提唱された重要な概念である。ここで注目すべき点として，展結は，知
（savoir[仏]）の領域において「発明の真の歩みを規定している」とされること
である。宇佐美（2021, pp. 146-174）によれば，この発明の歩みは「帰納的で
も演繹的でもなくトランスダクション的であり，すなわち一つの問題系がそ
れらに従って規定されうる諸次元の発見に対応している」と見なされる。

　複数の選択肢が現前している「問題状況」において，TEM では**両極化し
た等至点**（P-EFP）という概念を置き，**径路の複線性・多様性**の理解を促し
ている。P-EFP は，**等至点**の補集合的事象を設定するために概念化された
ものであるが，その設定の適切性を検討する分析過程とその動的で多様な様
相を概念化したものが**目的の領域**（ZOF）という概念である（安田，2015a）。
ZOF は「幅のある未来」を考えるときに有効な概念であり，多くの研究で
用いられてきた。サトゥ（2021a）が提案する展結と ZOF との違いは，解決
を「幅」や「領域」ではなく，新しい「次元」の中に見いだす点にあり，
ZOF において1つの次元を想定し，「領域」を見いだす点と親和性が高い。

関連項目 目的の領域

▎田中　千尋▎

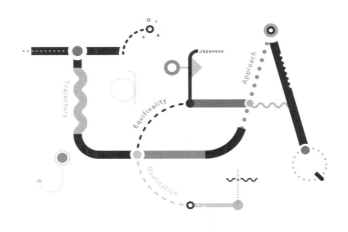

第3章
理論の深化

第1節　文化心理学の源流
第2節　ヴィゴツキーの記号論的文化心理学
第3節　ヴァルシナーの記号論的動態性の文化心理学
第4節　TEAと関係の深い文化心理学の概念
第5節　TEA理解を深めるための概念
第6節　TEA理論を発展させるために知っておいてほしいシステム論の用語
第7節　質的研究法としてのTEA
第8節　質的研究法とTEA/TEM

第1節　文化心理学の源流 [1]

文化心理学
cultural psychology

　文化心理学は，文化を心理学的に扱う領域の総称であると同時に，その下位領域も示すものである。総称としての文化心理学には，文化を変数として扱う比較文化心理学と，文化を**記号**や活動というヴィゴツキー（Vygotsky, L. S.）由来の概念で捉えようとする文化心理学，がある。前者は文化という大きな入れ物のようなものが存在し，その中に人がいると考えるのに対し，後者では文化が人の中に記号体系として存在すると考える（したがって個人は複数の文化をもつことが可能になる）。前者は文化を**構造**として理解し，行動の原因として扱うのに対し，後者は文化を**過程**（プロセス）として理解する。そのため後者においては行動の原因ではなく行動そのものが文化となる。前者は人々をカテゴリー化して比較によって理解するため，多様性理解に役立つかもしれないがその一方で人々を分断しかねない。後者は**文化が人に属する**と考え，人々をカテゴリー化することはない。また，媒介や意味を重視するという特徴がある。

　ヴィゴツキーの心理学が狭義の文化心理学の基盤とされるのは，彼が媒介という考え方を心理学に取り入れたからである。また，中村（2007）はヴィゴツキーがケーラー（Köhler, W.）の洞察学習（道具の利用による問題解決）などを参考にして，2方向の媒介過程を見いだしたと指摘した。道具を媒介にして外側に向かう自然の支配の過程と，他人または自分の心理過程に向かう記号（特に言葉）を媒介にした人間自身の行動の支配の過程である。前者の媒介過程を重視するのが活動理論や社会文化的アプローチと呼ばれるもので，コール（Cole, M.）やエンゲストローム（Engestrom, Y.）が代表的な論者である。後者の媒介過程を重視するのが記号論的動態性の文化心理学と呼ばれるもので，**ヴァルシナー**が代表的な論者である。

　なお，ヴィゴツキーはロシア語で研究発表を行っていたうえに早世したため 20 世紀のメインストリーム心理学を形成していた欧米圏の心理学者にその考えが知られていなかった。ロシアの衛星国のようだったエストニア出身

76　　第 3 章　理論の深化

のヴァルシナーがヴィゴツキーの著作を英訳したことなどにより，その考え方が欧米圏に知られるようになった。

　1980年代以降，自然科学的パラダイムでのみ心理学を構成することに対する疑問の声が高まり，ヴント（Wundt, W. M.）の**民族心理学**の考え方が再発見された。民族心理学は言語を用いる人間の活動や精神について扱う学問であるから，媒介を重視する文化心理学と共鳴する。コール（2002/1998）は，心理学には自然科学としての第1の心理学と文化科学としての第2の心理学があったとして，ヴントの民族心理学の系譜に連なる心理学も重要であると指摘した。その骨子は以下のようである。①文脈の中で媒介された行為を強調する。②歴史的，個人発達的，および行為的，などさまざまな水準における「発生的方法」の重要性を主張する。③日常生活の出来事に基礎をおいて発生を分析する。④人々の共同の媒介された活動の中で精神が新生すると仮定する。⑤個人は，能動的であるが，完全に自分が選んだ条件において行為するわけではない。⑥原因－結果，刺激－反応に基づく説明的科学を拒絶する。⑦人文諸科学，社会諸科学，生物諸科学の方法論を活用する。

　記号の概念に時間を取り入れたヴィゴツキーの文化心理学を記号論に沿って発展させたのがヴァルシナーである。彼は記号が機能するのは常に現在であり過去と未来を架橋する（translate）とした。「記号の機能は常に未来志向」（Valsiner, 2017a）であると指摘し，**促進的記号**と**抑制的記号**という概念を創出した。記号を同じように解釈して同じように行為を行ったり（行わなかったり）する人たちは同じ**記号圏**で同じ文化を共有しているといえる。ここで，注意すべきは，文化に所属しているのではなく，文化を所有していると考えることである。

　TEAは文化心理学に立脚した方法論である，なぜなら，**分岐点**の分析を通じて，その個人にとっての促進的記号や抑制的記号を理解することができるからである。また，これらの記号は多くの場合は集合的なものであるが個人的なものである場合もあるから，**集合的文化**だけでなく**個人的文化**を知ることにもつながる。

関連項目 分岐点，民族心理学，ヴァルシナー，促進的記号／抑制的記号，個人的文化／集合的文化

▌ サトウ タツヤ ▌

第 1 節　文化心理学の源流［2］

民族心理学
race psychology, Völkerpsychologie[独]

　民族はドイツ語でフォルク（Völk[独]; 複数形 Völker[独]）である。18 世紀後半,
ドイツの思想家ヘルダー（Herder, J. G.）は, 言語・歴史を共有し共通の文化
を形成する人々（とその産物）のことをフォルク概念で表した。有力な統一国
家を形成できていなかったドイツにおいて, フォルクは人々をまとめ上げる
ための包摂的な概念であった。その後, ドイツの言語哲学者フンボルト
（Humboldt, W. von）が民族心理学という考え方を提唱した。彼は, 民族精神
は言語によって表現され, また, 言語によって民族集団が形成されるという
考えをもっていた。人種概念よりも言語の共通性が重視されていたのであ
る。なお, ドイツに統一国家ができるとナツィオン（Nation[独]; 国民）という
概念が用いられるようになり, それまで用いられてきた（人々をまとめ上げる
ための）フォルク概念よりも, まとまった国民を細分化する概念（例えば人種）
のほうが用いられるようになり, ついにはナチスドイツによる人種差別的政
策に至ったのは大きな皮肉である。
　民族心理学を具体的な学問として実践したのがシュタインタール（Steinthal,
H. H.）とラツァルス（Lazarus, M.）である。ただし彼らは精神について扱うの
であれば言語学のみならず心理学も必要だと考えており『民族心理学と言語
学雑誌』を 1860 年に刊行した。この雑誌の目標は, さまざまな民族の精神
（文化的所産）について, 言語学的観点（語彙や構文規則など）と心理学的観点
（表象の形成規則など）の双方から観察・整理することだった（向井, 2007）。
　ラツァルスによればこの学問の目的は, 「ある民族の――実生活, 芸術,
そして学問における――内的で精神的な活動が, いかなる法則に従って行わ
れ, 普及し, 深化あるいは停滞するのか, また, ある民族の特性が, いかな
る動因によって成立し, 最終的に衰退するのか」を明らかにすることにある
（奥谷, 2017）。なおシュタインタールとラツァルスは民族の精神を明らかに
することを目標にしており, 言語・歴史・文化を共有する人々が生み出した
神話, 宗教, 風習, 習慣なども対象に入っていた。そして, 言語的な差異が

78　　第 3 章　理論の深化

概して国家間の本質的な差異を表しているとしたフンボルトの意見に同調していた。ちなみにユダヤ教に帰依するユダヤ人であるこの 2 人が，言語を共有する人々こそが同じ民族を構成するという主張をしたということは何を意味するのか。彼らもまたドイツ語を共有するドイツ民族であることを目指していたといえるのである。国家という制度と民族の関係は日本人が考えているほど単純ではない。

　『民族心理学と言語学雑誌』の熱心な読者の 1 人にヴント（Wundt, W. M.）がいた。彼は医学部で学び実験生理学の手法を心理学という学問に導入し，1874年に出版した『生理心理学的綱要（*Grundzüge der physiologischen Psychologie*[独]）』において実験的方法を体系的にまとめ上げ，実験室で心についての研究を推進するという近代心理学を確立した人物として知られる。ただし彼は，感覚や知覚など低次精神機能については実験という手法を用いて明らかにできると考えたものの，思考などの高次精神機能に関しては観察などで明らかにできると考えていた（このことは当時において，思考も実験できるとするヴュルツブルグ学派の批判を浴びたし，現在でも同様に否定されているといってよい）。

　ヴントはその晩年『民族心理学（全 10 巻）』を著した（1900-1920）。個人的精神と集合的精神との相互融合的な影響過程を見ようとしたのである。その内容は言語，芸術，神話と宗教，社会，法，文化と歴史，である。その第10 巻「文化と歴史」においてヴントは民族と文化を等価と見なそうと提案した（Diriwachter, 2004）。ただしヴントは自分でフィールドワークなどをしたわけではなく旅人や宣教師から提供された 2 次資料や 3 次資料に頼っており，その情報源を批判的に精査することはなかった。その意味で，彼はアームチェア心理学者だったという批判を免れえない。そして 1920 年にヴントが死去すると，民族心理学の内容は急速に忘れられていった。そして 1980年代に民族心理学を**文化心理学**の源流と見なそうという声が上がるまで顧みられることはなかった。

関連項目 文化心理学

▌ サトウ タツヤ ▌

第 2 節　ヴィゴツキーの記号論的文化心理学［1］

記号
sign

　記号は，それによって他の何かを指し示すものである（サトウ，2023a）。例えば，地図記号は記号の 1 つである。それぞれの地図記号は，田んぼや工場など，何らかの内容を指し示している。私たちは，その地図記号を見て，そこに何があるかを知ることができる。他に身近なものでいえば，言葉も記号の 1 つの例として挙げられる。「桜」という言葉は，桜の木や花のことを指し示す。また，桜の木や花も，記号となりうる。桜の木や花を見たとき，入学式や卒業式を思い起こす人もいるだろう。また，桜にちなんだ歌を思い起こす人もいるかもしれない。人によって場面によってその解釈はさまざまであるが，何かを指し示すものが記号であり，その記号は私たちが生活をするなかで日々接しているものでもある。

　記号を考える学問は，古くは「紀元前 3 世紀からローマ時代まで続くストア派や 5 世紀のキリスト教神学者アウグスティヌスにより体系化された Semiotica」（サトウ，2023a, p. 30）に遡ることができる。そして，19 世紀後半から 20 世紀初頭にかけて，ソシュール（Saussure, F. de）による記号学（semiology）とパース（Peirce, C. S.）による記号論（semiotics）がそれぞれ独立に展開されている（宮下ら，2022a; サトウ，2023a）。パースによる記号論は，**TEA** が依拠する**文化心理学**の理論的議論においても具体的に取り上げられている考え方である。例えば，イコン（類像：記号で表されたものが記号そのものと形態が似ているあるいは記号の模倣がなされたもの），インデックス（指標：記号で表されたものが物理的あるいは因果の関係といった何らかの方法で記号との関わりをもつもの），シンボル（象徴：記号で表されたものが記号と似ておらず，恣意的な関係しかないもの）という記号の 3 類型を取り上げて文化心理学における記号概念の議論が展開されている（サトウ，2023a; ヴァルシナー，2024/2014）。

（関連項目）ヴィゴツキーの三角形，促進的記号／抑制的記号，点的記号／域的記号，更一般化された情感的な記号領域，記号圏

■ 滑田　明暢 ■

80　第 3 章　理論の深化

第2節　ヴィゴツキーの記号論的文化心理学 [2]

ヴィゴツキーの三角形

Vygotsky's mediational triangle

　ヴィゴツキーの三角形とは，人間の行動を刺激（Stimulus）－反応（Response）の二項的図式ではなく，刺激（S）－手段刺激（X）－反応（R）として捉えようとした三項図式のことをいう。刺激と反応によって人間の行動を理解しようとする行動主義の考え方に従えば，人間は刺激に否応なしに反応する「状況の奴隷」と解釈することができる。しかし，ヴィゴツキーはこのような考え方を否定し，人間は自ら道具を使用することでその状況を打開すると考えた。刺激（S）に対して道具を用いた新たな刺激（X）を媒介させることにより反応（R）をコントロールすることができるのが人間だというのである。

　このような発想は，元来，ヴィゴツキーが二重刺激法という独自の実験法として考案したものである。「刺激は，一方では，子どもの前にたてられたあれこれの課題（何らかの記銘，比較，選択，評価，秤量など）を解決する行動が向けられる対象の役割を演じるし，他方では，その課題解決に必要な心理操作（記銘，比較，選択）を方向づけ，実現する手段の役割を演じる」（ヴィゴツキー，2008/1928, p. 159）。このような対象でもあり手段でもある刺激を，手段刺激と呼びつつ，人間が自らをコントロールする**心理的道具**としてヴィゴツキーは重視した。言い換えるならば，ヴィゴツキーは実験において，人間が課題をクリアできるか否かよりも，道具を用いてどのような心理操作をしながら解決するかに注目していたのである。

　ヴァルシナーによれば，ヴィゴツキーの実験に対する姿勢は「環境の再組織化における人間の積極的な役割を強調するものである」という（Valsiner, 1988, p. 137）。このように，ヴィゴツキーは，人間を刺激に応じる存在であると同時に，自ら刺激を作り出し，それをコントロールしうる能動的な行為主体として理解していたのである。

関連項目 心理的道具，包括体系的な視点

▌ 岡花 祈一郎 ▌

第2節　ヴィゴツキーの記号論的文化心理学　81

第2節　ヴィゴツキーの記号論的文化心理学 [3]

記号による媒介
sign mediation

　記号による媒介は，主体が対象に働きかける際に，主体が記号を介して対象と関わることを示す。例えば，私たちがスーパーで買い物をしているときに，食料品売り場で柿を見たとする。私たちは，それを見てただ柿に近づいたり触ったりするわけではない。柿を見て，おいしそうなもの，食べ頃のもの，といった内容を指し示す記号を介して，その柿を買おうか，それとも買わずにその場を離れようかと考える。また，そもそも，柿，おいしそうなもの，食べ頃のもの，といった記号を介して柿が置かれている風景を見ることがなければ，私たちは，その柿を行為の対象として認識することはない。私たちは，記号を媒介して，日々接する対象と関わっているのである。

　この考え方の源流は，心理学においては**ヴィゴツキーの三角形**にあると考えられる。ヴィゴツキー（Vygotsky, L. S.）思想の神髄は，人間の高次心理機能（随意的注意，記憶，思考，意志）は言葉によって媒介されている，という命題にあると中村（2014）は述べている。道具，言語，記号といった**心理的道具**を媒介することによって，自然にはできないことができるようになる，と考えるのがヴィゴツキーの考え方の特徴である（高取，2000）。

　ヴァルシナー（Valsiner, 2017b）は，文化の概念を「記号による媒介の過程（process of semiotic mediation）」と言い換えており，記号による媒介の過程は，人間が記号を作り，使うことであると述べている。具体的な例をもとにその過程を考えると，上記の柿と人との関わりの例では，柿（見た風景）にどのような記号を介して働きかけるかによって，人がその次の瞬間にとる行為が変わってくる。人がどのような記号を作り，使っているのか，その過程を理解することが，文化としてのその人の行為の理解につながるのである。学問的背景として**文化心理学**に依拠している **TEA** にとって，記号による媒介は重要概念の1つである。

　関連項目　記号，ヴィゴツキーの三角形，促進的記号／抑制的記号

■ 滑田　明暢 ■

第 2 節　ヴィゴツキーの記号論的文化心理学 [4]

心理的道具

psychological tools

　心理的道具とは，自己および他者の行動を制御する人工的な構成物のこと
を指す。人間の行動は言語を媒介させることで，自然的な過程から社会的文
化的な過程へと構造的に変化する。ヴィゴツキー（Vygotsky, L. S.）は，言語
をはじめとして，人間が自己や他者の行動に働きかけ，制御する際に用いる
道具を心理的道具として概念化した。ヴィゴツキーは，心理的道具の例とし
て「言語，記数法や計算の様々な様式，記憶術の装置，代数記号，芸術作
品，文字，図式，図表，地図，設計図，あらゆる種類の記号」などを挙げて
いる（ヴィゴツキー，1987/1930）。とりわけ，人間の思考をはじめとする認知過
程における言語の役割を重要視した（ヴィゴツキー，2001/1934）。

　このような考え方は，文化‐歴史的理論の中では鍵概念として理解され，
心理的道具（Kozulin,1998; ワーチ，2004/1991），文化的道具（ワーチ，2002/1998），
記号（ヴァルシナー，2013/2007），アーティファクト（エンゲストローム，2020/2015）
など，具体的な事物のみならず観念的なものを含め議論が広がっている。こ
れらの議論の中で共通して強調されているのがその媒介機能と内化機能であ
る。例えば，複雑な計算課題を暗算する場合と，ノートと鉛筆，そろばん，
電卓などを用いて計算を行うのでは，人間の認知過程が大きく異なる。この
道具の利用によって行為そのものが作り変えられるのである。

　もう 1 つの特徴として，心理的道具は，外的な道具から内的な道具へと**内
化**されるという。ヴィゴツキーは，幼児の独り言が内言となり思考の道具と
して機能することを内言の意味論として展開しており，この点はピアジェ
（Piaget, J.）の自己中心的言語の概念への批判として対比的に理解されている
（ヴィゴツキー，2001/1934）。

関連項目 記号による媒介，内化／外化

■ 岡花 祈一郎 ■

第 2 節　ヴィゴツキーの記号論的文化心理学［5］

総合
そう　ごう
synthesis

同義語 統合

　ヴィゴツキーによれば，総合とは分析の対義語である。実際，著作『ヴィゴツキー心理学講義』（ヴィゴツキー，2005/1926）の第 7 章には「6. 分析と総合」という項目がある。そこでは「まず知覚される世界を個々の要素に分解し，次にこれらの要素から，周囲のものをよりよく理解するのに役立つ新しい形成物を構成する活動」により思考が実現すると述べている（p. 164）。前者が分析で後者が総合の定義として捉えられる。この対概念の往還により，人間は対象を分析し，その分析の結果を総合することで高次の発達を遂げて発話に至る，とヴィゴツキーは説く。また，ヴィゴツキー（2001/1934）は著作『思考と言語』で，分析と総合は一対の要素であると述べている。同書では，分析は「分節化」，総合は「結合」と言い換えつつ，発達における概念形成に双方が「同程度に必要」（p. 206）と述べる。さらに，ゲーテの「西東詩集」を引用して「呼・吸とおなじようにもちつもたれつの関係」と示している。つまり，人間が自然に呼気と吸気を繰り返すように，実体験から「個々の要素の抽出・抽象・隔離」（p. 205）する分析の能力と，それらの要素を総合して「具体的事実的関連の外で吟味する能力」（p. 206）の双方が伴ってこそ，概念は自然に発達する，と捉えている。

　このように，総合は名詞でなく動詞として解釈すれば，ヴィゴツキーの意図をより深く解釈できよう。なお，幼児保育への関心から原書で理論研究を行う神谷栄司は，ヴィゴツキーが人間の発達に伴う情動を扱ううえでスピノザ（Spinoza, B. de）の哲学に影響を受けた点に着目している。そして，2008年刊行の未邦訳論文集「ヴィゴツキー心理学論集」に所収の 1930 年の論文「心理システム」を参照し，自己の認識だけでなく他者の評価もまた分析と総合によるという（神谷，2006）。ヴィゴツキーの主張を詩的に解釈すれば「総合こそ我々の人生の舞台」である。

関連項目 記号，心理的道具，発達の最近接領域

▌ 山口　洋典 ▌

84　　第 3 章　理論の深化

第2節　ヴィゴツキーの記号論的文化心理学 [6]

発達の最近接領域
zone of proximal development　**略語** ZPD

　発達の最近接領域は，子どもが「自主的に解決される問題によって規定される現下の発達水準」と，「大人に指導されたり，自分よりも有能な仲間との協同において解決される課題によって規定される子どもの可能的発達水準」との間を指す概念である（ヴィゴツキー，2003/1934-35）。

　ヴィゴツキー（2003/1934-35）は知能検査の例を挙げて次のように説明している。2人の子どもがおり，知能年齢が同じく8歳のとき，1人は教示をすると12歳までの課題をクリアし，もう1人は9歳までの課題しかクリアできない場合，この2人は同じ発達と捉えてよいのか，と。ヴィゴツキーは，子どもの内的な発達を個体内にとどめず，他者との相互的な関係の中で生み出される動的な変化として発達を捉えようとしている。

　チャイクリン（Chaiklin, 2003）は，ヴィゴツキーの発達の最近接領域の概念の使用法を分析して，ヴィゴツキーはあくまで発達の問題として扱っており，学習可能性の議論として引き取るべきではないという点を指摘している。すなわち，「発達」の最近接領域であり，「学習」の最近接領域ではないという。また，**ヴァルシナー**とファン・デル・フェール（1993）は，発達の最近接領域概念が有する時間の非可逆性に着目している。発達の最近接領域は，出現しつつあるがまだ確立していない発達過程と機能的に相互依存している，という点が重要だという。言い換えるならば，教授－学習や大人の指示などは，発達の最近接領域を創造はするが，現在，この瞬間にその過程を直接的に研究する方法はないのである。

　このような方法論としてのパラドクスをはらんでいるゆえに，この概念は多様な解釈がされ教育方法論として読み取られることも多い。いずれにせよ，発達の最近接領域は，子どもの潜在的な発達の可能性と教育のあり方を考える重要な手がかりを与えてくれている概念である。

関連項目 目的の領域，非可逆的時間，心理的道具

■ 岡花 祈一郎 ■

第2節　ヴィゴツキーの記号論的文化心理学 [7]

最小のゲシュタルト
minimal Gestalt

　最小のゲシュタルトとは，**TEM** によって意味づけられた人の発達のプロセスにおいて現れるシステムを示す。**ヴァルシナー**（Valsiner, 2015b）は，文化的実践は相互に依存していると述べ，この相互の依存関係はダイナミックなゲシュタルトを形成しており，単一の原因によってコミュニティの差異を説明することはできないと述べた。そして，TEM は，予期された未来と再想起された過去を結びつけるプロセスの構造の単位であり，TEM は現象を要素主義的に捉える人々に挑戦する取り組みなのであると主張した。

　人の心を細かな要素のまとまりとして捉えるヴント（Wundt, W. M.）の要素主義に対して，人の心を大きな1つのまとまりとして捉える心理学はゲシュタルト心理学と呼ばれる。ゲシュタルト心理学は，大きく2つの学派があり，ヴェルトハイマー（Werthemer, M.）やケーラー（Köhler, W.）などのベルリン学派，マイノング（Meinong, A.）やエーレンフェルス（Ehrenfels, C. von）などのグラーツ学派がある。エーレンフェルスが 1890 年に発表した論文「ゲシュタルト質について」によってゲシュタルト心理学の基盤ができ，ヴェルトハイマーが 1912 年に発表した「運動視の実験的研究」によってゲシュタルト心理学が生み出されたとされている。ヴェルトハイマーは，この論文で実際には動いていないのに，動いているように感じる現象を「仮現運動」として発表した。仮現運動とは，2つの黒い●Aと●Bが左右に並んでおり，①●Aが消えたときに●Bが表示され，②●Bが消えたときに●Aが表示される。この①と②が一定の間隔で，交互に繰り返されると●が左右に動いているように見える現象を指す。実際には，人は●Aと●Bが交互に表示されたり，消えたりする個別の刺激を認識するのではなく，2つの刺激によって●が動いているような全体的な認識を得る。この2つの刺激を全体的に認識する枠組みをゲシュタルトと呼んだのである（森ら，1995）。

関連項目 構造／過程，文化心理学，ヴァルシナー，壁象，ナノ心理学

香曽我部 琢

第2節　ヴィゴツキーの記号論的文化心理学　[8]

ポドテキスト
subtext

同義語 内面的意味

　ポドテキスト（подтекст[露]）とは，演劇における台本や台詞といったテキスト（言葉）に対して，テキストに隠された，あるいは隠されていると推定される内面的な意味や感情のことを指す。演出家であるスタニスラフスキー（Stanislavski, K.）は，俳優が役を演じるための方法論を考案し（スタニスラフスキー・システム），その中でポドテキストを組み込んだトレーニングを提案した。テキスト（台本や台詞）とその背後にある意味や感情を区別するという発想を心理学に応用したのがヴィゴツキー（Vygotsky, L. S.）である。ヴィゴツキーはスタニスラフスキーのテキストとポドテキストの対比を例示し，「生きた人間によって語られる生きた句は，つねにその言葉を表さない内面的意味，その裏にかくされた思想を持っている」と考え，思想と言語表現は直接に一致するものではないと述べた（ヴィゴツキー，2001/1934）。思考の中では同時に存在するものが，言語活動の中で経時的に展開しているのであり，私たちの言葉には常に，後ろの思想，隠れた内面的意味が存在しているとした。

　ヴィゴツキーのポドテキストの思想を鑑みるならば，**TEM** が示す人生径路は，**研究協力者**－研究者間で言語表現が達成された1つの思想の表れでしかなく，常にポドテキストが存在していると仮定することができる。あるいは，**分岐点における緊張**は，本来はポドテキストとして表面化されない意味が探究された過程と見なせるかもしれない。思想は外面的に**記号**によって媒介されるだけでなく，内面的に意味によっても媒介される。**TLMG** による三層間の移相は，ヴィゴツキーのいう思想の発生を示しているかもしれない。人々の言葉の裏にあるポドテキストへの接近が，人々の**複線性**や心理的な意味の**変容**に迫る **TEA** に求められる。

関連項目 分岐点における緊張，影の径路

■ 福田　茉莉 ■

第2節　ヴィゴツキーの記号論的文化心理学　87

ヴァルシナー，ヤーン
Valsiner, Jaan

　記号的調整のプロセスが文化であるという「記号論的動態性の**文化心理学**」を提唱した人物である。ヴァルシナーの理論は，文化を動態的なものと捉えること，急速に精神全体を圧倒する**更一般化された情感的な記号領域**に着目すること，に特徴がある。ヴァルシナーが登壇した 2004 年の立命館大学における講演とシンポジウムは，**TEA** 誕生のきっかけとなった。

　ヴァルシナーは，1951 年にエストニアで生誕後，約 30 年間をエストニアで過ごした。1978 年には，同国タルトゥ大学に着任した。当時のタルトゥ大学では，記号圏の概念を提唱したロトマン（Lotman, J.）がキャリアの最盛期であり（Raudsepp, 2017），ヴァルシナーにも多大な影響を与えた。1980 年，ヴァルシナーはエストニアを離れ，ドイツでの半年間の客員教授生活を経て米国に移った。ノースカロライナ大学時代（1981-1997 年）には，ヴィゴツキーの著作を英訳し（Van der Veer & Valsiner, 1991, 1994），心理学におけるヴィゴツキー復権のきっかけを創った。クラーク大学時代（1997-2012 年）には，ウェルナー（Werner, H.）に関する著作も出版した（Valsiner, 2005）。なおウェルナーはドイツ語の actualgenese を microgenesis（**微発生**）と訳した人物でもある。2013 年にヴァルシナーはオールボー大学（デンマーク）に着任したが，それによって同大学は，世界中で活躍する文化心理学者が集う年次レクチャーが 6 年間にわたり開催されるなど，文化心理学の中心地となった。

　ヴァルシナーはこれまでに，約 40 冊の編著書，約 500 編の章や論文を出版している。中でも，彼の考え方が体系的に記述された最近の著作に『文化心理学への招待』（ヴァルシナー，2024/2014）がある。この著作では，文化的な交渉の舞台としての日常生活に焦点が当てられる。ヴァルシナーがしばしば述べる「文化心理学は日常生活から始まる」という考え方は，この本において顕著に現れているといえる（土元，2024）。

〔関連項目〕文化心理学，更一般化された情感的な記号領域，微発生

土元　哲平

第 3 節　ヴァルシナーの記号論的動態性の文化心理学 [2]

文化が人に属する

culture belongs to the person

　文化が人に属するとは，人の行動選択を方向づけるのはその人が採用している文化によるということである。文化とは，人が社会的な関係を形成する際に重要な役割を果たし，社会で行動するときの方法となるものである。集団や組織においては，文化はそこでの個人の行動に影響を与え，また，個人の行動が文化に影響を与えて文化を変えていくこともある。

　ヴァルシナー（Valsiner, 2001）は，人間は誕生の瞬間から生身では生きられず，さまざまな支援が設定されていき，それらすべてが文化だと考える。文化があるからこそ人間は社会で行動選択でき，社会とダイナミックに関わることができるわけである。同時にそのダイナミズムにより，文化が**変容**していく。文化はその社会に固定的に唯一のものとして存在しているのではなく，多様な文化を個人が採用していくものであることから，サトウ（2006）はそれを，文化の中に人間が生まれ落ちていくのではなく，人間に文化がまとわりついていくのであって，文化は常に人間にまとうことで文化たりうるのであると表現した。

　ときに文化が人々に社会秩序や制度を作らせることもあるが，文化が変容するために制度が文化に合わない事態が生じることもある。文化は社会の構成員である人々に共有され，伝達されるため，社会秩序として人々の行動選択を方向づけるが，抑制的に働くこともあり，個人に生きにくさを生じさせることもある。個人がその文化をまとうことがなければ，生きにくさは減少する。人が文化に属するのではなく，文化が人に属しているからである。文化が人に属することで，それぞれ独自の価値をもつのである。子育て文化もそれにあたる。母親がまとっている文化により，例えば「子どものために子ども中心の生活をすべき」という価値（小川, 2014）が生じ，しんどさを感じさせる。

関連項目 文化心理学，個人的文化／集合的文化

小川　晶

第3節 ヴァルシナーの記号論的動態性の文化心理学 [3]

促進的記号／抑制的記号

promotor sign／inhibitor sign 　略語 **PS** / **IS**

　促進的記号（PS）とは，未来に向けて人間の行動を駆り立てる**記号**のことを指す。抑制的記号（IS）とは，その反対に未来に向けて人の行動を抑制する記号のことである。**文化心理学**において**ヴァルシナー**（2013/2007）は，人間は過去ではなく未来を志向するとし，何がどのように志向されるかについて記号と時間との関係性から説明している。過去の状態から未来に向かう際に生じる緊張状態を克服するために記号が生まれ，その記号は個人の判断や行為をガイドし，未来を構築する役割を果たす（サトウ，2019a）。

　一般に記号というと，送り手と受け手でのコミュニケーションにおいての指標的，または象徴的な役割がよく知られている。しかし，ヴァルシナー（2013/2007）は，記号に時間の概念を取り入れ，記号は心理的プロセスにおいて過去と現在を橋渡しする役割をもつと説明している。記号の意味は過去に構築されたものであるが，いったん確立され，個人的な価値志向として**内化**されると，記号は，人が何か新しい状態に向かう際のガイドとなる。PSは，心理学における「刺激」という概念とは異なり，すべての人に同じ機能をもたらすわけではない。

　TEA で提唱されている **TLMG** では，PS は価値が変容するプロセスにおいて重要な概念とされている。TLMG では，個別活動（行為）の発生する第1層レベルの葛藤を通して何らかの記号が生まれるとされており，この記号レベルが第2層にあたる。発生した記号の中で，第3層に至る信念・価値観の発生や第1層の個別活動（行為）に影響を及ぼすものが PS，あるいは，IS である。TLMG においては，この PS と IS を特定することにより，**TEM 図**での**分岐点**と**等至点**とを結ぶ**径路**，および人をガイドするものが何なのかを明らかにすることができる。

　関連項目 TLMG，分岐点における緊張，文化心理学，記号による媒介，内化／外化

■ 北出 慶子 ■

90　　第3章　理論の深化

第3節　ヴァルシナーの記号論的動態性の文化心理学［4］

点的記号／域的記号
point-like sign／field-like sign

　記号は複雑な現実を一般化する機能を有しているが（サトウ，2023b），点的記号は，現実を固定的・カテゴリー的に均質化して**一般化**する（枠組化：schematization）記号であるのに対し，域的記号は，現実の多様さ・複雑さを保ったまま一般化する（豊穣化：pleromatization）記号である。例えば，「この部屋は暗い」という記号は，状況に応じて点的記号の場合もあれば，域的記号の場合もある。室内の光量が十分でないという現実の一側面を記号化している場合は，「部屋が暗い」は点的記号と見なすことができる。一方で，この部屋における物の配置や色合い，質感や雰囲気などから感じられた全体的な感覚を「暗い」と記号化している場合は，「部屋が暗い」は域的記号であるといえる。

　ヴァルシナーの文化心理学においては，ある点的記号（A）と，その弁証法的な対立記号（non-A）との関係（A<>non-A）が重視されるが，点的記号と域的記号はこの関係にも現れる（Josephs et al., 1999; ヴァルシナー，2024/2014）。ある対象を「A」として（点的に）記号化するとき，その対にある「Aでないもの」（non-A）は域的記号であるとされる。重要なのは，このnon-Aこそが私たちが新しい意味づけや感情を生み出すための潜在的な領域となる点である。域的記号は，私たちの日常経験のほとんどを組織化し，その生活に情感的な趣（flavor）を与えるものであるという意味で，文化心理学にとって重要な概念である（Valsiner, 2020）。

　点的記号と域的記号は，相互にフィードし（関与し供給し）合う包摂的分離の関係にある。枠組化（点的記号の創発）は経験の新しい豊かさを生み（域的記号の創発），その豊かさがさらに枠組化される，という非可逆的過程を通して経験は複雑化していく（ヴァルシナー，2024/2014）。

関連項目　記号，更一般化された情感的な記号領域，相補性，フィードバック／フィードフォワード，一般化

■ 土元　哲平 ■

第3節　ヴァルシナーの記号論的動態性の文化心理学 [5]

更一般化された情感的な記号領域
hyper-generalized affective sign field

同義語 更一般化された記号領域，更一般化された意味領域

　ヴァルシナーの文化心理学における主要概念であり，言語を超え，精神を圧倒する（overwhelming; Valsiner, 2004）情感的な**記号**領域を指す。この記号領域には，大きく2つの特徴がある。第1に，この記号領域は，感覚的には接近できるが言語的にそのものを表現することはできないという意味で言語を超えている。第2に，**点的記号**と**域的記号**の緊張関係の中で急速に人間の精神全体を圧倒することがある。なお，「記号領域」という語は，「域的記号」とほぼ同義であると考えてよい。

　更一般化された情感的な記号領域の例として，愛，平和，危険，不安などがある。例えば，大切にしていた写真をなくしてしまったことに気づいたという出来事が生じたとする。ここで「写真をなくした」事実（点的記号）と，その出来事に伴う感情や意味づけなど（域的記号）との間に緊張関係が生じることになる。「写真をなくした」という出来事は，ただちに喪失感や不安のような記号領域として更一般化され，もはや言語では表現できないような感情を生み出す。つまり，「しまった……」「ああ……」などとしか言い表せないほどに精神が圧倒されるのである。

　この概念のルーツの1つは，ヴィゴツキー（2006/1968）の『芸術心理学』である。ヴィゴツキーは，同著において，芸術作品に描かれる対立した感情が作り出す緊張関係から，いかに美的**総合**がなされるのかを探究した。しかし，ヴィゴツキーの弁証法的・構築的な思考に反して，そのような緊張関係は，電気が短絡する（ショートする）ように解消されるものとして理論化されていた（Valsiner, 2015a）。更一般化された情感的な記号領域の概念は，このようなヴィゴツキーの理論的限界を出発点として生み出されたものであるともいえる。なお，このような主観的に深い記号領域を，詩，絵，音楽などを用いて，**微発生**的に探究する方法論も提案されている（Valsiner et al., 2021）。

関連項目 分岐点における緊張，記号，総合，点的記号／域的記号，一般化

▍ 土元 哲平 ▍

92　　第3章　理論の深化

第 3 節　ヴァルシナーの記号論的動態性の文化心理学　[6]

内化／外化
internalization / externalization

同義語 内在化／外在化

　外から入りくるメッセージが，個人の新たな価値観の形成に至るプロセスが内化であり，それとは反対に，個人の価値観が行為に至るプロセスのことを外化と呼ぶ。**ヴァルシナー**（2013/2007）が提唱した内化・外化の三層モデルでは，人が価値観を生成するプロセスが説明されている。3つの層が同心円状にあり，最も外側の層 I，中間に位置する層 II，そして最も内側の層 III というように構造化されている。さらに，各層の間には**境界域**が存在し，これらを浸透していくことで内化・外化のプロセスが進行する。そして，層 I→層 II→層 III の順で内化していくことで，人の価値観が生成され，それとは反対に，層 III→層 II→層 I の順に外化されていき，個人の価値観が行為として表出される。

　内化は，外的に存在する**記号**的素材を分析し，内的な心理的領域において新奇な形で総合するプロセスである。一方，外化は，ある人の心理 - 内的に存在する（主観的な）個人的 - 文化的素材を内側から外側へと置換しながら分析し，これらの素材の新しい総合形態として外的な環境を変更するプロセスである（ヴァルシナー，2013/2007）。内化と外化のプロセスにおいて，層 III は特に重要な役割を果たしている。層 III では，個人が内化した記号や価値観が深く実存的に根づくため，言語で表現しにくい領域に位置する。この層で形成される価値観は，個人のアイデンティティに強く影響を与え，行動や思考の根底にある深層的信念となる。したがって，層 III の記号の実存性は，個人の自己認識や世界観を形作り，最終的にその行動や社会的な適応に大きな影響を与えることになる。このように，内化と外化は，個人の深層における**変容**とその外的表現へとつながる重要なプロセスである。

関連項目 TLMG，記号，境界域

■ 卆田　卓也 ■

第 3 節　ヴァルシナーの記号論的動態性の文化心理学［7］

個人的文化／集合的文化

personal culture / collective culture

　文化心理学における「**記号**」は，人の認識や置かれた文脈によって常にその意味が**変容**するものとされ（木戸・サトウ，2019），「記号」の使用を通じ，人が主観的に構築した個人的意味のことを個人的文化と呼ぶ（**ヴァルシナー**，2013/2007）。一方，個人を中心としつつも，個人間の社会空間において共同で構築した意味や社会規範，日常生活の実践などを含む異質な複合体で統合されているものを集合的文化と呼ぶ（Valsiner, 2014）。例えば，神社で柏手を打つという拝礼作法などの規範，盆踊りや送り火などお盆の風習は，神社という場所やお盆の時期に何をすべきかという「記号」による個々人の意味（個人的文化）をもっている。その意味の共有が多くの人々（集合的）に知れ渡っていることを示しており，集合的文化が形成されているといえる。

　個人的文化と集合的文化の2つの概念はいわば「双子」の概念であり（ヴァルシナー，2024/2014），個人と社会の間の記号論的な調整プロセスを表している。両文化は，**内化**や**外化**の過程を通じて相互関係をなしているが，どちらも固有のものである（ヴァルシナー，2024/2014）。そして，一方の文化が他方の文化へと内化あるいは外化されることで，ある文化が構築的に変容することもある。例えば，COVID-19 パンデミックにおいては，当初，ウイルスの詳細が分からず感染予防行為（マスク着用，手指消毒，うがい）を中心に行っていた。しかし，ウイルスの解明が進むにつれ，人が密集すると感染しやすいことが分かり（集合的文化における内化・意味の共有），一般的な感染予防のほか，密集しない，食事時に黙食する，テレワークなどが浸透していった（集合的文化における外化・行為の変容）。このような過程を通して，一人一人が感染予防を継続する（個人的文化への構築的内化）のである。近年は個人的文化と集合的文化の結びつきについて，**TEM** と**オートエスノグラフィー**を組み合わせた方法論的研究として Auto-TEM（土元・サトウ，2022）がある。

　関連項目　文化心理学，記号，文化が人に属する，内化／外化

　　　　　　　　　　　　　　　　　　　　　　　　　▌横山　直子▐

第 3 節 ヴァルシナーの記号論的動態性の文化心理学 [8]

拡張的現在
extended present

　拡張的現在とは，時間に重点を置いた記号論に基づく**文化心理学**による現在の捉え方のことである。この捉え方では，現在とは時計で計る時間（**クロノス的時間**）ではなく，主観的で質的な時間（**カイロス的時間**）を指す。人が感じる主観的な時間の流れで捉える現在は，過去と未来の狭間といえる。つまり，現在は過去から期待され，未来へと拡張するという動きのある**境界域**と見ることができる（サトウ，2019b）。

　ヴァルシナー（2013/2007）の文化心理学では，過去と現在が線を境界に前後隣り合わせに存在するのではなく，現在は境界域が発生する動的な域と考えられている。このように考えると，現在は，過去と未来の葛藤により意味を生成するプロセスということになる。例えば，失恋経験をすると，元恋人がいない未来を受け入れることができない状態が続くことがある。このように過去の再構築だけをしている状態で未来に進めない状態は，時計の針は進むものの，心的には時が止まっており，この状態は拡張的現在といえる。それが，新しい恋愛が始まることにより現在が過去になる（サトウ，2019b）。

　このような状態から未来に進むには，過去と未来の葛藤において新たな意味をもたらす**記号**が生成される必要がある。そのような記号が発生し，確立されると**促進的記号**として未来へと行動が駆り立てられる。サトウ（2019b）では，このような記号の生成に関してブルーナー（1998/1986）の**ナラティブ・モード**の考えを参照している。過去の経験を語る中で，出来事と出来事の関連性や意味づけを捉え直すことがある。このように経験を再構築する中で記号が発生すれば，過去にとらわれた状態から心的な時間を進めることができる可能性がある。

関連項目 境界域，カイロス的時間，未来志向性，促進的記号／抑制的記号，ナラティブ・モード

■ 北出 慶子 ■

第3節　ヴァルシナーの記号論的動態性の文化心理学［9］

記号の階層
sign hierarchy

「ある**記号**が別の記号に抑制される」関係が幾重にも重なっていく記号の調整プロセスであり，**心理的葛藤**や**分岐点における緊張**を理解するための1つのモデルである。つまり，このプロセスでは，記号Aを記号Bが抑制し，記号Bを記号Cが抑制し，記号Cを記号Dが抑制する……というような階層化がなされる。例えば，「このコーヒー豆が欲しい」という記号Aに対して，「高すぎるから買えない」という記号Bが抑制的に機能する場合がある。この階層化がさらに進むと，「このコーヒー豆が欲しい（A）→高すぎるから買えない（B）→しかしコーヒーは毎日飲むものだからお金をかけるべき（C）→誕生日に友人が買ってくれるかもしれない（D）→……」などというように階層化がなされる。

　記号の階層が人間発達に大きな影響を与えるのは，このような階層全体（ゲシュタルト）が**変容**する点としての**分岐点**（BFP）である。このBFPにおいては，2つの**径路**が想定される（**ヴァルシナー**，2024/2014）。第1に，新しい経験の質を生み出す更一般化に向かう径路（「このフェアトレードの豆を買うことが『公正さ』につながる！」）であり，これは質的飛躍（qualitative leap）といわれる。第2に，これまで構築してきた記号の階層を破壊する記号が生み出される径路（「もう考えるのをやめる！」など）である。記号の階層は，これまで**TEA**にはほとんど導入されてこなかったものの，人がどのように記号間の関係を調整しながら**ライフコース**を歩んでいくのかを理解するためのモデルとして機能すると考えられる。

関連項目 分岐点，分岐点における緊張，記号，更一般化された情感的な記号領域，心理的葛藤

■ 土元　哲平 ■

96　　第3章　理論の深化

第 3 節　ヴァルシナーの記号論的動態性の文化心理学［10］

壁象
へき しょう

Gegenstand[独], object

同義語　ゲーゲンスタンド，対象

　壁象の原語である Gegenstand[独] は，ドイツ語で「対象」（英語では object）を意味し，対象を物理学的な物体として捉えるのではなく，個人が環境に対して注意や意識を向ける行為を含めたものとして捉える概念である。この用語はドイツ語の哲学や心理学では 20 世紀まで使われてきたが，1920 年代以降はあまり使われなくなっていた。**ヴァルシナー**はこれを心理学的機能の**最小のゲシュタルト**，つまり基本単位として取り上げた（Valsiner, 2016）。

　壁象には，ある方向への志向と，それに対して抵抗する障壁である**境界域**が含まれる。人は自らの意図で，未来へ向けて現在の境界を越えるが，そのことによって目標志向の設定，未来予期の思考，**イマジネーション**のプロセスといった高次の心理的機能が起こる（Valsiner, 2021）。

　海外に住む日本語学習者Ａを例に考えてみたい（丸山・小澤，2021）。Ａは高校卒業後，日本に１年間留学したいと考えた。留学プログラムＸの派遣先に日本があることを知り，Ｘに応募して合格する。しかし，その段階になって初めて，高校卒業者は自立しているので留学先で問題を起こしかねないという理由から日本行きを許されていないと知る。Ａは他国に留学するか葛藤するが，日本に留学したかった理由を思い返し，やはり日本に留学したいと決意を新たにする。そして，高校卒業者でも日本に派遣してもらえる留学プログラムＹを見つけ，Ｙに応募して日本留学を果たす。

　ＸやＹといった留学プログラムはＡの留学の意思と無関係に存在していたが，Ａが留学を希望したことでＸがＡに抵抗する境界域として立ち現れ，Ｘは壁象となった。ＡはＸに応募する道を選び，試験に合格して境界域を通過した。その後，高校卒業者は日本を留学先に選べないと知り，Ｘの日本留学に抵抗する新たな境界域が立ち現れた。日本に留学したいＡにとってＹが新たな壁象となり，ＡはＹに応募して境界域を越えたのである。

関連項目　境界域，非可逆的時間，最小のゲシュタルト，イマジネーション

▌ 小澤 伊久美 ▌

第 3 節　ヴァルシナーの記号論的動態性の文化心理学　　97

第3節 ヴァルシナーの記号論的動態性の文化心理学 [11]

冗長性／冗長な統制
redundancy／redundant control

　記号による意味構築から私たちの振る舞いや思考が導かれるとき，その制御システムには独自性・一回性が高いものから，他のシステムと共通性をもち繰り返されるものまで考えることができる。後者のように，複数の制御システムが同じ機能を包含することが「冗長性」であり，その仕組みによる行動の統制が「冗長な統制」である。

　ヴァルシナー（2013/2007）は，「他者への敬意」という文化的価値が個人において作られる過程を例に，それがはじめは親やきょうだいによって，次に，学校などで出会う教員や仲間によって，と異なる場で異なるエージェントとの相互作用によって作られると述べる。つまり，相互作用の具体的なあり方は大きく異なるが，共通性をもつ統制プロセスが繰り返し働くことになる。このような多重性をもつシステムは，常に変わる環境の中で，安定した心理システムの働き，言い換えれば文脈を超えた振る舞いの安定性をもたらす。また，多重なシステムが存在する中で，1つのシステムが十分に機能しなくても，他がそれをカバーすることで発達過程の安定性につながる。

　こうした冗長性は，上の例が示すように個の発達過程や社会構造に見いだすことができ，制度や**集合的文化**に基づくさまざまな活動に当てはめて考えることができる。学校に行く，シャワーを浴びるといった，繰り返される活動の文脈（中間発生の場：ヴァルシナー，2013/2007）の多くは，集合的文化によって構造化され，私たちの経験を方向づける。冗長な統制のプロセスはこうした仕組みの中に存在し，その場の環境に応じて次々に発生しては消える**微発生**的な意味構築を超えて，安定した意味構築を可能にすると考えることができる。一方，小松（Komatsu, 2024）は，冗長性には，このような安定性をもたらすだけでなく，その繰り返し構造の中で，それまでとはまったく異なる意味構築を新たに生起させる側面もあると指摘している。

　関連項目 記号，記号による媒介，促進的記号／抑制的記号，個人的文化／集合的文化，発生の促進的記号／収束の促進的記号

▌小松 孝至▌

98　　第3章　理論の深化

第3節　ヴァルシナーの記号論的動態性の文化心理学 [12]

ナノ心理学
nanopsychology

　ナノ心理学とは，非常に小さく，ユニークで，一過性の特殊な現象に焦点を当てた心理学のことであり，人間にとって重要な実存的経験を含む，最小限の固有なデータから出発し，知識を最大に**一般化**する原理を見いだしていくものとして，**ヴァルシナー**により提唱された（Valsiner, 2018a）。

　現代心理学には，現象をデータとして定量化し，収集したデータから帰納的な推論をすることがエビデンスに基づく確かな科学であるという強い信念が見られる。膨大なデータ集積を可能にしたテクノロジーの発展は，人々をますますビッグ・データに基づく帰納的推論へと導いている。これに対してヴァルシナーは，母集団Xから無作為抽出されたAを分析した結果が，Xに属する他の要素すべてにも適用できるという信念に基づく研究手法は，人間の心理を解き明かすには厳密さを欠いていると指摘した（Valsiner, 2018a）。

　カフェの来店客を例に考えてみよう。来店時間，滞在時間，購買した商品，客層などで分類して傾向を分析し，カテゴリーごとにサンプルを抽出，代表としてインタビューを行うのが無作為抽出による調査だろう。しかし，それでは一人一人の客が，何をきっかけにしてどのような思いや目的で来店したのかという固有の経験はわからない。ある人は他の街に引っ越すことになり，長年通ったお気に入りの店への最後の来店だったかもしれない。ある人は初めて店の前を通り，窓ガラス越しに見えた店内の装飾が気になって入店したかもしれない。一人一人の行為はその人のその時間に起こったユニークなことであり，同じ人が同じカフェを訪問しても——例えば他の街に転居した客が昔通った店が懐かしくて再度来店したとして，この客の2度の来店が同じ行為だと言うことはできない。ここで役に立つのがナノ心理学だが，ナノ心理学ではデータの選択が分析の鍵を握っている。そして，どのデータが**最小のゲシュタルト**を構成するかを示唆するのは理論的基盤なのである。

　関連項目 非可逆的時間，最小のゲシュタルト，システミックな視点，サンプリング

▌ 小澤　伊久美 ▌

第4節　TEAと関係の深い文化心理学の概念 [1]

ラプチャー
rupture

同義語 破裂，突発的出来事

　ラプチャーとは「たまたま」起きた出来事のうち，個人に対して大きな影響を与える出来事という概念（サトウ，2012d）であり，苛立ち，危機，非平衡，挑戦，重大な出来事（または転換点）と呼ばれる心理学のプロセスを指す（Zittoun, 2009）。また，スイスの発達心理学者ジトゥンは，ラプチャーとは**移行**を引き起こすものと捉えている（Zittoun, 2009）。ラプチャーは研究者であれ**研究協力者**であれ，特定することがしばしば困難である。ラプチャーは1つの出来事によって引き起こされる必要はなく，人々が人生において両価性（ambivalence）や不確実性（uncertainty）が増大する経験をしたときなどに場の**変容**の結果として徐々に現れる（Zittoun, 2009）。

　TEMでラプチャーを検討する際，「鳥の目」（外在的でより広い時間軸・文化との関わりを含め人生径路を俯瞰的に見る三人称的な視点）から見れば，多くの人々が経験したラプチャーは**分岐点**として現れる（ジトゥン，2015）。つまり，異なる人々が同一あるいは同等の出来事とどのように折り合いをつけるのか理解すること（上川，2023a）を助ける。

　一方で，「亀の目」（人生径路を歩む個人の内在的な一人称的な視点）からラプチャーを検討する場合，その後のダイナミクスに着目することで個人の意味づけの分析（例えば，アイデンティティの移行や学習の分析）に役立つ（ジトゥン，2015）。つまり，どのような習慣があり，ある出来事がいつラプチャーとして経験されたのか，何が課題であり，何がそれまでに「当然のこと」となっていたのかなど，人々の経験を検討することができる（上川，2023a）。

関連項目 分岐点，イマジネーション，移行

■ 濱名　潔 ■

100　　第3章　理論の深化

第4節　TEAと関係の深い文化心理学の概念 [2]

イマジネーション
imagination

同義語 想像，想像力，構想力

　イマジネーションは，現実の設定を抜け出し，過去−現在−未来の関係性の中で可能なことや不可能なことについて探索することや経験を作り出す過程である（日本発達心理学会，2020）。日本語に訳すと「想像」という表現になるが，空想のような目的意識の少ないまま進行する心的イメージの意味（安藤，1999）ではなく，過去の経験をもとに新たな考え方やイメージを作るプロセスを意味し，現実と近接する世界の想像のことを指す。

　イマジネーションは人間に特有の働きであり，文化を生きる人間は，過去に遡り，それに未来を投影することで現在の振る舞いを決定する。

　TEAにおいては**分岐点**に見られるように，アイデンティティが揺らいだり，**ラプチャー**に遭遇し，それまでの経験と未来の経験がつながらなくなったりするようなときに新たな解釈を可能にし，新たな人生の可能性の世界を示すきっかけをもたらす役割をもつ。

　イマジネーションは，過去に何があったか，何が起こりえたか，未来に何が起こりうるか，どのようになるべきかなどを踏まえて，現在，どのようにありたいかやどうあるべきでないかなどといった代替的な現在へと向き合うことを可能にさせる。ジトゥンとギレスピー（Zittoun & Gillespie, 2016b）によると，イマジネーションはループのようなモデルとして考えられており，（因果性や時間的直線性に投入されている）近接的な経験の「今，ここ」から自由になり，（因果性や時間的直線性に投入されることのない）代替的で遠隔的な経験を探索したり没入したりすることを可能にさせる。

　すなわちイマジネーションは，経験（から）の分離によって始まり，大抵の場合は新たな解釈を伴いつつも発達的な連続性と統合を保ちつつ（経験への）再結合をしていく過程であり，現実の「今，ここ」を微視的な**移行**を伴いながらもより豊かにしていくものといえる。

　関連項目 クローバー分析，ラプチャー，移行

　　　　　　　　　　　　　　　　　　　　　　　　　　　■ 木戸　彩恵 ■

第4節　TEAと関係の深い文化心理学の概念　　101

第4節 TEAと関係の深い文化心理学の概念 [3]

移行
いこう
transition

　ライフコースにはその連続性や規則性に方向転換や中断が迫られる，いわゆる危機的状況が生じることがある。移行とは，ライフコースにおいて何らかの危機が生じることを念頭に置いたうえで，その結果としてどのような発達が望ましいかを検討するための理論枠組みである。

　移行は，**ラプチャー**により触媒化された発達や**変容**の過程と定義される。この概念は，人生径路を研究するための分析単位として提案され，変化の過程と人の視点を捉えるものである (Zittoun, 2003)。したがって，知覚されたラプチャーとその後に続く思考と行動に主な役割を果たす意味づけや解釈の再編成のプロセスに着目する (Zittoun, 2009)。

　TEA においては，**分岐点**や**必須通過点**に関わり，ラプチャーをきっかけとしてある地点から次の地点へと至る過程を分析する際に有用な概念として用いられている。移行にあたっては，それまでの経験と「今」のあり方がつながらなくなることから，自らのライフコースの中で培ってきた経験の意味を組み直したり，他者や環境との関係性を構築し直したりする必要が生じる場合もある。そのようなライフコースにおける困難な状況においても，人は進む先を選ぶ（あるいはやむなく選ばざるをえない）存在である。先行するものと帰結とを伴う発達の過程には，ライフコースの連続性と統合性の感覚の恢
かい
復の再均衡化が必要となるのである。
ふく

　移行にあたって，人は発達する領域の内部や領域の間でのつながりを求めるため社会文化的な環境の調整を考慮に入れ，行動，知識，他者との関係などにおける自己定義の新たな様式の探求や意味づけ，解釈などを含む検討を行う (Zittoun, 2009)。その際，対話的自己や**イマジネーション**が立ち現れ，能動的に可能性の世界を探索することとなるが，その過程にシンボリックリソースなどの**促進的記号**が重要な役割を果たすこともある。

　関連項目 ライフコース，促進的記号／抑制的記号，ラプチャー，イマジネーション，対話的自己論

■ 木戸 彩恵 ■

102　第3章　理論の深化

第 4 節　TEA と関係の深い文化心理学の概念 [4]

移境態 (いきょうたい)
liminality

同義語 リミナリティ，境界性，限界性，閾（敷居）

　移境態は時間・空間における何かと何かの間の境にある（いる）という状態を指す。ある場所から他の場所へ，キレイなものがキタナイものになる（また，その逆）など可逆的な**移行**や移動，人生における発達段階（思春期から青年期）のように非可逆的な移行や移動，の中間状態が移境態である。

　文化人類学的視点によれば，ある状態から他の状態（例えば子どもから大人）に移行する過程は危険だったり穢れ(けが)があったりするとされ，社会の側が安全な移行の機会・手段を用意する（通過儀礼）。ヘネップ（2012/1909）はさまざまな通過儀礼の過程を調べ，（日常からの）分離（Séparation(仏)）→（周辺への）移行（Marge(仏)）→（日常への）統合（Agrégation(仏)）という普遍的な 3 段階の過程を見いだした。そして第 2 段階を移境態（Liminaire(仏)）であるとして考察の中心に据え，移行を促す儀式を移境態的儀式と呼んだ。そして，ターナー（2020/1969）は通過儀礼における第 2 段階である移境態は「どっちつかずの状態」であると指摘した。

　移境態には自然発生的（spontaneous）移境態と装置化された（devised）移境態がある（Stenner, 2021）。前者は自然災害など**ラプチャー**に由来する移境態である。後者は社会が作り出す移境態であり，人生径路におけるキャリアの発達，観光旅行や巡礼，さらにはフィクションなどの経験に伴う移行過程も含まれる。なお，移境態において移行が困難になる状態については永続的移境態と概念化された（Szakolczai, 2017）が，「永続的」とは実時間ではなく**カイロス的時間**が長く感じられ先が見えない未定的状態（未定性）を指す。

　移行や移動が滞っている永続的移境態は**分岐点**において選択肢が見えないこと，あるいは存在する選択肢の 1 つだけを選べない状態が持続するものとして描くことができる。一方，多くの人が比較的スムーズに移行や移動を経験する場合には移境態を**必須通過点**として描くことができる。

関連項目 必須通過点，境界域，カイロス的時間，ラプチャー，移行

■ サトウ タツヤ ■

第 4 節　TEA と関係の深い文化心理学の概念　　103

第4節　TEAと関係の深い文化心理学の概念 [5]

多声性
（た　せい　せい）

polyphony

(同義語) ポリフォニー

　バフチン（Bakhtin, M. M.）の多声性概念は，小説や文学作品における登場人物たちがそれぞれ独自の言語や文化，思想をもち，それらが対話や交流を通じて相互に影響し合うことで，新たな意味や価値を生み出すという考え方である。ロシアの哲学者であるバフチンはドストエフスキー（Dostoevskii, F. M.）の小説を評価する際に多声性概念を用いた。そして，小説や文学作品が単なる作者の主観的な表現ではなく，登場人物たちの多様な声が混ざり合ったものであると捉え，文学作品の社会的な意義を強調した（バフチン，1995/1929）。

　多声性概念は，バフチンの文学理論において重要な要素である。ポリフォニー小説においては，登場人物たちが作者の手を離れて独自に行動するため，作者の思いどおりに物語を進めることができず，登場人物たちの異なる視点や意見が対話や対立を通じて表現されることで，作品に深みや複雑さが生まれる（バフチン，1996/1975, 1988/1961）。これにより読者は単一の視点ではなく，複数の声や視点を通じて物語を理解し，自らの解釈を形成することができる。

　バフチンの多声性概念は，文学研究や文化研究において広く議論されており，文学作品の分析や解釈において重要な枠組みとなっている。また，文学だけでなく心理学や人類学においても援用されており，現実の人々の言葉を多層的に意味解釈する視点を提供するほか，特権的立場に立って外部から**研究協力者**を見るのではなく，対象者との対等な関係性をもちながら，内部から出来事を記述しなければならないとする方法論的概念としても用いられている（伊藤，2018）。

(関連項目) 対話的自己論

■ 濱名　潔 ■

104　第3章　理論の深化

第4節　TEA と関係の深い文化心理学の概念 [6]

対話的自己論
dialogical self theory　　略語 **DST**

　対話的自己論（DST）は心理学者ハーマンス（Hermans, H.）によって提唱された自己理論で、自己を単一の本質や実態としてではなく、複数の「私」（Iポジション）の集まりが対話を通じて組織されるものと理解する（ハーマンス＆ケンペン, 2006/1993; Hermans & Hermans-Konopka, 2012）。Iポジションは外部ポジションから影響を受けて形成され、その外部ポジションに対して解釈した自己世界を語るため（ハーマンス＆ケンペン, 2006/1993）、社会の中で他者と関わる際に自分が果たす役割における「私」を意味している。外部ポジションに「部下」がいる場合、「上司」というIポジションが生じる。ただし、自己内に客観的な部下は存在せず、自分が部下の視点で世界を見てその言葉を代弁する形となる。DST は物語的アプローチから影響を受けつつ、一極集中的な自我観を克服し、複数のIポジションが存在し分離性をもつ自己の概念を強調している。特に、バフチン（Bakhtin, M. M.）の**多声性**概念を導入することで、自己の多声的世界が実現し、全体的自己の要素還元では得られない個別具体的な自己の独自の世界観を複数認めることを可能にする（溝上, 2008）。
　TEM では「個人の人生において道標が失われた状態（不定）」の状況下において自己内対話という形で設定される（上川, 2023a; サトウ, 2012d）。そして、それは**分岐点**（BFP）において、自身が何をすべきかをIポジション同士が対話するという自己内対話（Dialogical Self; DS）の形で示すことができる（上川, 2023a）。また、**分岐点における緊張**を DS だけでなく**社会的方向づけ**と**社会的助勢**も合わせて捉えることで、社会と自己の関連を考察することもできる（安田, 2023）。TEM は人間の発達を単線的ではなく、BFP の出現とともに一定範囲内の複数の選択肢が存在するものと捉える（ハーマンス, 2015）。そのため、BFP で DS を検討することが人間の発達の側面を描くことを可能にする。

　関連項目 TEM、分岐点、分岐点における緊張、多声性

濱名 潔

第4節　TEAと関係の深い文化心理学の概念 [7]

足場かけ
scaffolding

同義語 **スキャフォールディング**

　足場かけは，学習者が新しい概念やスキルを獲得するための支援のあり方に関する理論である。足場とは，建物や外壁など高所で作業を行うときに一時的に設置する枠組みで，安全性や作業効率を確保する重要なものである。この概念をブルーナー（Bruner, J. S.）らが教育に応用し，学習を効果的に進めるためには，学習者の能力を超えているタスクを大人が「コントロール」することで，学習者が自分の範囲内にある要素にのみ集中し，完了できるように支援することが重要であるとし，それを足場かけと呼んだ（Wood et al., 1976）。そして，その方法として，学習者の関心を課題にひきつける，課題解決のモデルを示す，注目すべき特徴を示す，ストレスを軽減するなどを提唱した。足場かけには，支援を与えるだけでなく，学習が進むにつれて徐々に支援の手を緩め，最終的には学習者自身が独力で課題を達成できるように促していくという足場外しの意味も含まれる。これは，ヴィゴツキー（2001/1934）による**発達の最近接領域**（学習者の能力を引き出すためには，自力ではできないが教師や有能な他者からの支援を借りればできる領域に働きかけることが重要である）という概念をよりどころにしているとされ，教育現場において足場かけがどの程度，どのように行われているのか，どうすれば効果的な足場かけが可能となるのかなどについて多くの研究が行われてきた。その1つであるコリンズら（Collins et al., 1989）の研究では，認知的徒弟制という伝統的な職業訓練過程を認知的に理論化した教育方法を提唱し，足場かけを学習支援方略として位置づけている（ウォーカー，2024）。このように足場かけは教育・学習にとって重要な理論として提唱されてきたが，教授者が発達の最近接領域を的確に把握することや，個々の学習者に合わせて支援のあり方を調整することが困難であるなどの課題も残されている。

関連項目 発達の最近接領域

█ ウォーカー 泉 █

106　　第3章　理論の深化

第4節　TEAと関係の深い文化心理学の概念［8］

ぶ厚い記述
thick description

同義語 厚い記述

　ぶ厚い記述とは，**研究協力者**にとっての行為や経験の「意味」を記述することを指す。文化人類学者ギアーツ（Geertz, C.）は，ぶ厚い記述こそが**エスノグラフィー**の目的であると考え，「まばたき」（瞼の痙攣）と「ウインク」（何らかの合図になるように，意図的にまぶたを縮める行為）を例に，前者を薄い記述，後者をぶ厚い記述として区別した（ギアーツ，1987/1973）。行為や会話，仕草，表情など行動そのものの記録が「薄い記述」であるのに対し，そのような薄く記述された物事を研究協力者がどのように意味づけているかという「（研究協力者の）解釈に対する（研究者側の）解釈」を，例外的な事例の分析や先行知見との比較を通じ，精緻に行っていくことがぶ厚い記述の実際である。

　現在，ぶ厚い記述はエスノグラフィーのみならず，質的研究法全般において求められる基本的な姿勢である。とは言え，**TEA**の基層をなす記号論的動態性の**文化心理学**とは異なる点もある。特に重要なのは，文化の位置づけである。宮下ら（2022a）をもとに概観すれば，ギアーツ（1987/1973）における文化は，実在の，かつ時間的な変化を想定しない位置づけであった。これに対し記号論的動態性の文化心理学は，文化を実在物ではなく，意味を帯びた**カイロス的時間**の経過とともに，心の中で進展する**記号**生成のプロセスとして捉える。

　TEMや**TEA**におけるぶ厚い記述は，時間の流れの中で社会的な影響を受けながら歩んでいく人が，自らの経験を意味づけるありさまを描き出すことで達成されるだろう。その際に生じる，研究協力者の「解釈」を「解釈」する手続きにおいては，**トランスビュー**などTEMやTEAと関連の深い多様な分析ツールが有用であると思われる。

関連項目 トランスビュー，現場，微発生，解釈主義，エスノグラフィー

■ 日高　友郎 ■

第 4 節　TEA と関係の深い文化心理学の概念 [9]

現場
field

同義語 フィールド

　現場とは，研究しようとしていることが実際に起こっている場所・場面，あるいは出来事として直接体験される場所・場面（南，2004）を指す。場所・場面と併記されているように，現場は国や地域といった特定の場所を指すこともあれば，親子の会話や授業などの場面を指すこともある。

　場という概念には，個に対するアンチテーゼとしての全体性が含意される。心理学では，ウェルトハイマー（Wertheimer, M.）やケーラー（Köhler, W.）によるゲシュタルト心理学，レヴィン（Lewin, K.）らによる社会心理学において場が扱われ，全体としての知覚や思考のありさまが示唆された。質的研究においても現場が全体的・統合的であること，そして要因が関連しているためアプローチすべき要因が自明ではないことが現場の本質的特徴とされている（やまだ，1997）。

　質的研究における現場概念は，研究パラダイムと不可分である。従来の研究パラダイムでは，実験者−被験者という関係のもとで仮説に沿った測定を行い，客観的な分析を行うことが目指される。対して，現場理解を志すフィールドワークでは，その場を生きる人々と共同作業を行い，相手にとっての意味をくみ取り，相互主観的に立ち現れてくる現実を言葉にしていく（南，1994）。こうしたパラダイムにおいて研究者と現場の人々の間に現れてくる場が，質的研究における現場であろう。

　TEM 図は，主体と環境が織り成すシステムを表している点において，現場の 1 つの表現と見なすことができる。TEM を用いて，病をもつ人々の生の現場を描くライフ・エスノグラフィーも行われている（Sato, 2017a）。TEA の諸概念は，現場に沿って生成・発展してきたものであるため，現場に接近する手がかりとして役立てることができる。現場に合わせて TEA の概念を見直していくことも歓迎されるだろう。

関連項目 TEM 図，最小のゲシュタルト，ぶ厚い記述，場理論，エスノグラフィー

▍神崎　真実▍

108　第 3 章　理論の深化

第4節　TEAと関係の深い文化心理学の概念［10］

ナラティブ
narrative

同義語 語り，物語，ストーリー（story）

　人が行為や体験を過去想起的に特定の文脈のもとに位置づけ直し，何らかの意味をなすものへと編み直す手段として定義される（ブルーナー，1998/1986; Polkinghorne, 1988; Sarbin, 1986; やまだ，2000; 横山，2019）。一般に，人々の行為（action）としての「語り」と，当の語りの所産（product）としての「物語」の双方の意味を内包する複合概念として用いられる。このことは所産としての「物語」が行為としての「語り」を前提とするとともに，行為としての「語り」は所産としての「物語」を否応なく産出するという両者の不可分性を象徴している。こうした概念上の特質から，ナラティブを分析対象とする研究は人々の行為としての「語り」を分析する行為分析の方向と，行為としての語りの所産としての「物語」を分析する内容分析の方向，あるいはその両方の分析に取り組む方向が考えられる（ホルスタイン＆グブリアム，2004/1995）。

　ナラティブという概念は「ストーリー（story）」という概念と同義に用いられることも多く，その定義上の使い分けについては安定を見ない。人々の語り出す物語は自伝や伝記のような長い時間的スパンのもとに編まれる「大きな物語（big story）」に限られず，日常の些細な出来事についての「小さな物語（small story）」もある。こうした小さな物語もナラティブ・アプローチの研究対象になりうるとの指摘もある（Bamberg, 2006）。いずれにおいても，人々の語り出す物語を分析対象とする研究においては，所産としての物語の内容が「真実」であるか，「空想」を伴うか，といった真偽問題に立ち入るよりは，物語の「迫真性（verisimilitude）」や「本当らしさ（truth likeness）」に依拠し，人々が自らの行為や体験，自己をどのように理解し，意味づけているか，という点に焦点を当てる（ブルーナー，1998/1986, 2016/1990）。また，ナラティブという概念は口述（telling）されたものに対しても，記述（writing）されたものに対しても，同様に用いられる。

関連項目 個性記述的アプローチ，ライフ，意味づけの諸行為，ナラティブ・モード，ナラティブ・アプローチ

■ 横山　草介 ■

第 4 節　TEA と関係の深い文化心理学の概念 [11]

意味づけの諸行為
acts of meaning

同義語 意味づけ，意味生成

　ブルーナー（2016/1990）が思考の物語様式に依拠した心理学の探究におい
て焦点を当てるべき主題として位置づけた概念の 1 つである。「あたりまえ
さ（ordinariness）」の破綻に直面した精神が，当の不測の事態を理解可能にし，
平静を取り戻すことを可能にする意味の文脈（context）を探索する行為とし
て定義することができる（横山，2018, 2019）。同概念を表題に冠した *Acts of
Meaning*（ブルーナー，2016/1990）において，ブルーナーは心理学の探究の軸
に「解釈」と「意味」という概念を取り入れるべきことを主張した。私たち
の発話や行為，出来事の意味は，当の発話や行為，出来事が置かれる「文
脈」との関係において規定される。すなわち，物事の意味の理解は，物事が
置かれる文脈の理解を必要とする。私たちの日常生活において，物事の意味
の理解に関わって参照される文脈の多くは，なかば無意識的にごく「あたり
まえ」のものとして参照されている。ブルーナー（2016/1990）は，ここには
ある種の規範性が宿っているとし，私たちの日常生活の至るところに張り巡
らされたこうした規範的な「あたりまえさ」のことを「フォークサイコロ
ジー（folk psychology）」（ブルーナー，2016/1990）と呼んだ。一方で，私たちの
日常生活は常に「あたりまえさ」の内に留まっているわけではない。ときに
は「あたりまえさ」から外れる出来事に出会い，期待や想定を裏切る事態に
遭遇するのが私たちの日常である。私たちはこのような「あたりまえさ」の
破綻に戸惑うものの，当の不測の事態を何とか理解可能なものにし，精神の
平静を取り戻そうとする。物事の意味は物事が置かれる文脈との関係におい
て規定されると考えるならば，意味づけや意味生成の行為とは，不可解な出
来事を理解可能にし，精神の平静を取り戻すことを可能にする意味の文脈を
探索する行為として定義することができる（横山，2018, 2019）。この文脈を探
索する行為の媒体としてブルーナーが注目したのが**ナラティブ**であった。

関連項目 個性記述的アプローチ，ライフ，ナラティブ，ナラティブ・モード，ナラティ
ブ・アプローチ

■ 横山　草介 ■

110　第 3 章　理論の深化

第4節　TEA と関係の深い文化心理学の概念［12］

ナラティブ・モード
narrative mode

　ブルーナー（1998/1986）が提起した人間の思考様式（モード）についての枠組みの１つである。「思考の物語様式（narrative mode of thinking）」として，「思考の論理－科学的様式（logico-scientific mode of thinking）」ないし「思考のパラダイム様式（paradigmatic mode of thinking）」との対比において説明される（ブルーナー，1998/1986）。両者を簡潔に特徴づけておくならば，思考の論理－科学的様式が文脈独立的に成立する普遍の真理（truth）の解明に向かうのに対し，思考の物語様式は文脈依存的に成立する個別具体的な事象の真実味（truth-likeness）の探究に向かう。ブルーナー（1998/1986）によれば「２つの思考様式」はそれぞれにまったく異なる機能原理と真理についての見方をもっており，互いに他方に還元することができない。

　思考の物語様式が機能しているフィールドは文学や詩や芸術といった世界である。これらのフィールドにおいては，特定の世界のもとに住まう人間や行為主体の多種多様な生（life）や心（mind）のありようを理解することが目指される。他方，思考の論理－科学的様式が機能しているフィールドは数学や物理といった世界である。これらのフィールドにおいては，特定の現象の背後に潜在する普遍的な原理や法則を解明することが目指され，その手続きや成果においては一貫性や無矛盾性が強調される。ところで，人間の生や心の多種多様なありようの理解を目指す思考の物語様式のもとでは，思考の論理－科学的様式が強調する一貫性や無矛盾性はときに理解を目指す出来事の真実味を疑わしいものにさえする。というのも，思考の物語様式のもとでは矛盾や葛藤，一貫性の破綻を伴っていることが，むしろ人間の生や心の現実をうまく捉えているように解釈されることがあるからである（横山，2019）。こうした論点も視野に収めながらブルーナーは思考の物語様式に依拠した心理学の探究可能性を訴えた（ブルーナー，1998/1986, 2016/1990; 横山，2019）。

　関連項目 ライフ，意味づけの諸行為，ナラティブ，可能世界，ナラティブ・アプローチ

▌横山　草介▌

第4節　TEA と関係の深い文化心理学の概念　　111

第4節　TEAと関係の深い文化心理学の概念［13］

可能世界
possible worlds

　可能世界は，ライプニッツ（Leibniz, G. W.）の考えが始まりとされており，この世界の中で成立している事態同士が，まったく矛盾していない無数のさまざまな世界のことをいう。こうして構成された可能世界群から神が1つ選んだ世界が，現実世界であるとライプニッツは考えた。そして，この概念は，哲学や論理学において，可能性や必然性などの様相命題のモデル論として展開されてきた。哲学分野からは，ルイスも，現実ではないけれども現実でもありえた複数の世界が確かに存在すると説明している（Lewis, 1986）。

　文化心理学の領域において，可能世界に関するブルーナー（Bruner, J. S.）の考えについて横山（2019）は，「諸個人の描き出す個別具体的な可能世界が，心理的，言語的な媒介を通して集合的な可能世界の景観を描き出すことに結びつくならば，それらはいずれ人々が日常生活を営む共同体のなかで政治的，宗教的，法的に制度化される可能性を持つ」とまとめている。**ヴァルシナー**は，現実と想像された**径路**の両方が心理学的データを導き出すための対等な情報源であるとして，現実化することが予想される未来についても評価する必要があるとしている（Valsiner, 2014）。これらの考えは，**TEA**に反映され，現実として選択されてきた世界と合わせて，**両極化した等至点**という想定されうる径路や，**等至点**に至る径路でも実現可能性が高かったが実際には選択されてこなかった径路，つまり可能世界を含めた径路を描くことで，人が歩んでいる複線性が表現される。

　このように，TEAにおける複線性の概念は，可能世界の存在が前提として成り立っているといえる。

関連項目 等至点，両極化した等至点，複線性

▌ 卒田　卓也 ▌

112　第3章　理論の深化

第5節　TEA理解を深めるための概念［1］

相補性
complementarity

　異なる条件のもとで，相互に独立な2つの事象が存在し，それらが互いに補い合っていることをいう。この概念は，1927年にイタリアのコモで行われた国際物理学会議において，デンマークの物理学者ボーア（Bohr, N.）によって提唱されたものである。相補性の考え方には，観測している対象と観測装置との間には相互作用があるという前提がある（マリン，2006/2001）。そのため，観測装置が異なると，一見矛盾した結果が生じる場合がある（例えば，「A：光は波である」と「B：光は粒子である」）。ボーアが重視していたのは，そうした2つの矛盾を解消したり（AでもBでもない），いずれが正しいかを探究したりする（Aは正しくBは誤り）ことではない。むしろ，矛盾の存在を認め，そのシステムを相補的なものとして理解できるような記述（AでもBでもある）を探究することであった。このような，ボーアの考えには，「人生および自然における矛盾を克服することはできない」という確信に基づくキルケゴール（Kierkegaard, S.）の「質的弁証法」の影響が色濃く見られる（町田，1994）。なお，ボーアが，父の同僚であったヘフディング（Hoffding, H.）を介して，キルケゴールの思想に親しんでいたことはよく知られている。

　相補性には，ボーアのいとこであるルビン（Rubin, E.）による，「ルビンの壺」と呼ばれる反転図形がある（Rubin, 1921; サトウ，2013，2020）。ここでは，前景と背景（図と地）が互いに補い合うことで互いの図形が成立するが，前景と背景とを同時に見ることはできない。さらに，ブルーナー（1998/1986）が2つの思考モード（様式）として提案した「論理−科学的モード」と「**ナラティブ・モード**」も，相補性の一例である。ここでモードという語は，これらの思考様式がその時々で選ばれる相補的なものだということを含意している（サトウ，2018）。

関連項目 文化心理学，ナラティブ・モード

‖ 土元　哲平 ‖

第5節　TEA 理解を深めるための概念 [2]

微発生
(び　はっせい)
microgenesis, Aktualgenese〔独〕

同義語 微視発生，マイクロジェネシス，実＝現

　微発生とは，知覚，思考，言語，行動パターンは，最終的な産物ではなく，動的過程であること，それらは時系列を追って発達的に系列をなしているということである。微発生概念は子どもの研究に限らず，大学進学に伴う環境移行の場面などの幅広い研究に用いられている（古川ら，1983）。

　微発生の原義は，ドイツのガンツハイト心理学に属するザンダー（Sander, F.）に求めることができる（Rosenthal, 2006）。ゲシュタルト心理学が知覚の完成態や静的状態に着目したのに対して，彼は知覚が形成される短い過程を外在化することを重視し，その過程を観察者や被験者によって同定できる研究を積み重ね，アクチュアルゲネーゼ（Aktualgenese〔独〕）と称した。ウェルナー（Werner, H.）は，ザンダーの考え方に社会発生学的な枠組みを取り入れた。ウェルナーは，ザンダーの「アクチュアル」を「マイクロ」に置き換えて，ザンダーよりも，対象となる事象を幅広く，時間的に長く取り扱った（Catán, 1986）。ヴィゴツキー（Vygotsky, L. S.）は，子どもが歴史的，社会的な文脈に常に開かれながら生きていることを重視し，微発生に歴史的次元を取り入れた（石黒，2018）。

　ザンダー，ウェルナー，ヴィゴツキーの三者において，対象とする事象の幅，時間，歴史的文脈の重視の度合いは異なる。だが，人間の発達は予定調和的ではなく，時間の中で偶然や不確実性を伴っていることを重視する。

　さらに**ヴァルシナー**（2013/2007）は，人の直接的経験が**非可逆的時間**の連続の中で発生と消失していることをアクチュアルゲネーゼとして重視し，**TLMG** の第1層目がそれに当たるとした。そこでは，さまざまな行為が常に動態的に現れるさまを表される。そしてそのうちのいくつかは**記号レベル**に達し，**社会的方向づけ**や**社会的助勢**の影響を受けつつ1つの選択肢を選ぶことで人生径路を実現していくことになる。

関連項目 TEA，TLMG，社会的方向づけ／社会的助勢

田垣　正晋

114　第3章　理論の深化

第5節 TEA理解を深めるための概念 [3]

記号圏
semiosphere

記号圏とはロシアの文学・文化研究者であるロトマン（Lotman, J.）により提唱された文化および文化テキストが存在し機能するための前提となる概念である。**ヴァルシナー**によって**文化心理学**に取り入れられた。ロトマンは記号圏について「言語が存在し機能するために不可欠な記号論的空間であって，異なる諸言語の総体ではない。ある意味で，記号圏は先立つ存在であり，言語と絶えず相互作用している。（中略）記号圏の外側には，コミュニケーションも言語も存在しえない」（Lotman, 1990, pp. 123-124）と定義している。またロトマンは，記号圏の重要な特徴として**境界域**を挙げ，境界域を透入可能な薄膜状のものとして規定したうえで，異なる記号圏同士の接触が絶えず生起していると述べている（Lotman, 1990）。記号圏概念を文化心理学に取り入れたヴァルシナー（2013/2007）は，記号圏が生物界における生物圏（biosphere）に似た，ホリスティック（全体論的）な概念であり，その異種混交性（heterogeneity）に特徴があると指摘している。

記号圏とは**記号**が記号として働く前提条件であり，人と記号との相互作用が機能するための必要不可欠な領域を概念化したものと捉えることができる。もし記号圏が存在しなかったり，記号が異なる記号圏にあったりする場合は，記号が記号として働かないということになる。この記号圏の概念は，**TEM**において，**包括体系的セッティング**や**記号的プロトコル**という概念とともに，**必須通過点**（OPP）と接続すると考えることができる。OPPがそれとして機能するのは，ある記号圏において特定の記号が記号として働いている結果と捉えることができる。ある記号圏において記号が記号として十全に作用しているので，人の行動に揺らぎが生じず，人生径路において必ず通過するポイントであるOPPとなっているのである。逆に記号圏において記号が記号として機能せず，選択肢が生じるポイントが**分岐点**になるといえる。

関連項目 分岐点，必須通過点，包括体系的セッティング／記号的プロトコル，記号，記号圏

宮下 太陽

第5節　TEA理解を深めるための概念 [4]

私的事象
private event

[同義語] 私的出来事

　私的事象とは，分かりやすい表現をすれば，ある個人の「皮膚の中で起きている出来事」である。行動分析学の創設者であるスキナー（Skinner, B. F.）が自らの行動主義を「徹底的行動主義（radical behaviorism）」として，方法論的行動主義と明確に区別する際に特徴的にこの用語を用いてきている。方法論的行動主義では，心理学を自然科学たらしめんとするために，公的一致をみる，つまり複数の者が観察可能な「客観的データ」に着目し，感じられたこと，意識，さらには心といったものはその考察対象から除外した。しかし，スキナーはこのような「感じられたもの，もしくは内観することで観察されたものは，意識，心，心の営みといった何らかの非物質的な世界なのではなく，観察者自身の身体なのである」（スキナー，2022/1974, p. 17）と述べ，「感じられたもの，あるいは内観として観察されたものは，行動の原因であるということを意味しない」（スキナー，2022/1974, p. 18）と心や意識が行動の原因であるとする考えを完全に否定し，そうではなく，それらこそも行動分析学が「対象」とするべき，事象なのだと明言した。

　1974年に出版された *About Behaviorism*（邦題『スキナーの徹底的行動主義』）では，多くのページを割いてこの「皮膚の中にある世界」である私的事象について，それまで解明してきている行動の原理を用いてどのように解釈できるかの自説を展開している。

　TEAの文脈でこの私的事象はおそらく**TLMG**，価値の**変容**といわれるプロセスに位置づくのではないかと思われる（三田地，2015）。**TEA**では実際に個人の人生に起きた事実に加えて，ある時点でその「個人の中で起きた」変容に着目している。これはまさに私的事象の描写にほかならない。その意味で TEA は私的事象までをも含めて研究対象としているという点で行動分析学（正確には徹底的行動主義）との類似点をもっているといえよう。

[関連項目] TLMG，時間プロセス並行法，随伴性

■ 三田地　真実 ■

116　第3章　理論の深化

第5節　TEA理解を深めるための概念［5］

随伴性
contingency

　随伴性とは，ある事象Aにある事象Bが「随伴した＝引き続いて起こっ
た」という2つの事象の時間関係を表す用語であり，行動分析学の根幹をな
す概念である。具体的には「ある事象Bは別の事象Aが生起したときにだけ
生起するということを述べた規則」（メイザー，2008/2006, p. 130）である。事象
Aがある人の行動で，事象Bは環境要因として，その行動に随伴した際に，
その後のその行動の生起頻度が高まったとする。その場合，その行動はその
環境要因によって強化されたといい，そのような随伴関係のことを強化随伴
性（contingency of reinforcement）と呼ぶ。

　ある行動がある頻度で生起するのは，その人の意志や心によるのではな
く，強化随伴性による，つまり環境との相互作用による，ということを実験
的に証明してきていることが行動分析学の大きな貢献である。この際の「行
動」は先行刺激に制御されている反射や条件反射で見られる反応とは異な
り，後続する事象によって制御されているオペラント反応である。

　TEAにおいても同じcontingencyを原語とする**偶有性**という概念がある
が，これはサトウ（2012d）によれば，「ある特定の時空において——まさに
他でもありえたにも関わらず——経験した何か」（p. 240）である。偶然のよ
うに見えるが必然性のある出来事と言い換えられよう。実は，contingency
の辞書での訳語には随伴性も偶有性のいずれも見当たらず，「偶発事件」「偶
発事故」「偶然さ」という用語が並び，一番近いものでは「偶然さ」が挙げ
られる。それぞれの領域で独自に訳出されたものと推察される。

　佐藤（1991）はこの随伴性を「縁」と題した短い論考を書いている。そこ
ではスキナーと仏陀が並ぶ（随伴する）様子が描写されている。私という人
間が今まさにこの原稿を書いているこの行為自体が「随伴性」の，そして
「偶有性」の，そして「縁」のなせる業であろう。

関連項目 偶有性

▌三田地　真実▐

第5節 TEA理解を深めるための概念 [6]

心理的葛藤
conflict

同義語 葛藤

レヴィン（1957/1935）は自身の**場理論**に基づき，心理的葛藤をほぼ等しい強さの場の力の対立と定義している。そして，2つの正の誘因が存在する場合を接近－接近葛藤，2つの負の誘因が存在する場合を回避－回避葛藤，正と負を併せ持った2つの誘因が存在する場合を接近－回避葛藤と分類している。場理論における生活空間は，社会的な力によって構成されるが，実証的な検証を重視したためか，誘因性をもつ要因としては比較的短期的な目標が取り上げられている。**TEM**では，選択肢が複数あってそのうちの1つを選ばなければならない場合に，個人の意思や願望よりも，多様な経験の**径路**がいったん収束する**等至点**（EFP）との関係によって決められる2種類の社会的な力からの影響を受け，個人が進む径路が決定される（サトウ，2015e）。そこで働く2種類の社会的な力のうち，EFPに向かうことを妨げる力が**社会的方向づけ**（SD），逆にEFPに向かうことを助ける力が**社会的助勢**（SG）である。TEMの理論的構想全体が場理論から一定の影響を受けているが（石盛，2015a），SDとSGによる個人の行動の誘導という直接的な道具立てに加えて，社会的な力と個人との関係性が，場における重要な目標によって規定されるという理論的視座も場理論の影響を受けたものといえる。TEMにおいては，誘因価をもつ目標はEFPであるが，心理的葛藤が生じるのはSDとSGがせめぎ合うポイントである**分岐点**においてである。ただし，TEMでモデル化されているのはEFPという中長期的な**ライフ**の目標に関するレベルでの葛藤であり，それは個人の価値観に関わるものである。したがって，その心理的葛藤の結果生じる個人の内的変容については，個別活動（行為）レベル，記号レベル，信念・価値観レベルという3層から構成される**TLMG**（安田，2015b）によって検討される。

関連項目 TLMG，分岐点，社会的助勢／社会的方向づけ，場理論

■ 石盛 真徳 ■

第 5 節　TEA 理解を深めるための概念 [7]

場理論
ば　り　ろん

field theory

　場理論は，レヴィン（Lewin, K.: 1890-1947）により提唱された，場における人間の行動理解についての概念である。

　レヴィン（2017/1951）は，人の行動において個人の特性と環境が相互的依存しているところの全体構造を「場」とし，人間の行動や動機づけを方程式 $B=f(P, E)$ から表される全体として捉え，人と環境の関数や相互作用をもとに人間の行動を示している（B：行動 Behavior, f：関数 Function, P：人 Person, E：環境 Environment）。例として，ある子ども（P）が，入学したての新しい環境（E）では，話さなくなる（B）などや，患者（P）が，病院の受付（E）では，診察券を取り出す（B）といったことである。また，経験値や性格など個人的条件を含む人（P）と，他者や組織風土などの環境（E）の両方によって，その人の行動が生起する全体的空間や事態のことを「生活空間」とし概念化している（レヴィン，2017/1951）。生活空間はある瞬間における人の行動を決定するすべての条件（その人自身，過去や未来など非現実的条件）も内包されており，これらの構造について位相幾何学（トポロジー）という空間概念を利用し説明しようと試みている（石盛，2015a）。

　レヴィンは，全体構造を重視するゲシュタルト心理学派の系譜をひく理論家であるが，数学の素養も含め，彼の全体像を一概に述べることは難しい（マロー，1972/1969）。しかし，場理論など彼の諸概念の多くは，人間行動や心理の性質を環境との関わりの中で述べられているといった特徴をもっている。また，上記に説明した**時間的展望**を内包するような生活空間の変遷（レヴィン，2017/1951）についての研究があり，レヴィンの直接的影響は TEA において明確には示されていないが，構想の重なりが見て取れる。

関連項目 時間的展望，最小のゲシュタルト，心理的葛藤

横山　直子

第 5 節　TEA 理解を深めるための概念［8］

社会的表象
しゃ かい てき ひょうしょう

social representation

　社会的表象理論の提唱者であるモスコヴィッシによれば，社会的表象は，
「人々が行動しコミュニケーションのために，人々が集団の中で社会的な対
象物（object）を形成すること（elaborating）」（Moscovici, 1963; 矢守，2010, p. 185）
である。つまり，社会的表象とは，日々私たちが接している物事を，日々の
生活における行動と意思疎通のためにあたかも実態があるもののように対象
化することであると考えられる。例えば，人々は緑色の茶葉を見たときに
「緑茶」（という表象）がなければ，それについてそれ以上の働きかけをしたり
それを通じて他者と意思疎通をしたりすることはあまりないと考えられる。
一方，湯飲みに入っているお茶のイメージや健康的という考え方，お茶とい
う概念を喚起する「緑茶」（という表象）があることで，それを少し味見して
みようと考えたり，その表象を使って人々は意思疎通を試みたりすることが
できる。人々は，表象を通して世界のさまざまな物事と接しているのである
（Moscovici, 1984）。

　また，モスコヴィッシは，表象は新しいものを既存の考え方でもって理解
することであるとも述べている（Moscovici, 1984）。先ほどの緑色の茶葉の例
でいえば，それを「緑茶」と表象する場合，「お茶」という概念枠組みやそ
れを飲むイメージでもって緑色の茶葉を表象することで，その緑色の茶葉を
社会的な対象としている。つまり，すでに見知っている「お茶」という概念
やそこで喚起されるイメージによって，その人にとって新規のものである緑
色の茶葉を行動や意思疎通でも利用できるような対象としたのである。**記号**
は何かを指し示すものであり，意思疎通において用いられるものであるとす
れば，表象もまったく同じではないが同様の機能をもっているものであると
考えられるため，表象は，記号の概念をもとに理論を構築し展開してきた記
号論的動態性の**文化心理学**にとって関わりの深い概念であるといえる。

　関連項目 記号，点的記号／域的記号，更一般化された記号領域，個人的文化／集合的文
　　　　化，記号の階層

▍滑田　明暢 ▍

120　　第 3 章　理論の深化

第 5 節　TEA 理解を深めるための概念 [9]

アブダクション

abduction

同義語 発綻

　アブダクションとは米国の哲学者パース（Peirce, C. S.）によって提唱された推論方法の 1 つで，観察された事実や現象を説明するための仮説を立てていく推論方法である。遡及原理に基づいて，結果から原因へ，観察データからその事象を説明しうると考えられる法則や理論へと導く。

　記号を使って推論の形式を表すと次のようになる。

　　前提 1：ある（驚くべき）事実として，Ｃが観察されている。

　　前提 2：もしＡが真であれば，Ｃであることは当然の事柄である。

　　結論：それゆえ，Ａは真ではないかと考える理由が存在する。

　アブダクションは洞察と推論という 2 段階に分けることができる。洞察段階では，現象について考えられうる説明を推測し，心に思い浮かぶ仮説（ひらめきを含む）を例挙する。推論段階では，思い浮かぶ諸仮説のなかから十分に熟慮して最も正しいと思われる仮説を採択する。

　複数の仮説の中からある仮説を選択する際にはそれらの仮説を批判的に吟味したうえで，最良の仮説を採択することが重要である。例えば，ある場所で魚の化石が発見された場合に複数の仮説を立てる。そして最も適切な仮説を検討した結果，以下のような推論になる。

　　前提 1：魚の化石が発見された。

　　前提 2：その魚の化石は内陸で見つかった。

　　結論：ゆえに，この一帯の陸地はかつて海であったに違いないと考える。

　よい仮説を選出する作業には困難を伴うこともあるが，説明力，洞察の深さ，一般性，反証可能性，単純性，整合性といった 6 つの要素から分析することは，より優れた仮説を導出する手がかりになる。

関連項目 展結，記号，一般化，再現性，転用可能性

▌張　暁紅▌

第5節　TEA理解を深めるための概念［10］

後成的風景図
epigenetic landscape

同義語 エピジェネティック・ランドスケープ

　後成的風景図とは，生物学の一分野である発生学における知見を，人間の発達に援用した概念である。発生学（embryology）は，遺伝学（genetics）の対極にありながら相互に関連する。発生はさらに「『何者か』によって，すべての特徴が代表されている」とする前成（preformation）と，「要素が発生の間に反応し合って」特徴を生じさせる後成（epigenesis）とに区別される（ウォディントン，1968/1966, p. 18）。

　後成は遺伝学者の英国のウォディントン（Waddington, C. H.）が提唱した。ウォディントン（1968/1968）は，1つの卵から「しだいに分岐して多数の異なった成体器官の完成」に至ることを，「1個のボールが谷をころがり落ちてゆく」という運動のメタファーに着想を得て，細胞がいったん分化すれば他の細胞に変化しないことを「後成的風景」という絵を用いて説明した（p. 60）。これにより「発生中の胚の各部域には，各々が将来たどる可能性のある数多くの道すじが広がっている」こと，そして「多くの異なった過程がお互いにバランスをとるような方法で相互作用し合い，それによってもろもろの成り行きがコントロールされている」（pp. 60-61）と説いた。

　こうした相互作用を通じた特徴の発生への着目は，**TEA**や**TEM**における**等至性**の概念にも通じるところがあるが，サトウ（2009d）は「後成的風景」の図が山頂から谷への「末広がり」となっていることから，人間発達の可能性が無限と捉えられうることに注意を促している。しかし，石盛（2015b）は**一般システム理論**の観点から「人生の径路は，社会的環境や個人の能力などによって制約され」（2015b, p. 122）るため，同型性があると主張している。そもそも後成的風景図は，同じ遺伝子の型でも個体差が出ることを示しており，そこには，発生と分化は非可逆的かつ運河のように特定の流れをたどるとする前提がある。

関連項目 HSI，等至性，水路づけの理論，一般システム理論

┃ 山口　洋典 ┃

122　　第3章　理論の深化

第5節 TEA理解を深めるための概念 ［11］

水路づけの理論
canalization

　水路づけの理論とは，文字どおり人間の行動が水路のように1つの流れに固定化される状況およびその成立過程に関する理論である。フランスの精神医学者・心理学者であるジャネ（1974/1910）による欲求と手段の固定化の研究，米国の心理学者であるマーフィー（Murphy, 1947）によるパーソナリティ研究などで知られる。類似する概念で条件づけ理論があるが，刺激に対する反射として強化と消去が伴う条件づけに対し，水路づけは認識と学習によって効果が残存する点で区別される。

　水路づけの理論は，**後成的風景図**と並んで，生物学の中でも発生学の分野で展開される概念でもある。ウォディントン（1968/1966）によれば，「発生には，もろもろの過程が複雑にからみ合っているものである」（p. 66）ために，それらの過程は特定の道をたどり，結果として分化は不可逆的であるという。こうした「発生しつつある系が，その道すじに固執するかのような」（p. 59）特性を，発生学では「発生の水路化（canalization）」と呼ぶ。

　水路づけの理論に関して，**TEA** や **TEM** では，**等至点**への関心を寄せることで，伝統的な心理学の概念より，後成的風景と並んで生物学の概念のほうがビリーフなどを探究しやすいかもしれない。実際，子安（2001）によれば，ヴィゴツキー（Vygotsky, L. S.）と同時代の発達心理学者，スイスのピアジェ（Piaget, J.）は，「生物学者として研究者のキャリアをスタートし」（p. 428），「自身を心理学者ではなく発生的認識学者と任じ」（p. 429）たという。ただし，**HSI** などによって当事者に寄り添う研究では，風景や水路といったメタファーを「視覚代理物」（ガーゲン，1998/1994）と捉えて対話に盛り込めば，**非可逆的時間**を前提とした各行為の分析に奏功するだろう。例えば，どんな環境に自らが身を委ねてきたか（どんな起伏に沿って水が流れてきたか），環境の変化にどう応じて（水路が形成されて）きたか，探索するという具合である。

関連項目 HSI，等至点，等至性，非可逆的時間，後成的風景図

❚ 山口 洋典 ❚

第 5 節　TEA 理解を深めるための概念 [12]

距離化
きょ　り　か
distantiation

　距離化とは，もともと境界線が複雑曖昧で，流動的に変化し続ける世界に対して，国籍，血縁，学派，世代など，特定の人為的基準を用いて一定の集合的まとまりを可視化する分離作業（境界画定）を行い，さらに分離したもの同士を特定の規則（因果，対抗，同質など）で接続する言説実践を指す（香川，2015c）。学校，地域，会社といった諸集合体は所与のものと見なされず，それ自体が距離化の実践を通して可視化されたものとなる。

　このように複雑で捉えがたい流動世界に境界線を引いて特定の形を浮かび上がらせ，他者に「集団らしきもの」を見えるようにする行為には，意図の有無にかかわらず政治性が否応なく伴われる。例えば，「私は質的研究者です」と言うとき，質と量とで方法を二分する世界観の構成と肯定，量的研究との勢力争い，自身のその分野でのポジショニング，あるいはそもそもの「専門性」システムの維持・肯定が含まれうる。すなわち距離化は，客観的事実の表現でも，単なる線引きでもなく，世界をどう動かし維持したいのか，自他をどこに位置づけるのか，価値づけ，方向性の誘導，利害，権力性を伴う実践である。当然，これは同じ言表でも発せられる具体的，歴史的文脈いかんによっていかなる政治性が伴われるかは異なる。

　よって距離化は，人，場所，時間により変化し，ときに隠蔽され，ときに自明になり，ときに顕在的に対象化されるダイナミックなものである。例えば，よくも悪くも陰では利権絡みで判断している政治家が「科学やファクトに基づき政策判断をすべきだ」，つまりあなたたちは「基づかない側」にいて不適切な判断をしており，自身は「基づく側」にいて適切な判断をしていると主張し，それにさらに周囲が応答するやりとりを考えてみよう。距離化は何気なく示される集団区分の自明性や矛盾を暴いたり，別の境界の可能性を検討したり，境界をめぐる人々の実践過程を分析する視点を示す。

関連項目 分岐点，TEM 図，複線性，境界域，異時間混交性

▎香川 秀太▎

124　第 3 章　理論の深化

第5節　TEA 理解を深めるための概念 [13]

詩的運動
poetic movement

　人間の発達は，現実の領域と想像の領域の間の動的な緊張関係を含むものである。その緊張関係は詩的運動と呼ばれている（Bastos, 2015）。この概念は，文化的リアリティの発達詩学（developmental poetics）から意義づけられる。「前言語的」でありつつ，「言語的・修辞的」な表現を分析するのが詩学である（Bastos, 2015）。心理的な新規性は，事実 x の領域と，想像され可能かもしれない x′ の領域の間の，そして過去－現在－未来の間の，それぞれ対極的なもの同士の結合から発生する（Bastos, 2012, 2016）。この心理的な新規性と対極的なもの同士の結合から発生する状態を **TEM** で捉えたとき，**分岐点**における**ラプチャー**と**イマジネーション**との関係や TLMG における**価値変容点**や**必須通過点**との関連などによっても議論が可能だろう。

　この他にも，文法的には正しくないが心に浮かんだある言葉や表象，意味を表す言葉らしいもの，そのものによって，創発的特徴や前言語的特徴を持った **TEM** 図を描くことができるかもしれない。例えば，言語的少数派の家庭で育った子どもが母親から母語で「美しさ」を表す言葉を継承したとする。それを学校の友だちや教師の前で，言葉と非言語で表現したものなどである。このような表現をすることである一種の「緊張」が見られることがある。ただし，ヴィゴツキー（2006/1968）などにとって「カタルシス」とは，抑圧されてきた感情が解消することではなく，芸術による「不浄感」からの解放でもない。むしろそれは，人格的問題の解決・生活現象・生活状況のなかに存在するより高度でより人間的な真実の解明であると指摘されている。

　また，バストス（Bastos, 2016）は詩的運動について，発達とは，文字どおりの動的な緊張を意味すると述べている。詩的運動の過程を TEM 図に表現したときに重要なのは，人が生命を維持するための核心の 1 つがこの「緊張」であることを，解明することである。

関連項目 分岐点，イマジネーション

▍市川　章子 ▍

第 5 節　TEA 理解を深めるための概念 ［14］

布置
configulation

　全体を形作る要素の配置を布置という。布置を捉えるのは，要素同士を切り離して分析し寄せ集めるのでは対象（例えば行為や文化）は理解できず，それゆえ全体から出発しなければならないが，それは全体が要素同士の関係によって決まっているのみならず，個々の要素の性質そのものも全体によって決まっているからである（ベネディクト，1951/1934）。布置の分析では，全体を形作る要素は広すぎて，かつ矛盾し合うこともあり，すべての要素が扱われるわけではないので，構成要素のうちどの要素が選ばれて働いているか（ベネディクト，1951/1934），また目に見えるものだけでなく，そこから何に駆り立てられている（drive）のか，例えば動機や情動や価値（ベネディクト，1951/1934）といったものを読み取る。それはある刺激に対する個人の反応は単にそれがその個人の性質だからではなく，布置が示すパターンと個人の反応の間の特定の結合の仕方によるからである（ベネディクト，1951/1934）。

　具体例としては，エリクソン（Erikson, E. H.）が布置から発達のダイナミズムを捉えている。幼児が遊び（エリクソン，1977/1963）を通して積み木で表した家具や家族の配置から，幼児の病理（両親に対する愛情のアンビバレンス（ambivalence; 両面感情））を読み取るだけでなく，大人の想像をはるかに超えた創造的な回復力も読み取り，「形と意味が交差することで生まれる豊かさに開かれた布置」（エリクソン，2016/1964, p. 164）と名づけている。他にも，エリクソンは，発達に伴って生じる異なる能力（例えば「歩ける人」になった乳児は「母親にいつも見えるところにいてほしい」という願望と「母親から独立したい」という矛盾する願望が同時期に出てくる）は，適切な機会を捉えて成就するように環境は組み立てられており，それにより成熟したパーソナリティの中に統合されるとし，その組み立てを「文化のパターンによって守られた対人関係の布置」（エリクソン，2011/1959, p. 57）と名づけている。

（関連項目）ライフ，最小のゲシュタルト，現場，場理論，エスノグラフィー

■ 白井　利明 ■

126　　第 3 章　理論の深化

第5節　TEA理解を深めるための概念［15］

前方視／後方視
prospective / retrospective

同義語 前向的／回顧的

　前方視（前向的）とは個人が出来事と同時または出来事の起こる前の時点から見た見方をいい，出来事の起きた後の時点から見た見方を後方視（回顧的）という（樋口，2001; 白井，2022）。前方視と後方視では見え方が異なる。日々の生活という前方視で怒りを尋ねると，よくある弱い怒りが報告されるのに対して，過去を振り返って後方視で尋ねると，まれにしか起こらない強い怒りが報告される（Schwarz, 1999）。日々の生活は身体性を帯びている（浜田，2009）ため，「いつ，どこで，誰が誰と何をどうした」という状況に埋め込まれ（situated），次に何が起こるかは分からない時間の流れの中を生きる（浜田，2009），非連続的な世界である。つまり因果関係ではなく，偶発的に生成・解体していく発達的な関係としての連鎖（大橋，2004）の世界である。

　それに対して後方視は，具体的なエピソードから離れて概念的に処理され（Jacoby, 1983），想起の文脈に沿って（例えば聞き手の立場に立って）再構成される，普遍（浜田，2009）の世界である。後方視のバイアスを取り除いて，個人が実際に見た前方視を知る技法として，前方視的再構成法（白井，2015, 2019, 2020, 2022）がある。「当時はどう思っていたか」「今から振り返って見えることとは異なっていたことはないか」「予期せぬ出来事がなかったか」「出来事の語った順番と実際に起きた順番が違うことはないか」と尋ねて分析する（白井，2019）。ただし，前方視的再構成法は「過去の真実」を明らかにするものではない。当初の語りと再構成された語りを比較することで，その人の語り方の仕組みを明らかにするものであり，自己連続性の構築メカニズムを解明してきた（白井，2019）。中途障害を得た青年は，前方視的再構成法により実際は「あまりに忙しくて何も考える暇がなかった」のだが，当初の語りは自分が悩まなかった理由を「悩まない性格」に帰属して過去を分離したことが分かった（白井，2019）。

関連項目 非可逆的時間，偶有性，未定さ，時間的展望

■ 白井 利明 ■

第5節　TEA理解を深めるための概念［16］

前向型研究／回顧型研究
forward-looking type study / retrospective study

　人々が**等至点**（EFP）へと至るまでの縦断的研究が前向型研究である（例えば，松本，2009）。すでに実現したEFPから**研究協力者**をご招待し（HSI），そのEFPへと至るまでを対象者の回顧に基づいて描出する。**TEA**研究の大半を占めるこのような回顧型研究に対比される。前向型研究は一般的には，次のような研究手順となる。EFP$_A$が研究対象だとすると，対象者をご招待するのはEFP$_A$の少なくとも直前だと想定されるEFP$_B$からである（EFP$_A$に到達する潜在性を秘めた人々をご招待していることになる）。EFP$_B$に所属する人々に対して観察やインタビューを適用し，対象者が都度出会った事象や人々，声，出逢いによって生じた緊張（矛盾）やそのときに開けてきた**目的の領域**，その後に形成された**径路**などを特定していく。

　回顧型研究では，回顧にしばしばつきまとう物語化の影響が危惧される。EFPへの到達はさまざまな**偶有性**にさらされ，結果的に生じた出来事であるはずである。しかし物語化によって，対象者が遭遇した偶有性はしばしば忘却および捨象され，特定の径路が用意されていたかのように，そしてEFPへの到達が必然であるかのように語られる。「ありえた選択の径路を含む緊張についての情報がない」のはTEAではない（ヴァルシナー，2015b）。ここに前向型研究が提唱されるゆえんがある。

　ご招待した対象者が研究対象とすべきEFPに到達する必然性がない点で前向型研究にはリスクがあるため，回顧型研究を採用し，物語化を抑止するインタビュー方法を工夫する道もあるだろう（森，2009）。なお前向型研究で実施される観察においても，「事後的なストーリー構成」が生じる場合もある（香川，2015b）が，研究を報告する営為自体が内包する不可避な事態であり，回顧型研究の物語化とは分けて考えるほうがよいだろう。

関連項目 分岐点における緊張，非可逆的時間，偶有性

■ 森　直久 ■

第 6 節　TEA 理論を発展させるために知っておいてほしいシステム論の用語［1］

一般システム理論

general system theory　　**略語** **GST**

同義語 一般システム論

　一般システム理論（GST）は，その名のとおり，特定分野のシステムを対象にするものではなく，異なる学問分野で分析されるシステムに共通な特性へアプローチするための理論である。フォン・ベルタランフィ（1973/1968）は 1940 年代に物理学，化学，生物学，心理学，社会科学といった学問分野の垣根を越えて GST を展開し始めたが，それは当時の多くの学問分野で支配的であった要素還元主義的アプローチとは対照的に，システムの構成要素間の相互作用関係を重要視するものであった。

　GST の対象となるシステムに共通な特性には，システムの全体的な目標，システムの部分とこれらの部分の間の関係，そしてどの部分によっても単独では実行されないシステムの部分の間の相互作用の創発的な特性，が存在する（フォン・ベルタランフィ，1973/1968）。このアプローチの発展におけるフォン・ベルタランフィの最も重要な貢献は，有機体を**開放系**として捉え，環境との持続的な相互作用を通じて非平衡定常状態を維持するという概念であった（Debora, 2003）。フォン・ベルタランフィ（1973/1968）は，人間の行動の能動的で自己組織化する性格を強調し，それがより尊厳ある人間像を強化すると考えたため，有機体を受動的な存在として表現する行動主義心理学の刺激－反応モデルおよび**サイバネティクス**モデルに批判的であった。彼は，人間の行動の理解に際しては，生物体というレベルの上に重ね合わされた「シンボルの働き」という「人間的」原理を考察の基礎としなければならないと主張したが，GST としての探究はほとんど進まなかった。**TEA** および **TEM** への GST の最大の影響は，開放系では最終的な状態に至るまでに複数の**径路**をとりうるという等結果性（equifinality）の概念を，人間科学のモデルに即した**等至性**（equifinality）の概念に換骨奪胎し，導入したことにある（サトウ，2015a）。

関連項目 等至点，サイバネティクス，動的平衡システム，開放系／閉鎖系，フィードバック／フィードフォーワード

■ 石盛　真徳 ■

第 6 節　TEA 理論を発展させるために知っておいてほしいシステム論の用語　　129

第6節　TEA 理論を発展させるために知っておいてほしいシステム論の用語［2］

サイバネティクス
cybernetics

　サイバネティクスは，1940 年代後半に数学者のウィーナー（Wiener, N.）に
よって体系化された，システムの制御と通信に関する理論のことを指す。生
物および機械システムは，刺激に対して反応するのではなく，目的に応じて
制御を行っている。例えば人の体温や冷蔵庫内の温度は，外気温の変化にか
かわらず一定に保つよう制御されている。サイバネティクスは，こうした目
的的な行動とその制御について，機械と人間（動物）に共通する機構を見い
だすことで学際領域を拓いた（経緯は杉本，2008 を参照）。

　サイバネティクスの代表的な考え方の1つに，**フィードバック**がある。
フィードバックは，望ましい結果と現状とを比較し，検出された誤差に基づ
いて適切な修正を行うことであり（十島，1989），自動車の運転，子どものし
つけなどさまざまな現象に当てはまる。人類学者のベイトソン（Bateson, G.）
は，フィードバック・ループが階層構造をなし，いずれの階層にも心を認め
ることができる，と考えた（佐藤，1984）。一見して単純な行動であったとし
ても，そうした行動の背後には望ましい結果と比較した行動の修正と，その
過程を支えるより大きな文脈がある，と考えることができる。

　哲学者のホーキンス（Hawkins, D.）は，サイバネティクスに関するシンポ
ジウムの中で，目的の性質について論じた（Lindgren, 1968）。ホーキンスは，
石器時代初期の人々のように今ある関心と資源に従事してものを作っていく
ことと，現代のデザイナーのようにあらかじめ定められた目的に向かって規
格化された材料を組み立てていくことの，2つの方向性を示した。前者は材
料も目的も一定の**冗長性**をもつが，後者は1つのエラーが建物の崩壊を招き
うるため，材料も目的も固定的であるという（Hawkins Centers of Learning,
2023; Lindgren, 1968）。**TEM** を用いる場合も，目的の性質を考えることが重要
であると考えられる（**多重等至点**や**等至域**，**冗長性**などを参照）。

　関連項目　一般システム理論，動的平衡システム，システミックな視点，開放系／閉鎖系，
フィードバック／フィードフォーワード　　　　　　　　　　　　　▌ 神崎 真実 ▌

130　　第3章　理論の深化

第6節　TEA 理論を発展させるために知っておいてほしいシステム論の用語 [3]

動的平衡システム
dynamic equilibrium system

　動的平衡システムとは，相当程度に変動する環境との相互作用にもかかわらず自己を維持するダイナミックな安定化機構であり，フォン・ベルタランフィ（1973/1968）の**一般システム理論**（GST）の論理として結実したものである（河本，1995）。**閉鎖系**は，熱力学の第二原理（エントロピー増大則）によって安定的な平衡状態に達するが，その安定性のためにエネルギーや物質の流れを必要としない。それに対して，有機体を代表とする**開放系**は，外界との物質代謝やエネルギー代謝といった入力と出力の流れの中で，持続的に揺らぎを解消しながら，平衡状態を維持している（フォン・ベルタランフィ，1973/1968）。

　この 19 世紀半ば頃までに明確になった動的平衡を基本概念とする GST では，形態は定常的な関係が維持されることの結果であり，その形態がどう生成されるのかという自己組織化のプロセスについては，捉えることができない（河本，1995）。クック（1993/1980）はシステムが環境の中で生き残るためには，自分自身のうちに柔軟性と安定性の2つの機能を組み込む必要があることを指摘している。ここでの柔軟性とは変化し続ける外的な環境に適合するために，システムがその情報ベースを変化させる能力であり，安定性とはシステムがその基本情報を保持する能力である。自然システムは，コントロールセンターを構成する安定性要素と柔軟性要素，それに加えて環境との情報のやりとりを行う周辺構造という三層構造によってコントロールメカニズムを実現させている。この**一般化**されたシステム制御モデルと **TEA** の **TLMG** の同型性は単なる偶然の一致ではない。TEA は個別活動（行為），記号，信念・価値観という TLMG の導入により，自己組織化を行う自己モデルを成立させているが（サトウ，2015a），それはシステムの柔軟性と安定性を確保しつつ，環境に適応した表出を維持する役割も果たしている。

関連項目 TLMG，一般システム理論，サイバネティクス，開放系／閉鎖系，フィードバック／フィードフォーワード

■ 石盛　真徳 ■

第6節　TEA理論を発展させるために知っておいてほしいシステム論の用語［4］

包括体系的な視点

systemic view

同義語 **システミックな視点**

TEAの中核をなす特徴として，「包括体系的なものの見方」と「**非可逆的**
時間への真摯な考察」がある。TEAにおいては観察可能な一般原理とし
て，因果システムは時間的に形成されうると示され，時間的因果システムと
して「包括体系的な変形による因果関係」の図を示す。TEAの中核となる
「包括体系的な視点」とは，この包括体系的な時間的因果によって人の**変容**
を捉える視点を示す（福田，2015a）。これまで，人の変容はA→BのようにB
という変容がAという単一の要因によって生み出される狭義での因果関係で
人の変容を説明してきたが，TEAでは，非可逆的時間の中での個人内や個
人間において織りなされる変容を，包括体系的に捉える。**ヴァルシナー**
（2013/2007, pp. 458-467）は，ヴィゴツキーが示した「二重刺激法」について，
心理学の実験のあり方に革新的なアイデアをいくつか提供したと述べた。そ
して，その1つとして，被験者が，研究者の意図によって独立的に変化させ
られる「変数群」によって問題を解決するのではなく，「生態的・文化的な
ニッチのダイナミックな構造からなる」生活世界の現場に出会って問題解決
に向かう点を示した。

　このアイデアをもとに，ヴァルシナーは二重刺激法のスキーマによって，
「包括体系的な因果関係」の多様な形を考慮することが可能であると述べ
た。二重刺激法とは，まず，人に対して自分自身の知識・技能を超える課題
を提示し，次に，この課題を解決するための「第2の刺激」として，問題解
決のためのツールや記号を与える。これによってヴァルシナーは「統合を起
こす触媒プロセスの例：1. 基本スキーマ」の図を示し，そして，この基本
スキーマに反移行的な階層的システムの考えを導入し，異なるレベル間（X
とX+1）で機能する因果サイクルが，さらに高いレベルの新しい形態を生み
出すことを示した。

関連項目 非可逆的時間，ヴィゴツキーの三角形，記号の階層，因果関係

▌ 香曽我部　琢 ▌

132　　第3章　理論の深化

第6節　TEA理論を発展させるために知っておいてほしいシステム論の用語 [5]

開放系／閉鎖系

open system／closed system

同義語 オープンシステム／クローズドシステム，開放システム／閉鎖システム

　開放系は，その外部の環境と継続的に相互作用しているシステムであり，閉鎖系は，相互作用していないシステムである。**TEA** は，人間は外界との交換をしながらその状態を保つ，つまり，開放系として捉えるというシステム論（フォン・ベルタランフィ，1973/1973）に依拠している。フォン・ベルタランフィ（1973/1968）はここで，人間は環境から独立した個体としてではなく，開放系として見なされるべきであると主張し，その開放系の特徴として**等至性**を挙げた。あるシステム（系）が外界のエネルギーや物質などを受け取ったり外界に放出したりしながらそのシステム（系）を保つならば，それは開放系である。一方，外界との交換を閉ざしているシステム（系）ならば，閉鎖系である。個人というシステムは家族というシステムに埋め込まれ，家族というシステムは何らかのコミュニティに埋め込まれており，それらの外界と常に影響し合っていると考える。個人を **TEM**（Valsiner & Sato, 2006）で描くとき，外界のシステム（系）に回収されることなくシステム（系）としての語り手自身が更新していくことが描かれれば，そして，それが一定の手続きを経て**モデル**となれば，個人は外界のシステム（系）に回収されるだけではなくシステム（系）として描かれる。

　人間でも，コミュニティでも，閉鎖系ではなく，開放系で捉えれば，1つの結果にたどり着く道筋は複数あるはずである（サトウ，2015e）。開放系の例として光合成が挙げられる。葉緑体内のカルビン・ベンソン回路の図式は光合成を構造化する目的で描かれている。しかし，複数描かれている→（矢印）により私たちが時間を読み取っていることになる。つまりプロセスの構造ということになる。葉やその細胞は，表面的には静態的に見えてもその内部はダイナミックであり，それが開放系の特徴である。

関連項目 等至性，一般システム理論，動的平衡システム

■ 小川 晶 ■

第6節　TEA理論を発展させるために知っておいてほしいシステム論の用語［6］

フィードバック／フィードフォワード
feedback / feedforward

フィードバックとは，何らかの行動の結果を見て，それよりも望ましい結果を得るために，もとの行動を変えるように調整を行うことを意味している。例として歯磨き指導が挙げられる。歯磨きを怠る行動をとった結果，虫歯になった患者を診た歯科医が，（虫歯の治療後に）今後は虫歯にならないように適切な歯磨きの仕方を指導するのはフィードバックの一例である。

これに対し，フィードフォワードとは，人が未来に向かう際の**記号**の作用を指す（Valsiner, 2016）。**ヴァルシナー**は，記号を考えるうえで時間の概念を取り入れ，記号を「未来と向き合う何らかの機能をもち，過去の状態から何か新しいことへと導く何か」であると定義した（サトウ，2019a）。

母親に連れられて小児科に来た幼児が診察を待っている間に，他の子どもたちが注射を受けて「痛い」と泣き叫んでいる声を聴いた場合を考えてみよう。その幼児は，他の子どもの泣き声から注射を打つのは痛くて怖い経験だと感じ，注射を受けたくない，病院には行きたくないと考えるかもしれない。これは，他の子どもが注射を打って泣いていることが，その幼児が未来に向き合う際にフィードフォワードとして作用しているといえるだろう。

ただし，フィードフォワードは**因果関係**的な影響ではなく，また，人は同じ記号から異なる作用を受ける可能性もあることに留意したい。例えば，「お若いですね」という声かけが，ある人にとっては「若く見られたくないから，次は老けて見える服を身につけたり振る舞いをしたりしよう」と考えさせ，ある人にとっては「次に会ったときにも若く見られるように，スキンケアを続けよう」と考えさせる結果をもたらす可能性があるのである。

このように，記号が人を未来における新しい何かに導く記号的媒介の特徴を重視しているヴァルシナーは，さらに，行動を促す**促進的記号**，逆に行動を制限する**抑制的記号**という概念を導入している（宮下ら，2022a）。

（関連項目）記号，記号による媒介，促進的記号／抑制的記号，イマジネーション，因果関係

■ 小澤　伊久美 ■

134　第3章　理論の深化

第7節 質的研究法としての TEA [1]

トライアンギュレーション

triangulation

　トライアンギュレーションとは，1つの研究トピックやリサーチクエスチョンについて研究を進めるにあたって，質的・量的な研究のパラダイムに限らず，複数の方法でデータサンプリングを行ったり，いくつかの分析方法を用いて研究知見を得て，それらの研究知見を収斂させたりすることでトピックやリサーチクエスチョンにより迫ろうとする調査デザインである。

　その特徴として，複数のデータ，複数の分析方法から複数の研究知見を得ることによって，それらのデータをもとに多面的，多角的にリサーチクエスチョンの対象となる現象を捉えることが可能となり，個別のデータサンプリングや分析方法よりも深くその現象を理解することができる点が挙げられる。

　複数の分析方法を組み合わせる研究手法は，1959年にキャンベルとフィスク（Cambel & Fiske, 1959）によって「多次元操作主義」として提案され，調査対象者に対して複数の個別の量的研究を組み合わせて，研究の妥当性を高めるような研究が実践されてきた。それに対して，デンジン（Denzin, 1970）は，質的な研究手法と量的な研究手法の組み合わせた「トライアンギュレーション」を概念定義して，「データ」「研究者」「理論」「技法」の4つの項目によって分類を行った。例えば，質的な研究手法と量的な研究手法による組み合わせは「技法間トライアンギュレーション」と定義されている。さらに，筒井ら（2005）では，デンジンに Kimchi et al.（1991）や Burns & Grove（2001）を加え，「理論的」「データ」「方法論的」「調査者」「分析」の5つの項目でトライアンギュレーションを定義した。質的な研究手法と量的な研究手法，**社会構成主義**と**実証主義**の異なるパラダイムを組み合わせ，併用する研究デザインについては，プラグマティズムの哲学的立場をとる**混合研究法**（Creswell, 2017/2015, pp. 18-20）がある。

関連項目 実証主義，社会構成主義，混合研究法

▌ 香曽我部 琢 ▌

第 7 節　質的研究法としての TEA［2］

一般化
いっぱんか

generalization

（同義語）**普遍化**（universalization）

　限られた少数の事柄から推論された知見を，当該の事柄を超えてより広い
範囲に適用することである。

　自然科学では，帰納的推論により一般法則を発見することが目指される。
その際，固定的な**因果関係**が支配する物理的実在の世界を前提とし，主に量
的なアプローチが採用される。発見された一般法則によって，同じ現象が時
空を超えて再現可能であるとされるため，現象の予測や統制も目指される。
このような一般化は，哲学者ミル（Mill, J. S.）が提唱した斉一性原理を仮定
することによって成立する（野家，2015）。社会科学や人間科学においても，
研究者が自然科学的な立場を採用する場合には，自然科学に倣った**実証主義**
的な一般化を目指すことになる。しかし，得られた知見の一般化の適用範囲
や適用の**妥当性**に関しては，研究の対象や方法と照らし合わせて吟味が必要
となる。質的研究では，実証主義的ではなく，**社会構成主義**的な立場をとる
ことが多く，帰納法だけでなく演繹的もしくは**アブダクション**的な推論によ
る一般化を行う（能智，2006）。やまだ（2002）は，質的データからモデルを作
り一般化する意義を，次のように述べている。個々の現象の中に何らかの共
通性やルールを見いだし，モデル化する。すると，個々の事象を見る見方が
変わり，新たな仮説や実証を発展的に生み出していくような生成的機能が働
く。このモデルは，構成主体である研究者によって構成されるものであり，
唯一の真なるモデルが実在するわけではない。さまざまな形式のモデルや，
目的によって異なるモデルが構成可能である。

　一般化の対義語としては，個性化・個別化・特殊化があり，臨床的な**事例
研究**，**TEA** における一事例研究などの**個性記述的アプローチ**を採用する研
究で目指される。表面的には語義矛盾のようだが，こうした研究も局所的な
転用による一般化を目指す。

（関連項目）アブダクション，再現性，転用可能性，因果関係，社会構成主義

▌小田　友理恵 ▌

136　　第 3 章　理論の深化

第7節 質的研究法としての TEA［3］

妥当性
validity

　研究の文脈において妥当性という用語は，研究知見の適切さの度合いを意味する。社会科学（人間科学）的な研究においては，量的アプローチをとる場合と質的アプローチをとる場合とで意味が大きく異なる。以下では心理学の場合を例に挙げて説明する。

　心理学の量的アプローチにおいて妥当性は，構成概念の測定の観点から研究の質のよさを見極めるための重要な指標となる。すなわち「測りたいものを正しく測れているか」ということ，もしくはその水準に関してさまざまな角度から検証することである。心理学において構成概念は，元来は目に見えない心（の働き）について明らかにするために便宜的に措定される概念であったが，実際には構成概念の何らかの実在性が暗黙裡に前提される向きがある（能智，2005）。そのため，妥当性を問うということは，当該構成概念を実在のとおりに正しく取り出せているかを問う，ということに相当する。

　翻って質的アプローチでは，妥当性は**社会構成主義**的な立場から吟味されることが多い。質的研究で扱われる概念は，量的研究の場合とは異なって決してはじめから実在するものではなく，文字どおりに社会的に構成された概念として捉えられている。そのため，妥当性という用語によって，当該概念が構成されたプロセスや，構成された概念が社会に与える影響の適切さが問われるのである。クヴァール（2016/2007）は，前者をコミュニケーションによる妥当性，後者をプラグマティックな妥当性として整理している。

　なお，量的研究と質的研究で共通して問われるものに，得られた知見の一般化可能性の範囲や程度を問う外的妥当性がある。外的妥当性には，量的研究では現実世界への適用性を問う生態学的妥当性が含まれる。また，質的研究では別の文脈への適用という意味で**転用可能性**にも関係する。

関連項目 一般化，転用可能性，社会構成主義

小田 友理恵

第7節 質的研究法としてのTEA [4]

再現性
repeatability, reproducibility

[同義語] 再現可能性，複製可能性（replicability）

　自然科学の実験に由来する用語であり，同一の実験手順に従って繰り返し同一あるいは近似の実験結果が得られる程度のことを意味する。自然科学では，（単）線形の**因果関係**を前提とする。そのため，同一条件のもとで同一の介入をした場合には同一の結果が得られるはずであり，追試が重視される。追試の結果，もとの実験と同一の実験結果，もしくは，もとの実験結果から導き出された命題・仮説から理論的に推論可能な結果が得られた場合には，結果に再現性があると判断されて当該命題・仮説の反証が保留される。

　自然科学を模範にして発展してきた心理学には，研究の新規性や独創性を過度に重視し，再現性を不問にする傾向があった。2011年に社会心理学者ベム（Bem, D.）による超能力論文の採択を発端とし，心理学における再現性が問い直された。その後，想像以上に低い再現率のデータが得られたために心理学界全体が震撼し，「再現性の危機」の名のもと議論が巻き起こっている（平石・中村，2022）。一方で，歴史・文化・社会の影響が複雑に絡み合い，セカンド・サイバネティック（逸脱増幅的で形態生成的：マルヤマ，1984/1963）な相互的因果関係を前提とする人々の一回性の**ライフ**の研究においては，自然科学的な意味での再現性を望むことは難しい。サトウ（2012a）は質的研究における再現性を3つ挙げ，それぞれ量的研究の再現性概念を拡張しているため，対比によって理解が促される。第1は手続きを詳細に記述することによる「手続き的再現性」で，研究を他者に聞いてコミュニケーションによる妥当性（クヴァール，2016/2007）を担保するとともに，自身の研究の客観視を促す。第2は得られた知見を別の文脈に外挿的に適用できるかどうかを問う「外挿的再現性」で，**転用可能性**に相当すると考えられる。第3はローデータや図などの活用によって論文に臨場感をもたせる「臨場的再現性」で，読者の追体験を豊かにして共感や了解による**一般化**および転用を可能にする。

[関連項目] ライフ，サイバネティクス，妥当性，転用可能性，因果関係

▌ 小田 友理恵 ▌

138　第3章　理論の深化

第 7 節　質的研究法としての TEA［5］

真正性
しん　せい　せい

authenticity, trustworthiness

　真正性とは，研究者が **TEM 図**を完成させる際の手続きのプロセスそのも
のを意味することがある。真正性の英語表記は authenticity であり，「信頼
性」「信憑性」と訳されることもある。ここでは，真正性の指標としてトラ
ンスビュー的飽和と両極化した等至点的飽和を確認しておきたい。

　TEM は，語り手と聴き手の視点の融合（trans）が行われることを重視す
る（荒川ら，2012）。一方で，両者の視点の融合がなされる過程で個人の**径路**
が，他の径路との比較にさらされる可能性がある（荒川，2009）。研究者と**研
究協力者**が納得した TEM 図は，しばしば「**トランスビュー**」の達成を表す
といわれている。トランスビュー的飽和とは，語り手である研究協力者が研
究協力時に思い描く意味世界と聴き手である研究者の視点の融合が TEM 図
を介して行われることを指す。

　真正性は，1 人の対象者と何回会って話を聞くべきかという問いから検討
されてきたが（サトウ，2012b），実際には 1 回で TEM 図を完成させる研究も
あれば，3〜4 回もしくはそれ以上会って TEM 図を完成させることもある
（ここでは，オンラインツールやメールでのやりとりも含む）。**妥当性**・信頼性に代わ
る研究評価概念の整備は質的研究の重要課題の 1 つであり，質的研究の妥当
性は客観的な外的基準との対応のみに求めることは適当ではなく，研究とい
う営みそのもののプロセスや，研究公表後のコミュニケーションなどのプロ
セスでも確認されることが期待される（サトウ，2007）。

　等至点的飽和では，本人の意味世界における補集合的経験を理解する必要
がある。研究者が設定した**等至点**に対して，現象に即した意味のある**両極化
した等至点**が設定できたと考えることが両極化した等至点的飽和である（サ
トウ，2015c）。

（関連項目）トランスビュー，妥当性

▌ 市川　章子 ▌

第 7 節　質的研究法としての TEA　　139

第7節　質的研究法としての TEA [6]

転用可能性
transferability

同義語 翻訳可能性

　質的研究における評価基準の1つで，「特定のデータから得られた命題をそのデータ以外の何事かの理解や洞察などに利用できるかどうか」を意味する（能智，2005）。能智（2005）では，3種類の転用のあり方が挙げられている。

　第1は，共感や了解による転用であり，「自然な一般化」（デンジン，1992/1989）とも呼ばれる。読み手が研究対象についての記述を読む際に，自分自身の体験や，自分がよく知っている周囲の人々との間に共通していると感じることによって，記述されている内容を他人事ではなく自分事として引き受けるようになる。この第1の転用は，質的研究において研究者と読み手の双方が，自身の実存や身体性を（研究の目的や文脈にもよるが，場合よっては存分に）活かして臨むことが求められるゆえんであると考えられる。第2は，アナロジーを用いて他の事例を理解する際の手がかりとする転用である。記述と読み手の経験との類似性をもとに，身のまわりの事象に関する新たな気づきを得たり，理解を深めたりすることが可能となる。なお，第2の転用は主に知的な類推を想定していると考えられ，身体性や感情などを伴う類推は第1の転用に相当すると考えられるが，第1の転用と第2の転用には重なりも想定されうるだろう。第3は，他の事例を位置づけるものさしを示すことによる転用である。すなわち，平均とは異なり，他とは区別される対象の独特な属性を明瞭に示す事例である「典型」の特徴を明らかにする（例えば「フリースクール」の「典型」は「一般の学校」との対照が際立っている事例である）。ここでは，一般的属性との差異の記載が要点となる。**TEA** においては，複数の**径路**の**類型化**を行う際に，時代背景や文化に影響され一定程度規定されたある**径路**が1つの「典型」として浮かび上がり，同様にして得られた他の「典型」的な径路との比較が可能となる。

関連項目 一般化，妥当性

■ 小田　友理恵 ■

140　第3章　理論の深化

第7節 質的研究法としての TEA [7]

サンプリング
sampling

同義語 **標本抽出**

サンプリングとは，一般的に，実証主義的な量的研究において，母集団から被験者を抽出することを指す場合が多い。**TEA** においては，**等至点**的事象に基づいた**研究協力者**の選定を指していた（後述）。統計調査のサンプリングでは，ある母集団の一部をランダムに抽出し，そこから母集団の特徴や傾向などを推定する手続きをとる。

実証主義的な心理学研究においては，母集団の中から無作為にサンプルを抽出することによって，個人の置かれた文脈や歴史性を捨象し，サンプルから得た情報の一般性を高めようとしてきた（Valsiner & Sato, 2006）。一方，TEA においては，研究協力者が歩んできた社会的・歴史的文脈を踏まえて，個人のたどった人生径路を記述することが重視されている。この背景には，個人の経験は決して個人の内部のみに還元されないものであり，個人が生まれ落ちた場所・文化・歴史の影響を受けざるを得ないという前提がある（サトウ，2009d）。

以上の観点から，TEA においては，①研究参加者をランダムに抽出するのではなく，人々に類似して見いだされる特定の個人的歴史（換言すれば，等至点的事象）に基づいて研究参加者を選定し，②研究参加者を「サンプル」として扱うのではなく実存する一人の人間として「ご招待」するという方法をとる（小山・土元，2023）。このような手続きは，TEA が提唱された当初，「歴史的構造化サンプリング（HSS）」と呼ばれていた（サトウら，2006; Valsiner & Sato, 2006）。しかし，その後，TEA における研究協力者の選定に対する考え方を反映した用語として「歴史的構造化ご招待（HSI）」が用いられるようなった（上川，2023b; サトウら，2017）。

関連項目 HSI，等至点，因果関係，実証主義

▌ 小山 多三代 ▌

第 7 節　質的研究法としての TEA ［8］

いん　が　かん　けい
因果関係
causality, causal relationship

同義語 因果律，因果性

　2つの事象のうち，一方を原因，他方を結果としたときの両者の関係のこと。哲学者ヒューム（Hume, D.）は，因果が人間のものの捉え方の「癖」であると言明し，因果関係に関する哲学的な議論は現在まで続いている（一ノ瀬，2018）。自然科学においては現象の予測と統制を可能にする不変の因果関係が第一義的に探究されるが，社会科学における因果関係の捉え方については議論が尽きない。以下では，人間の**ライフ**に関する因果関係を解説する。

　太古の人類は森羅万象を神々の力などによるものと理解し，ギリシャ時代には自然哲学的な探究が開始された。ニュートン（Newton, I.）の万有引力の法則によってさまざまな自然現象を説明できるようになると，「ラプラスの悪魔」や「時計仕掛けの宇宙」の言葉が表すように，決定論的因果律が支配する宇宙観が支持されるようになり，その影響はデカルト（Descartes, R.）の「動物機械論」のように生命観にも及んだ（スミス，1981/1976）。その影響力はさらに人間社会の理解にまで及んだが，統計学が発展するにつれて確率的な統計学的法則に取って代わられた（ハッキング，1999/1990）。近年，**一般システム理論**の登場によって**閉鎖系**と**開放系**が区別された。さらにマルヤマ（1984/1963）は，開放系において相互的因果関係を前提とし，その逸脱解消的なあり方（形態維持）と逸脱増幅的なあり方（形態生成）を区別して後者を「セカンド・サイバネティクス」と名づけた。セカンド・サイバネティックな開放系である生命，特に人間のライフを扱う場合には，**偶有性**が包含された歴史の一回性が前提とされ，自然科学と同等に厳密な**再現性**を要求することは不可能である。ただし，人間のライフは無限に多様なわけではなく，物質的な身体，社会や文化に由来する制約が課されるため，人々の経験にはある程度の共通性や類似性が見られる。**TEA** では，こうした視点から**等至性**などの諸概念を駆使し，人間のライフへの理解を深める。

　関連項目 ライフ，偶有性，一般システム理論，サイバネティクス，開放系／閉鎖系

▌ 小田 友理恵 ▌

142　第 3 章　理論の深化

実証主義
positivism

第7節　質的研究法としての TEA ［9］

　実証主義とは，現象を客観的に事実として捉える立場である。人々の営み
にまつわる現象，すなわち社会現象についても自然科学の方法に則って認識
できるものとする。実証主義の対極にある捉え方・考え方としては，社会現
象について理解や解釈が必要であるとする**解釈主義**の立場がある。

　思想史において，実証主義は，サン＝シモン（Saint-Simomm, H. de）に始ま
り，コント（Comte, A.）によって社会現象についても自然科学のように実証
的に捉えることが主張され確立していった（富永，1993）。実証主義による研
究方法の特徴は，測定や実験，検査，観察や調査で収集したデータを数値に
置き換えて分析を行い，現象と現象の相互関係や**因果関係**などについて説明
を行うことである。研究分野や対象などによって，どの方法を用いて現象に
アプローチするかについては比重の置き方が異なるものの，量的研究（定量
的研究）として実施されることが多い。研究者が変わったとしても同じ結果
が得られること，すなわち**再現性**が重要となる。仮説を検証し普遍的な知識
を見いだすことや，統計的手法を用いるなど比較的大規模なデータを扱うこ
とができるという特性から，得られた結果を研究対象ではなかった対象や状
況に当てはめるという**一般化**を行い将来的な予測を立てることが可能であ
る。

　実証主義の立場の研究においては，定量的に得られた数値データの分析や
説明が中心であるため，解釈主義と組み合わせることは問題があるものの，
近年の社会科学において，質的研究で用いられる定性的調査の方法をいっさ
いとらないということではない（野村，2017）。認識論として立場が異なるこ
とを踏まえつつ両方法を活用する場合は，例えば量的なアプローチから得ら
れた結果を補填する形で質的なアプローチが採用されることがある。

関連項目　一般化，因果関係，ポスト実証主義，社会構成主義，解釈主義

▌ 渡邉 真帆 ▌

第 7 節　質的研究法としての TEA ［10］

ポスト実証主義
post-positivism

　ポスト実証主義とは，人々の営みにまつわる社会現象について客観的に事実として捉えるのではなく，社会的に構築されたものとして捉える立場である。現象について客観的事実として捉えることを可能とする**実証主義**とは対立する考え方である。現在，社会科学に見られる質的研究の多くは，ポスト実証主義的な傾向にあるといえるものの，多岐に派生しており，ポスト実証主義として単一のまとまりはなく，実証主義的な捉え方や前提への対立的な立場としてまとめることはできる（プラサド，2018/2005）。

　具体的にポスト実証主義に含まれる研究方法の例としては，**解釈主義**の系譜であるシンボリック相互作用論，解釈学，**エスノグラフィー**，エスノメソドロジー，ドラマティズムなどが挙げられる（プラサド，2018/2005）。なお，ポスト実証主義の立場の研究者は質的研究の方法を採用する傾向にあるものの，量的データをいっさい用いずに研究を行うわけではない。質的な手法を用いてアプローチする際の対象の焦点化や方向性の検討などにおいて量的データから得られた知見を活用しなければ，とりわけ参与観察などの場合に対象が定まらず困惑を招く危険性が指摘される（プラサド，2018/2005）。

　また，ポスト実証主義は批判的実在論（critical realism）として捉えられることもあり，その場合は実証主義と同様に，社会現象は**因果関係**を含めて捉えられる立場でありながらも，実証主義が対象とする目に見える事象ではなく背後にある構造に着目する点で異なる（野村，2017）。しかし，この意味で取り上げられるポスト実証主義は，存在論としての立場がまったく異なるため批判的実在論として区別される。

関連項目 実証主義，社会構成主義，解釈主義，エスノグラフィー

❚ 渡邉　真帆 ❚

144　第 3 章　理論の深化

第 7 節 質的研究法としての TEA [11]

社会構成主義
social constructionism

　社会構成主義は，実在は社会的に構成されると考える立場である。つまり，人々は体験を客観的に捉えられる事実として有しているのではなく，社会的な文脈や関係によって解釈されることで実在になるという考え方である。ここで示す社会的な文脈や関係には，人々に限らず人間と自然との関係も含まれる。社会構成主義について理論を構築し研究を展開してきたガーゲン（2004/1999）によれば，社会構成主義は，自分がもつ前提を疑い，現実を見ようとする別の枠組みを受け入れ，さまざまな立場を踏まえて考えることを大切にする立場であるという。このとき，どちらかの枠組みが正しく，どちらかが正しくないという二項対立の形で極に立つわけではない。人々に常識として捉えられている現象や，意味が固定されている事柄については，他の可能性を見えなくさせてしまうのではないかと批判的な立場に位置するのである（ガーゲン，2004/1999）。

　このように，現象が客観的な事実として実在していると捉える実証主義とは大きく異なる立場にあり，社会構成主義は，事実や現実として物事が当たり前になっていくことや，客観的で 1 つの答えしかないという立場を批判し展開してきた。ただし，すべてを拒否したり否定したりするのではなく，ある捉え方について，他にも存在する捉え方・見方の 1 つであるとして多様に認めていこうとする立場である。この立場による研究としては，言説や伝統，価値観などが，**ナラティブ・アプローチやアクションリサーチ**などのスタイルで探究するものが挙げられる。以上のとおり，社会構成主義者は研究方法として質的な手法を採用する傾向にある。

関連項目 実証主義，ポスト実証主義，解釈主義，ナラティブ・アプローチ，アクション
リサーチ　　　　　　　　　　　　　　　　　　　　　　█ 渡邉 真帆 █

第7節 質的研究法としてのTEA［12］

解釈主義
かい しゃく しゅ ぎ

interpretivism

　解釈主義とは，社会現象は客観的に捉えることはできず，人々がどのように解釈しているかによって捉えることが重要であると考える立場である。したがって，客観的事実として現象を捉える**実証主義**の立場とは対極的な考え方である。解釈主義は，自然現象と同様の方法で社会現象を捉えようとする実証主義を批判し，社会科学独自の考え方として主張され展開されてきた。

　解釈主義における研究の対象は，主に人々の考え方，気持ち，願い，あるいはそれらを生み出す行為や実践などである。研究する際には，具体的に，**ナラティブ**や記述，日記などの言語情報（収集したデータを言語情報に置き換えたものも含む）に加え，作品なども分析のデータとなる。

　実証主義では現象を測定などによって数値に置き換え，関係を説明したり法則を見いだしたりするといった客観的に捉えることが中心である。一方，解釈主義は，文脈を踏まえた理解・解釈が中心であり，対象に対して主観的や間主観的に迫ろうとする方法が中心である。そのため，質的研究のアプローチが採用される傾向にある。このとき，研究者自身の属性や対象との関係性によって得られる結果が異なる場合がある。それは，誰に対して，いかに語られるかなど文脈や状況が異なるためであるが，解釈主義の立場では，このような点について客観的に調査することは求めず，むしろその文脈や固有性などを積極的に捉えていく。ただし，研究者自身が調査対象者に対してどのような存在であるのか，どのような影響を与えているのかに留意するべきである。加えて，解釈主義者は定性的なデータのみを扱い，定量的なデータを拒否するというわけではなく，議論の組み立てにおいて用いることもある。

関連項目 実証主義，ポスト実証主義，社会構成主義，エスノグラフィー

■ 渡邉 真帆 ■

146　第3章　理論の深化

第8節 質的研究法とTEA/TEM [1]

ライフストーリー

life story **略語 LS**

　ライフストーリーとは個人の**ライフ**に関する物語であり，ライフストーリー研究は日常生活で人々が生きていく過程，その経験プロセスを物語る行為と，語られた物語についての研究である（やまだ，2000）。

　ライフストーリー研究は古くから文化人類学，社会学，民俗学，心理学などの諸領域で**ライフヒストリー**研究の一部として補助的に行われていた。しかし，1990年代にナラティブ・ターン（言語論的転回）を経て，**ナラティブ**の意義が再認識されるようになった（桜井，2012）。ライフヒストリー研究では社会的事実は1つであると想定する**実証主義**アプローチと，帰納的推論を重ねることで個人の主観を超えた社会的現実を明らかにしようとする解釈的客観主義アプローチの2つがあったが，ライフストーリー研究では人々のやりとりを通して社会的現実が構成されると考える対話的構築主義アプローチをとる。対話的構築主義アプローチでは語りは過去の出来事や経験が何であるかを述べる以上に「今－ここ」を語り手と聞き手が生きることであり，その場こそがライフストーリーを構築する文化的営為の場なのである（桜井，2002）。つまり，ライフストーリーは語られる状況や雰囲気にも影響され，語り手と聞き手はともに物語生成に関わっているのである（やまだ，2000）。

　ライフストーリー研究はある人の語りを聞きその人を理解するものであるが，語りは社会的文化的文脈に埋め込まれているため，個人の経験の語りではあっても，その語りを通してその人が生きる社会や文化を理解することができる。また，語り手は過去の個人的経験を語り意味づけることで過去と現在の自己，そして現在と未来の自己を結ぶ。つまり，語り直すことで過去は何度でも変えることが可能であるし，そのことによって新しい自己を構築していくことができる。

関連項目 ナラティブ，ライフ，ライフヒストリー

▌ 髙井 かおり ▌

第8節　質的研究法と TEA/TEM [2]

個人の生活の質評価法

Schedule for the Evaluation of Individual Quality of Life　　略語 **SEIQoL**

　個人の生活の質評価法（SEIQoL）は，オーボイルら（O'Boyle et al., 1995）によって開発された QOL 評価法であり，患者主体の QOL 評価法として注目されている。患者中心型（patient-centered）医療の重要性が指摘されるに従い，患者報告型アウトカム（patient-reported outcome; PRO）として，個人の生活の質（individual quality of life; iQoL）に焦点を当てた評価法が開発されるようになった。SEIQoL では，QOL 概念を個人内・個人間で異なる主観的問題を包含する多次元的な構成概念と定義し，その人を取り巻く環境や他者と相互作用や個別具体性を重視している（O'Boyle, 1994）。具体的には「現時点で自分の生活にとって重要な領域は何ですか」という問いを中核とした半構造化インタビューを実施し，その領域の充足度や相対的重要度（重み）を当事者自身が評価する。その後に研究者が充足度や重みを数値化し，QOL 値として算出する。QOL をもととした当事者**ナラティブ**を QOL 評価法に内包することで，「今−ここ」で生じる個人の経験を直接的に反映し，当事者の実存的な iQOL に接近することができる。

　SEIQoL を用いた経時的調査では，調査間で QOL を構成する領域や充足度，重みがそれぞれ変化するレスポンスシフトが生じることも議論されている（Ring et al., 2005）。それにより，個人や周囲に生じた変化に乗じて**変容**する包括体系的な個々の**ライフ**の様相を垣間見ることができる。**開放系**から人々の営みを捉え，時間を捨象せず個々の人生径路を詳細に描く **TEA** の発想を iQoL 研究に応用することで，疾病を抱える患者像としてのライフだけでなく，病いを抱えながら生活する個人の多層的なライフ（life with illness）を捉えることも可能となるだろう。TEA の根幹をなす**文化心理学**の視座に立脚し，当事者のライフの**ぶ厚い記述**を目指す厚生心理学とも共鳴する。

関連項目　ライフ，ナラティブ，TEA ×厚生心理学

■ 福田　茉莉 ■

148　　第 3 章　理論の深化

第8節　質的研究法と TEA/TEM [3]

ナラティブ・アプローチ
narrative approach

　ナラティブ・アプローチとは，**ナラティブ**に焦点を当てて実践や研究を行うことである。ナラティブとは，語るという行為と語られた物語の両方を意味している。人は，日々の経験について，自分以外の人や自身の心の中で語ることで，その経験について意味づけたり，自身の理解につなげたりする。また，人との関係の中で，「語り」を紡ぎ出し，それらが新たな意味や価値となって「物語」として構成されていく。実践としてのナラティブ・アプローチは，心理や福祉，医療などの臨床における対人援助の方法として活用されている。心理臨床においては，ホワイトとエプストンが家族療法から発展させたナラティブ・セラピーがある。このセラピーは，「人も人間関係も問題ではない。むしろ，問題が問題となる。つまり，問題に対する人の関係が問題となる」（ホワイト＆エプストン，2017/1990, p. 55）という主要な考え方のもと，個人に内在化（internalized）されている問題を，援助者が外在化した視点でアプローチすることで，これまで問題にとらわれていたドミナント・ストーリー（問題を維持している優勢的・支配的なストーリー）から，被援助者が好ましいと思えるオルタナティブ・ストーリー（問題解決につながる別のストーリー）に援助者とともに協働しながら再著述していくことがセラピーの柱になっている。

　また，研究においても，さまざまな領域で活用されている。野村（2007）によると，ナラティブ・アプローチとは，ナラティブを分析することが目的なのではなく，ナラティブという概念を手がかりにして何らかの現象に迫る点に特徴があると述べている。インタビュー形式での調査が主であるが，ビジュアル・ナラティブという視覚的な「語り」を扱うアプローチも展開している（やまだ，2018）。このように，今後も発展可能性の高いアプローチであるといえる。

　関連項目 ナラティブ，ナラティブ・モード，社会構成主義

▌ 卒田 卓也 ▌

第 8 節　質的研究法と TEA/TEM［4］

ライフヒストリー
life history　　略語 **LH**

　ライフヒストリーは個人の人生や出来事を伝記的に編集して記録したもの（桜井，2002，pp. 13-62）である。ライフヒストリー研究法は，個人のパースペクティブ，すなわち価値観，状況規定，社会過程の知識，体験を通して獲得したルールなどにアクセスする方法である（中野・桜井，2005）。ライフヒストリーとして聞き手／研究者が解釈し，構成する「人生」を捉えるうえで，最も重要な軸になるのが「時間」である（小林，2005）。このことから，時間を捨象せずに扱う TEA とは親和性が高い。

　ライフヒストリーは**ライフストーリー**を含む上位概念（桜井，2002，pp. 13-62）であるが，TEA を用いるにあたって，インタビューにライフヒストリー法とライフストーリー法のどちらを用いるか，迷うことも多いと考えられる。「語り手」の聞き取りから得られる情報は必ずしも時系列ではなく，過去の経験を聞く場合に，想起バイアスの影響は免れない。ヒストリーを重視する立場に立てば，（年月日も含めて）実際にあったことを重視すべきであり，ストーリーを重視する立場に立てば，語り手の物語を重視すべきだということになる（サトウ，2021c）。**TEA** においては，まず「語り手」の考える時系列を重視すべきである（サトウ，2021c）。

　インタビューにおいて時系列の入れ替わりが起こる背景に，「語り手」が過ごした**クロノス的時間**と，対象者がそのときに感じた**カイロス的時間**に乖離が起こっていることが考えられる。その乖離の背景に何があるのか，そのときの出来事を知り心情を推し量ることが必要である。ライフヒストリー法を用いる場合，「聞き手」による時間の再解釈が必要な場合も生じるが，その際も「語り手」の解釈の背景を推察し，分析を進めていくことが望ましい。

関連項目 クロノス的時間，カイロス的時間，ライフストーリー

▌大川　聡子 ▌

150　　第 3 章　理論の深化

KJ 法
KJ method

第 8 節　質的研究法と TEA/TEM　[5]

　KJ 法とは，文化人類学者の川喜田二郎が 1967 年に提案した**現場**で得た混沌としたデータを「創造的総合」によってまとめる発想法である。KJ 法では，データを情念で考えながらボトムアップにまとめることで，「混沌をして語らしめる」ことが重んじられる（川喜田，1967）。

　KJ 法の手続きは，まず，1 つの意味単位の記述に対して 1 行の見出しを動詞形で書いて「ラベル作り」をする。次に，類似したラベルをまとめて表札をつけた後，7 つ前後のグループになるまでまとめることを繰り返し「グループ編成」する。そして，トップダウンとボトムアップを繰り返しながらグループを空間に**布置**し，グループ同士の関係を線や矢印を使って表して「図解化」する。最後に，記述することで図解が妥当であるかを検討しながら図解と文章を相補的に修正し「叙述化」する（川喜田ら，2003）。

　KJ 法の理論的背景には，パース（Peirce, C. S.）が創始したプラグマティズムがある。パースは，推論の形式を帰納，演繹，発綻（**アブダクション**）に分けた。創造的総合とは，帰納と演繹を繰り返すことで現れる発綻のことである。また，パースの理解者であるジェームズ（James, W.）の純粋経験に影響を受けながらも日本独自の哲学を創始した西田幾多郎の考えも，KJ 法の理論的背景にある（川喜田，1970; 西田，1979）。西田は，フランスの哲学者ベルクソン（Bergson, H.）が考案した**純粋持続**の影響も受けている（西田，1987）。

　なお，KJ 法の図解に時間をインポーズして構造化されていない状態に戻し，**非可逆的時間**に沿ってグループを再布置したものが **TEM 図**である（廣瀬，2015）。**TEM** の理論的背景にある記号論的動態性の**文化心理学**は，ヴィゴツキー（Vygotsky, L. S.）の記号論にパースの記号論を加えることで構築された。KJ 法は，パースの哲学を引き継ぎつつ，ベルクソンの純粋持続を引き出すことで TEM へと飛躍した（サトウ，2009c; **ヴァルシナー**，2013/2007）。

関連項目 ラベルづけ／コーディング，純粋持続，総合，現場，アブダクション

■ 廣瀬 太介 ■

第8節 質的研究法とTEA/TEM [6]

テキストマイニング

text mining **略語 TM**

　テキストマイニング（TM）とは，研究者が意図する目的に沿って，電子技術を用いて，アンケート調査の自由記述や文書記録，インターネットにおける新聞・メールといった多様かつ大量のテキストデータの中から有用な情報をマイニング（掘り起こす）する研究手法である。TMの分析には大きく分けて自然言語処理と統計解析の2つのプロセスがある。自然言語処理とは，テキストデータを量的分析（統計解析）するための前処理段階であり，テキストデータを分かち書きして，最小の意味の単位である形態素に切り分けて数量化する。日本語文は英語文のように単語と単語の間に区切りがなくベタ書きである。このため形態素をうまく切り出すためには，句読点，助詞，特殊記号など分析対象としない語を削除する「削除辞書」，表記ゆれや類義語をまとめる「置換辞書」を研究者が作成してデータを洗練させる必要がある（廣瀬，2015）。言語は文脈に依存するため多義性があることにも注意が必要である。ここがTMの中で最も時間をかけて取り組む必要のある段階で，ここでのデータの精度がTM研究のよし悪しを決定するといっても過言ではない。次は数量化されたデータを統計解析する段階である。統計解析にもいくつかの方法があり，代表的なものとして共起ネットワークと対応分析がある。共起ネットワークは，抽出語の関連性を可視化するもので，抽出された語の頻度は円の大きさで，また関連性が線のつながり，線の太さが関連の強さとして視覚的に確認できる（末吉，2019）。対応分析は，クロス表の行と列を調整して相関の強い語同士が隣接するように並び替えを行うもので，関連性の高い語同士が近接してプロットされ，語の構造を直感的に捉えることができる（石田，2008）。**TEA**研究にTMを併用することで，語の構造とプロセスという異なる視点から研究課題を多角的に理解することができる（例えば廣瀬，2018, 2023）。

関連項目 構造と過程

▮ 廣瀬 眞理子 ▮

第 8 節　質的研究法と TEA/TEM [7]

SCAT
スキャット

steps for coding and theorization

　SCAT は，大谷（2019）が開発した質的データ分析法である。SCAT では，データを深く読み込んで潜在的な意味を見いだし，それを表すような新たな概念を案出して「新しい言葉」としての構成概念（construct）を作る。その手順は明示的であり，作業は 4 段階（4-step coding）にスモールステップ化されている。また，この分析法で取り扱うことのできるデータは，観察やインタビューによって記録された逐語録であり，アンケートの自由記述などの比較的小規模なデータについても分析可能である。

　SCAT は，大谷が名古屋大学大学院在職中のゼミ指導において，初学者でも質的データの分析に取り組みやすいように考案された。分析には，Microsoft 社表計算ソフト Excel を使用することが主流であることから，特別な分析ソフトを必要としない点についても初学者には扱いやすい。現在では，SCAT を用いて分析される研究は，教育学だけにとどまらず，医学，看護学，スポーツ科学，保育学など多岐にわたる。

　分析では，既成の概念も巧みに活用しながら新たな概念を案出するが，その一方で，ローデータの中にあった語句から「それを言い換えるためのデータ外の語句」を探す段階で，飛躍を招く危険性を指摘されることもある。しかしそれを恐れると，分析者はつい既存の概念や手持ちの概念を当てはめるだけになり，せっかく分析しても一般的な概念になり，新たな発見の機会が見逃されかねない。そうならないためにも，分析を始める際には手順を適切に理解したうえで，「とにかくやってみる」「使い倒してみる」ことも必要となる。熟練した分析者では，SCAT のこうした問題点も自覚し，むしろ既成の概念を巧みに利用して，対比する概念を検討することで新たな概念を掘り起こすことも可能である。

関連項目 GTA

▌ 加藤　望 ▌

第 8 節　質的研究法と TEA/TEM [8]

会話分析
ethnomethodological conversation analysis　　略語 **EMCA**

同義語 エスノメソドロジー的会話分析

　会話分析とは，日常生活における会話から人々が無意識的に使用している規則などを意識化し，暗黙的なルールを可視化する質的データ分析手法である。1967 年に米国の社会学者，ガーフィンケルによって『エスノメソドロジー研究』(Garfinkel, 1967) という書物の出版と同時にエスノメソドロジー (ethnomethodology) という理論が登場した。この言葉は，ある研究対象の人々が日常的な実践を行う際に用いる方法論を意味すると同時に，その対象を研究する研究アプローチも意味している（浜, 2004）。その後，1974 年頃サックス (Sacks, H.)，シェグロフ (Schegloff, E. A.)，ジェファーソン (Jefferson, G.) を中心に，エスノメソドロジーを理論の土台にし，会話分析の手法が創始された。会話分析はエスノメソドロジーから派生した手法として，エスノメソドロジー的会話分析 (ethnomethodological conversation analysis; EMCA) ともいわれている（岡田, 2022）。

　会話分析では，特定のグループに所属しているメンバー同士の間には定着・共有されている秩序や相互行為のなし方のルールがあるとされる。このような秩序やルールは，成員同士の相互行為に含まれている自然な発話やそれに伴う身体行為などに潜んでいると考えられる。したがって会話分析では，成員間の相互行為における発話や身振り，手振りのような身体的行為や会話中の沈黙，抑揚も含める非言語的要素を分析対象とする。また，分析対象となる情報に対応して専用の記号表記があり（例えば，＝が途切れなく密着した会話を示すなど），これらの情報を詳細に記録し微視的に分析することで，言語活動の裏に潜む会話者同士が共有している暗黙的なルールを解明できる。このような分析手順により，会話分析は，語りの内容のみならず，語られ方に関心を払う分析方法といえるだろう。

関連項目 事例研究

■ 李　睿苗・中坪 史典 ■

第8節　質的研究法と TEA/TEM ［9］

GTA
grounded theory approach

同義語 グラウンデット・セオリー・アプローチ

　GTA は，データをもとにして分析を進め，データの中にある現象がどの
ようなメカニズムで生じているのかを理論として示そうとする研究法である
（戈木クレイグヒル，2020）。GTA のもととなっているグラウンデット・セオ
リーとは，データに密着した分析から独自の説明概念を作り，それらによっ
て統合的に構成された説明力に優れた理論である（木下，2014）。

　GTA における概念とは，データを解釈して得られる仮説的なものであ
り，一定程度の現象の多様性を説明でき，特定の要素を厳密に識別するもの
ではないとされている（木下，2007）。したがって GTA における概念も生成
されたモデルも自然科学に範を置く用法とは本質的に異なり，限定的である
ことを積極的前提とする立場にある。そのため，GTA によって生成される
モデルとは，普遍性を志向し，広く一般化できる性質のものではなく，分析
に用いたデータに関する限りという限定的なものである（木下，2020）。

　GTA にはプロセスとしての理論という考え方がある。修正の可能性を常
にオープンにして，モデルを応用する者の創造的関与を前提とする。継続的
応用，すなわち，理論の応用自体がそれぞれにおいて最適化を目指したプロ
セスとして展開していくという考え方である（木下，2014）。さらに GTA は
実践的活用を明確に意図した研究法として考察されている。そのため生成さ
れたグラウンデッド・セオリー（データに立脚した理論）は，データが収集さ
れた現場と同じような社会的な場に戻され，複雑な個別的現実場面にいる応
用者の判断とセットになっている（木下，2014）。

関連項目 ラベルづけ／コーディング，SCAT

▌田中　千尋▌

第8節　質的研究法と TEA/TEM　155

第8節 質的研究法とTEA/TEM [10]

エスノグラフィー
ethnography

　エスノグラフィーは，**現場**を生きる人々が日々の暮らしで身につけている文化的実践とその意味を理解し，記述する営みである。私たちは日々，人々と言葉を交わし，身振り手振りでコミュニケーションをとりながら，その場に根ざした文化的知識や実践を形成していく。エスノグラフィーは，こうして人々が身につけた文化的知識や実践について，その場を生きる人々の視点から理解することを目指すものである。

　エスノグラフィーは，19世紀末に文化人類学の領域でマリノフスキー（Malinowski, B.）によって確立された。それまでの間接的資料に基づく研究とは異なり，マリノフスキーは，長期間にわたって参与観察を行い，現地語を習得し，現地の人々との信頼関係を築くことで「血肉のかよった人間」（梅屋，2017, p. 32）に迫ることを目指した。20世紀以降は，社会学や心理学でもエスノグラフィーが用いられるようになった（詳しくは柴山，2013）。

　エスノグラフィーを行う研究者は，研究上の問いや仮説にデータを当てはめるのではなく，問いや仮説を現場の人々の意味世界に沿ったものへ変更する。**TEM**の場合は，**等至点**（EFP）を**研究協力者**に沿ったものへ設定し直すことが推奨されるが，エスノグラフィーの場合は，問いの設定とデータ収集，分析を円環的（スプラドリー，2010/1980）または漸次的（佐藤，2002）に行うことが推奨される。問う，見る，書く，考えるという一連の作業を深めていく中で，現地の人々の視点へ接近していく。

　近年では，TEMを用いたエスノグラフィーも行われている（Hidaka et al., 2021; Kanzaki et al., 2023; 上村，2019）。TEMを用いたエスノグラフィーでは，ターゲットが1人または1組に絞られ，EFPが発生ないし変容する過程が描かれている。現地の人々に接近するというエスノグラフィーの技法は，EFPの発生や変容に立ち会うことを可能にすると考えられる。

（関連項目）ぶ厚い記述，現場，オートエスノグラフィー

■ 神崎 真実 ■

156　第3章　理論の深化

第 8 節 質的研究法と TEA/TEM [11]

オートエスノグラフィー

autoethnography　　**略語 AE**

同義語 自己エスノグラフィー

　研究者自身や，自身を取り巻く人々（auto）が経験した出来事を，人々や文化（ethno）に対する理解に結びつけながら，特定の理論的・方法論的志向のもとで記述する（graphy）アプローチである。オートエスノグラフィー（AE）は，1970 年代に**エスノグラフィー**から派生したものであり，特定の経験における主観性がいかに集合的側面と結びついているのかを探究する。つまり AE においては，単に自分自身の経験を内省するだけでなく，「主観性と文化（や他者）との関わり」に対して深く洞察することが求められる。なお，AE は研究過程と成果物の両方を指している。

　AE における主流の方法論は，エリスとボクナー（2006/2000）の喚起的 AE である。ただし，2000 年以降，さまざまな志向性をもつ AE が登場しているため，AE は「喚起的」なものに限らないことに注意が必要である（土元・サトウ, 2022）。喚起的 AE の特徴的な点は，従来の科学論文とは異なり，芸術的あるいは文学的な様式によって経験を記述することにある。その理由は，研究者の経験を記述することのみを目的とするのではなく，AE の**ナラティブ**と，意味生成の主体である読み手との「対話」を目的とするからである。つまり，喚起的 AE では，AE を自己物語を介した対話的・共感的なコミュニケーションの媒体として位置づけている（土元・サトウ, 2022）。

　近年では，人間発達を理解するための AE の方法として **TEM** が取り入れられている（Auto-TEM; 土元, 2022; Tsuchimoto & Sato, 2024）。Auto-TEM では，TEM の概念ツールのガイドによって，人生径路の独自性に着目しながらも，その普遍的な側面について探く考察できる。さらに，**TEM 図**を介して，学範の壁を超えた対話が可能となる。**文化心理学**の観点からは，AE は転機や**ラプチャー**のような個人的に重要な最小の瞬間を探究する，**ナノ心理学**的なアプローチの 1 つであるといえる（Tsuchimoto, 2021）。

関連項目 個人的文化／集合的文化，ナノ心理学，ラプチャー，エスノグラフィー

■ 土元 哲平 ■

第8節　質的研究法と TEA/TEM［12］

事例研究
case study

同義語 ケーススタディ

　事例研究は個別具体的な状況をデータとする質的研究の方法の1つであり，実際にあった出来事を研究者の関与（もしくは非関与）観察により取り扱う。限られた一事例または複数の事例を検討することにより，**研究協力者**がどのような背景に置かれていたか，どのような環境で生きてきたかを明らかにすることができる。データとして取り扱われるものには，フィールドノートやエピソードの記述などがあり，分析の方法ではナラティブ分析，**会話分析**などが用いられるが，ある人物の経験したことや現在に至るまでの過程を明らかにするという点では，**TEA** を分析方法として用いることも可能だと考えられる。また，この研究方法は臨床心理学や教育学，保育学，看護学といった対人援助職に関連のある学問だけでなく，建築学や経済学などの多様な学問でも援用されている。

　一方で，事例研究は，事例報告とは異なるものだという点を考慮しておきたい。鯨岡（2012）によると，事例研究が事例報告と異なり事例研究らしくあるためには，読み手が「ああそうなんだ！」と納得できることが重要だという。そのためにも，研究者には理論に裏打ちされた観察眼が必要となる。他人の理論のどこに納得できないのか，またはどの理論であれば説明可能なのかを突き詰める必要がある。ただフィールドに出ているだけでは事例研究にはならないのである。

　そのため，取り扱う事例の数についても，多ければよいということではなく，たとえ一事例であっても，研究者自身に手応えのある大発見があって，真実に触れた，物事の本質に触れたという喜びや感動に裏打ちされた記述があれば十分に事例研究として成立する（鯨岡，2012）とされる。

関連項目 真正性，転用可能性

▌ 加藤 望 ▌

158　第3章　理論の深化

第8節 質的研究法と TEA/TEM［13］

アクションリサーチ
action research

　アクションリサーチとは，**研究協力者**との協働的実践を通して，ある集合体や社会のベターメント（改善，改革）に直結した研究活動を行うこと，またその姿勢を指す（杉万，2006; ハッ塚，2019）。アクションリサーチにおいては質的研究法に限定せず，量的研究法も含む多様な方法論を活用し，ベターメントの達成を目指す。社会科学の最も重要な目的は社会や制度の改善に資することだという信念のもと（箕浦，2009），心理学者レヴィン（Lewin, K.）が創始した。

　アクションリサーチの実施においては，ある**現場**に研究という実践が持ち込まれることとなる。もともと現場にいた当事者と研究者は協働的実践でつながった「共同当事者」（矢守，2018）となり，当事者性と第三者性の両極を大きく揺れ動きながら，ベターメントの動きを生成・検証し続ける。その過程は，一次モード（現場の過去・現在・未来を把握して改善策を計画，実行する局面）と二次モード（一次モード時に自覚していなかった前提，すなわち「気づかざる前提」，に気づく瞬間）の往復とも表現される（杉万，2006）。そして二次モードの後には新しい一次モードに進展し，永続的な運動へと発展していく。この協働と循環的プロセスこそが，アクションリサーチと実践研究（practitioner research）とを分かつ（Stringer & Dwyer, 2005）。

　アクションリサーチはベターメントを捉えるために，時間的な変化，すなわち過去・現在・未来に至る一連の時間的推移を仮定している（矢守，2016）。記号論的動態性の**文化心理学**が有する諸概念と連携することで，アクションリサーチをめぐる時間をさらに精緻に描き出せる可能性がある。一次モード・二次モードの循環的プロセスを **TEM** や **TEA** によって記述（ぶ厚い記述）することや，一次モードから二次モードに向かう展開をそれぞれ**等至点**および **2nd 等至点**を用いて説明することが，その例となろう。

　関連項目 価値変容点，画期点，定常状態，偶有性，展結

█ 日高 友郎 █

第8節　質的研究法とTEA/TEM［14］

混合研究法
mixed methods research　**略語** MMR

同義語 混合型研究

　研究課題の理解のために，量的データ（クローズドエンド）と質的データ（オープンエンド）の両方を収集，分析，統合することで，それぞれのデータがもつ強みを合わせて解釈（メタ推論）を導き出す研究アプローチである（Creswell, 2021）。これまでそれぞれの研究法が依拠する哲学的前提から繰り広げられてきた「質か量か」のパラダイム論争を超えて，目の前の解決すべき課題に取り込むには「質も量も」必要だと考える実践分野の研究者から求められてきた第3の研究アプローチであり，**TEA** も混合研究法（MMR）における有効な質的アプローチとなりうる（クレスウェル, 2022）。まず MMR は，質的・量的分析結果を統合することに大きな特徴がある。統合によってそれぞれの分析を単独に行う以上に課題への深い理解を可能にする1+1=3 の効果があるからである（Fetters & Freshwater, 2015）。また厳密な MMR 実施のためには押さえるべき手順があり，その構成要素を確認する必要がある（例えばフェターズ・抱井, 2021）。MMR には量的および質的データを同時に収集し分析する「収斂デザイン」，量的研究の後にその結果を深く理解する目的で質的研究を行う「説明的順次デザイン」，はじめに質的研究を探索的に行ない，後に量的研究を実施して検証する「探索的デザイン」の3つの基本デザインがあり，これら基本デザインをいくつか組み込む応用デザインがある（抱井, 2015; Levitt et al., 2018）。廣瀬とクレスウェル（Hirose & Creswell, 2023）は，初学の研究者が MMR を実施する際のガイドとなる基準として，①混合研究法を用いる根拠を述べる，②量的，質的，そして MMR のリサーチクエスチョンを述べる，③量的データと質的データを分けて報告する，④研究で用いる混合法デザインを特定してダイアグラムで示す，⑤ジョイントディスプレイにおいて統合を説明する，⑥統合から得られたメタ推論と価値について論じる，の6つを挙げている。

関連項目 一般化，再現性，真正性，転用可能性

▍廣瀬　眞理子 ▍

160　第3章　理論の深化

第8節 質的研究法とTEA/TEM [15]

定性データ分析ソフト

qualitative data analysis software **略語 QDA ソフト**

同義語 質的データ分析支援ソフトウェア

定性データ分析ソフト（QDA ソフト）は質的データを効率的に扱い，研究・調査を支援するためのソフトウェアである。大量のテキストや，さまざまな形式の質的データに対して深いレベルの分析を必要とする質的研究や**混合研究法**の研究者を対象として開発された。現在，世界中の質的研究を行う研究者が使用しており，特に海外の研究者にとって QDA ソフトは，量的調査において使用される SPSS や Stata や R などの統計ソフトに匹敵するほどになじみのあるものになっている（佐藤，2015）。

QDA ソフトの設計思想は研究者が質的データを解釈し，それらに対してコード化・カテゴリー化を行い，そこから重要な概念を見つけ出すという，グレイザー（Glaser, B. G.）とストラウス（Strauss, A. L.）の提唱する **GTA** に基づいており，①データ管理機能，②テキストデータ中の選択された部分に簡単にコードを付けるための機能，③作成済みのコードを効率よく検索・再利用するための機能，④コードとカテゴリーとのリンク関係を管理する機能，⑤コードやカテゴリーの関係性を視覚的に提示する機能，の5つの機能を備えている。

QDA ソフトによくある誤解として，「データを入れると結果が出てくる」「ソフトが分析，解釈するのであれば質的研究とはいえない」などが挙げられる。QDA ソフトは，効率よくデータを整理，分類することで最終的に人間の分析を支援するものであるが，質的データ分析における最も本質的な手続きである，重層的な文脈の解明および現場の言葉と理論の言葉の往復という2つの作業，それ自体を自動化することはできない（樋口，2017）。QDA ソフトを効果的に用いるためには，QDA ソフトの可能性と限界を理解したうえで用いることが重要である。

関連項目 ラベルづけ／コーディング，GTA，混合研究法

▌ 田中 千尋 ▌

第8節 質的研究法と TEA/TEM 　161

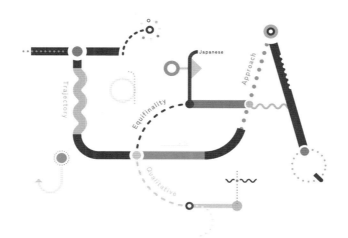

第4章
対象の拡がり（新しい個性記述）

第1節　TEA × 保育・幼児教育学
第2節　TEA × 看護学
第3節　TEA × 言語教育学
第4節　TEA × キャリア心理学
第5節　TEA × 臨床心理学
第6節　TEA × 法と心理学
第7節　TEA × 厚生心理学
第8節　TEA × 障害者研究
第9節　TEA × 経営学

第1節

TEA × 保育・幼児教育学

TEA × Early Childhood Education and Care

●保育・幼児教育学分野における TEA の拡がり

　質的研究法としての **TEA** は，保育・幼児教育学分野においてどのように拡がり，どのような新しい**「個性記述的アプローチ」**をもたらしたのだろうか。同分野において TEA 研究が初登場したのは，2010 年に発表された論文「高学歴・高齢出産の母親を支援する保育士の感情労働のプロセス」（中坪ら，2010）であった。TEA に関する最初の著作『TEM ではじめる質的研究：時間とプロセスを扱う研究をめざして』（サトウ，2009a）の刊行が 2009 年であることを踏まえると，心理学以外で最も早く研究が開始され，その後広く普及した分野の１つが保育・幼児教育学であるといえよう。その背景には，論文の筆頭著者である中坪史典が，上記の本を刊行直後から熱心に講読し，自身の研究室で大学院生とともにさまざまな TEA 研究を展開したことや（例：中坪，2019），卒業論文，修士論文，博士論文の指導において TEA を奨励したこと（例：上田，2017）などがある。また，そうした学術研究にとどまらず，保育実践の場へも TEA を紹介し，**TEM 図**の作成を通して，保育者同士が相互に子どもを理解し，語り合うための「協働型」園内研修を開発したことも大きい（例：中坪，2018a，2018b）。こうした経緯のもと，同分野における TEA の拡がりは，今日では主に，研究者がプロセスを理解するための質的研究法を中心に，既述した一研究室の試みをはるかに超えて，『保育学研究』（一般社団法人日本保育学会），『乳幼児教育学研究』（日本乳幼児教育学会），『国際幼児教育研究』（一般社団法人国際幼児教育学会）など，主要な学術雑誌に多数の論文が掲載されるようになっている。さらに，同分野における TEA の展開は，研究者がプロセスを理解するための質的研究法としての TEA，保育者が子ども理解を促進するための補助的ツールとしての TEA，保育者が自らの保育を振り返る「協働型」園内研修のツールとしての TEA という３つに大別することができる。

164　　第 4 章　対象の拡がり（新しい個性記述）

●研究者がプロセスを理解するための研究法としての TEA

　当事者が生きた時間と場所を丁寧に捉え，経験のプロセスを豊かに描き出すことのできる TEA（安田・サトウ，2012）は，同分野においては主に①子どもの遊びや生活の様子，②保育者と子どもの相互作用，③保育者の成長や**心理的葛藤**などの様相を描出している。例えば，①では，ある出来事における子どもの言動を TEM 図に描くことで，通常なら見過ごされがちな些細な言動にまで分析が及び，子どもの多様な経験について，周囲の人的・物的環境との関係から捉えることを可能にする。②では，保育者と子どものやりとりを TEM 図に描くことで，保育者自身の言動が子どもに与える影響や，逆に保育者自身が子どもから受ける影響などを視覚的に捉えることを可能にする。③では，保育者の成長や葛藤のプロセスを TEM 図に描くことで，個々人が生きた膨大な経験のプロセスを社会文化的な状況とともに「ポケットサイズ化」（荒川ら，2012）して捉えることを可能にする。

●保育者が子ども理解を促進するための補助的ツールとしての TEA

　保育・幼児教育では，小学校以降の教育のように教科書使用はない。そのため保育者は，子どもの発達過程を見通し，生活の連続性や季節の変化も考慮したうえで，子どもの興味関心や発達の実情に応じて日々の保育計画を立てる（文部科学省，2018，p. 101）。その際，重要になるのが子ども理解である。保育者は，日常の保育時間を過ごす中で，一人一人の子ども（もしくはときに集団としての子ども）を観察し理解したうえで，保育計画を立案してその子どもの教育を実践する。そして保育時間の終了後には省察を行うことで，さらなる子ども理解を重ね，新たな保育計画を立案する。

　こうした子ども理解の方法には，前述したような子どもをあるがまま，生きているまま捉えるために観察して理解する方法と，生育歴や生活実態調査，発達検査などの調査により理解する方法とがある。どちらの方法も，子どもを理解するうえで欠くことのできない情報源となりうる。そして，これらの情報源をどう整理し活用するのかという点において，TEM 図の活用が期待できる。TEM 図を作成するにあたっての一連の手順が，保育者の子ども理解に対する思考を方向づけ，理解を促進することが可能となり，また「もしも」の**径路**を考えることによって多角的な視点での子ども理解も促す（保木井ら，2016）。特に観察という方法は，目で観たものを言語化する必要が

ある。TEM図を作成する際に，観察から得た情報についても言語化して可視化することで，情報が整理されるとともに他者との共有も可能となる。

　一方で，観察により子どもを理解しようとする場合，その行為は，観察者が中立的であることや客観的であることを心がけても，主観性がまったく影響しないとは言い切れない。そのため保育者は，子どもの表情や言動について「私はあなたをこう理解しました」というインタラクションをもち，それに子どもがどう応えるのか，といった相互性をもつことが求められる。また，同僚同士でもフォーマルに，もしくはインフォーマルにも，子どもを理解するためにカンファレンス（園内外における研修）の機会をもつことも重要である。

● 保育者が自らの保育を振り返る「協働型」ツールとしてのTEA

　保育者同士が一緒になってTEM図の作成を試みるという作業を通して，主に①保育者の子ども理解を促したり，②保育者同士のコミュニケーションを促したりしている。例えば，①では，園の中で繰り広げられる子どもの活動は，ひと言では説明できないほど豊かな経験のプロセスがあるという前提のもと，対象となる子どもの行為や発話，周囲の出来事などのラベルを生成し，時系列に配列しながら**等至点**を設定することで，ある子どもの活動に影響を与えていると考えられるさまざまな周囲の出来事を捉えることができる。②では，TEM図の作成それ自体が「実現したこと」「しなかったこと」という多様な径路の描出が可能であることから，「もし，ここで保育者や他児が関わったら（関わらなかったら）」「もし，ここでこの出来事が起こったら（起こらなかったら）」など，その結節点となる**分岐点**を保育者同士で推理し合うことで，コミュニケーションの促進に寄与することができる。まさにこうした作業を行うことは，保育・幼児教育における「協働型」園内研修に適している。

　「協働型」園内研修とは，経験年数，常勤・非常勤，管理職・非管理職を問わず，保育者が相互に対話するような形態の園内研修のことであり，園長，主任，経験年数の長い一部の保育者などが中心となって，他の保育者に一方向的に知識・技術・情報などを伝える「伝達型」園内研修とは異なる。例えば，園の中で問題が生じたときに，全員で知恵を絞って解決するような方式のことであり，「下意上達」（ボトムアップ）モデルと表現することもでき

る。そこでは園長などの管理職が保育者のアイデアをくみ取り，保育者に裁量権を与えながら他の保育者との共有を促し，共通理解を図るなど，チームワーク作りの場として園内研修を位置づける。

「協働型」園内研修では，個別・具体的な事例をもとに保育者が意見を出し合い，それらを参加者全員で共有することから，自らの保育を省みるうえで有効である。例えば，保育者が自身の課題や子どもとの関わりの難しさについての悩みを示したら，その対応について他の保育者が自分のことのように意見を出し合う。それによって悩みを示した保育者は，自分の保育を省みることができるとともに，他の保育者にとっても自分に置き換えて考える機会となるため，相互に気持ちが共有され，チームとして課題を解決するような感覚が生まれる。「協働型」園内研修は，同僚と連携し，支え合い，園という組織が学び合う機会を創出することを目指したものである。

関連項目 TEM 図，個性記述的アプローチ

中坪 史典・加藤 望

第2節

TEA × 看護学
TEA × nursing

●看護の独自性と TEA 研究の意義

　看護学とは看護師に求められる知識や技術を系統的に学び，看護ケアの質向上を目指して理論や実践を探究する学問である。看護学においては，看護の事象の基盤となる知識や理論を形成し，対象理解と看護実践能力の向上を目指して看護研究がなされている。

　看護研究とは，看護の実践，教育，管理，情報科学など，看護専門職によって重要な論点についての知識を開発するようにデザインされた系統的な探究である（ポーリット＆ベック，2010/2004）。看護研究は 19 世紀のナイチンゲール（Nightingale, F.）による英国陸軍の医療統計の研究に始まり，新たな知見の集積によって看護実践の質向上と実践的学問として歴史的に発展してきた。看護は社会生活を営むさまざまな健康レベルの人や集団を対象としているため研究領域は幅広く，看護の発展を目指して看護師も積極的に研究活動を行っている。看護学における研究では複雑な現象を扱うことが多く，それらを捉え理解するために質的研究は適している。これまで看護研究では KJ 法，GTA，M-GTA，現象学的アプローチなどの研究手法が多く用いられてきた。そして，近年では TEA（TEM）を用いた研究も見受けられるようになっている。TEA は，看護学領域の多様性と複雑性にうまく融合し，研究に深みを与えている。

　看護学領域における TEA 研究を述べるにあたり，看護の本質である対象理解と看護実践能力について説明する。看護では，患者および療養者やその家族，または妊産婦など，看護支援や保健支援を受ける人々の身体面および心理社会面を理解することについて，「対象理解」と表現されることが多い。看護理論家であるヘンダーソンは，優れた看護師は「患者の皮膚の内側に入り込む」ことができ，患者の言葉，沈黙，表情，動作，こうしたものの意味するところを絶えず分析していると指摘している（ヘンダーソン，2006/1960）。つまり，看護の基盤を築くのは対象理解であるといえる。看護

168　　第 4 章　対象の拡がり（新しい個性記述）

職者は，対象者の立場に立って理解しようとすることで，対象者のニーズを捉えた個別性のある看護実践が可能となるのである。

　また，医療の高度化や療養者の高齢化に伴い，看護職者に求められる役割も複雑多様化している。看護職者は安全で質の高い看護を提供することが求められており，個々の看護実践能力向上が不可欠である。時代の変遷とともに求められる看護実践能力は変化しているが，日本看護協会（2023）は，看護実践能力を①専門的・倫理的・法的な実践能力，②臨床実践能力，③リーダーシップとマネジメント能力，④専門性の開発能力の4つの能力で構成されると示した。このような看護実践能力は，看護基礎教育を始まりとし，卒後教育を通して培っていく能力であり，働く場所や担っている役割にかかわらず共通して求められている。日本看護協会は2016年に，看護師の能力を段階的に評価し成長を促すためのシステムとして「クリニカルラダー」を提示した。クリニカルラダーとは，看護の核となる実践能力をⅠからⅤまで段階的に示した指標であり，看護師自らの習熟段階と対比させ，自身が学ぶべき学習内容を含んだ研修を選択できるよう提示されたものである。現在では，このクリニカルラダーを参考に各施設でラダー制度を導入し，看護師のキャリアに応じた継続教育を通して看護実践能力を評価し，看護の質向上を目指した取り組みがなされている。これまで可視化されてこなかった看護実践能力が評価指標に基づいて明確になることで，看護師自身も自己を客観視でき，キャリア発達を促進させることができる。一方で，ラダーが上がることで役割責任が重くなり仕事の負担が増えることから，ラダー制度に基づく評価を受けることにメリットがないと感じている看護師も存在する。働き方や働くことの価値観も多様化している現代において，仕事に対する意味づけや価値観といった内的キャリアも重視し，形式化されない部分で看護実践能力が評価されることも重要であろう。

　以上，看護独自の性質をもつ対象理解と看護実践能力の具体例を述べたが，これらは看護研究によって探究し続ける必要があり，人の**ライフ**を豊かに表し，可視化することのできる TEA 研究は，看護学分野において非常に意義のあるものと確信している。

　では，実際に看護学分野において TEA 研究は，どのようにして対象理解や看護実践能力の向上に貢献できるのであろうか。看護学の研究者らが主に

対象としているのは，「医療や保健分野などで職務を担う看護専門職者」「看護基礎教育における看護教員および看護学生」「看護支援・保健支援を受ける当事者」である。次に，それぞれの TEA 研究の実際について述べる。

●看護専門職者の実践能力とキャリア発達

看護専門職者を対象とした研究では，保健師のアイデンティティ（小路，2021; 小路・西原，2022），中堅看護師のキャリア発達（中本，2022a; 中本・北岡，2017; 中本ら，2021），新人看護師の早期離職（中本・山本，2019），看護職のコミュニティ・エンパワメントの過程とコンピテンシー（三輪・河野，2022）などの研究が存在する。中本・北岡（2017）の研究では，メンタルヘルス不調による離職・休職を経験した中堅看護師のキャリア発達過程を **TEM 図**で示したことで，ネガティブな経験であった離職・休職経験はむしろ長期的なキャリア発達の重要な一過程であったと捉えることができた。また，**TLMG**を用いた分析を試みることで，**分岐点**（BFP）における**価値変容点**を明らかにし，内的キャリアの様相を読み解いた（中本，2022a; 中本ら，2021）。小路（2021）の研究では，保健師の経験の径路を探究し，職業的アイデンティティの形成プロセスと影響要因を明らかにしたことで，見いだされた BFP における変化からの成長を示すことができた。このように，TEA は独自の職業文化の中でキャリアを形成していく看護職者の多様性のあるプロセスを色濃く描くことができる。また，看護実践は暗黙知であることが多いことから看護実践能力やキャリア発達は可視化されにくいが，TEA の枠組みによってその内実を豊かに表すことができるため有用性は高いといえる。

●看護基礎教育における知と技の創造

看護基礎教育においては，看護教員の力量形成プロセス（田中ら，2021），看護学生の学び（田中・松本，2021；上原ら，2023）に関する研究が存在する。田中ら（2021）の研究では，看護教員を対象とし，臨床現場から看護の価値とは何かという問いが生まれ，その問いに向き合いながら自ら変容し，力量を形成していくプロセスが示された。また，上原ら（2023）の研究では，看護学生が臨地実習において「患者の苦悩」を焦点化することで，患者に対するスピリチュアルケアの実施に至った過程を明らかにした。看護基礎教育の場では，いわゆる「明確な答えのない看護」について，教授者と学習者との間で学び合いが繰り広げられている。つまり，看護教員は自らの看護観や教

170　第 4 章　対象の拡がり（新しい個性記述）

育観に基づいて教授することで自らも看護を問い直し，看護学生は答えのない看護に向き合いながら対象者の個別性に応じた適切な看護とは何かを考え，自らの看護観を形成していく。このように，療養者である対象を中心として教授者と学習者はともに知と技を創造していくのである。したがって，看護教育における TEA 研究は，教授者と学習者が相互作用をもたらしながら知と技を創造していくプロセスを丁寧に表すことができるのである。

●医療・保健福祉における当事者支援

看護支援や保健支援を受ける当事者を対象とした研究では，自主グループが形成・継続するプロセス（植村ら，2010），不妊治療を受けた女性のプロセス（三尾ら，2017, 2018），がん患者の看取りにおける家族の対処の過程（吉田，2020），10 代で子どもを産んだ母親の出産に至るまでの径路（大川，2018）などの研究が存在する。植村ら（2010）の研究では，住民と保健師の両者からのデータを分析し TEM 図によって相互関係を明らかにすることで，保健師の支援のあり方について仮説的なモデルを示した。このことから，当事者と支援者の双方向型 TEM 図は，双方の視点から相互関係を捉えることを容易にする利点があるといえる。支援を受ける当事者に焦点を当てた研究は，非常にセンシティブでプライベートな内容を含んでいることから，倫理的配慮に十分留意し，慎重にデータを取り扱う必要がある。一方で TEA は，当事者のセンシティブでプライベートな内容を**ライフコース**の多様性として描き可視化することで，望ましい支援のあり方に具体的な示唆を与えることができる。大川（2018）は，TEM を用いて対象者の径路を類型化することで，それぞれのタイプの特徴と，特徴を踏まえた支援のあり方を考察している。支援を受ける当事者が語ったデータの「個」を失わず，当事者にとっても意味のある結果を示すことのできる TEA は，医療・保健福祉における支援体制を構築するうえで有用性が高いと考える。

●看護学における TEA 研究の発展可能性

看護は，療養者である対象だけでなく療養生活を支える家族などの周囲の人的環境や物理的環境も含めて，多面的に理解したうえで介入することが求められている。また，時間経過の中で生じる事象を捉えることも重要である。したがって，看護における TEA 研究は，社会的諸力となりうる環境を捉え，多様性のあるプロセスや価値変容を明らかにすることで，研究者の問

いに多角的な示唆を与えることができるであろう。また，研究者とのインタラクティブなやりとりによって，対象理解や看護実践能力向上を目指した介入へのツールとして活用することも可能と考える。

看護は，「Science であり Art である」といわれている。つまり，看護はエビデンスに基づく実践と，巧みな技術や創造力による実践であることから，TEA は数値化されない看護の実践的研究に有用であり，汎用性が高いといえる。現在，看護学における研究手法としての認知度は高くないが，筆者はこれまで TEA を用いた看護研究の有用性を学術集会などで発信してきた。2017 年度に開催された日本看護学教育学会第 27 回学術集会では，「看護学に TEM/TEA（複線径路等至性モデリング／アプローチ）はどう貢献できるか？」というテーマで交流セッションを行った。そこでは，TEM/TEA の基本概念講義に始まり，各研究者からの研究内容の発表や TEA を用いた看護研究の面白さと今後の発展可能性に関して言及した。また 2022 年度に開催された TEA と質的探究学会第 1 回大会では，「看護実践と TEA：対象者理解・看護職理解のツールとして」というテーマで講習会を開催し，研究者らによる TEA の活用方法や情報交換を行った。看護分野で少しずつ拡がりを見せている TEA が対象理解および看護実践能力向上のための研究手法として今後さらに発展していくことが期待される。

関連項目 TLMG，KJ 法，GTA

■ 中本 明世 ■

第3節

TEA × 言語教育学
TEA × language education

　言語教育分野は，言語の対照分析をして各言語の特徴を見いだし，語学学習の方法を考える分野と一般に認識されがちである。しかし，グローバル化で言語学習や外国移住がエリート層だけのものではなくなったこともあり，2つ以上の言語文化圏を心的，あるいは身体的に越える経験をした人たちの**ライフ**，アイデンティティ，その人たちを取り巻くイデオロギーといった多様なレベルに注目した研究が言語教育分野において高まってきている。では，言語教育分野において **TEA** はどのような意義をもたらしてきたのだろうか。本稿では，言語教育分野における TEA を用いた研究・実践について，その変遷について概観し，TEA が言語教育分野にどのような意味，価値，可能性を提供してきたのかを検討する。そのうえで今後の発展性について論じる。

　言語教育分野における TEA を用いた研究の概観として，学術論文を扱う主な検索エンジン（J-STAGE, CiNii, Google Scholar）を用いたレビューを 2023年1月に実施した。その結果，言語教育分野では 2015 年以降，TEA を用いた研究が徐々に増加し，計 45 件の TEA あるいは **TEM** を用いた論文が確認された（北出，2023）。書籍としては，2017 年に刊行された『TEM でひろがる社会実装：ライフの充実を支援する』（安田・サトウ，2017）の中の「1 章言語を学ぶ・言語を教える」において，留学前後を通した日本語学習者にとっての敬語使用に対する考え方の変化（上川，2017）と海外赴任した若手日本語教師の成長（北出，2017）についての論文が紹介されている。この前後に日本語教育分野の学会などで TEA の講習会が複数回にわたって開催されたこともあり，2019 年以降では言語教育分野の中でも特に日本語教育，その中でも留学生や日本語教師を対象とした TEA や TEM の論文が急増している。

　日本語教育において TEA や TEM の研究が普及した主な背景としては，日本語教育における言語教育観の変化，その変化に伴う研究志向性の転換が

挙げられる。まず，言語教育観の変化に関しては，言語形式の習得への偏重，ネイティブ志向，単一言語主義といったそれまでの教育観とは一線を画す，複言語複文化主義の考え方が日本国内の日本語教育に浸透したことが大きい。欧州で提唱された複言語複文化主義では，学習者を社会的存在（social agent）と捉え，言語知識そのものではなく，それを使って何ができるかに注目し，多様な日本語使用を尊重する教育が提唱された。これにより，効率よく言語知識を習得する方法の探究だけではなく，個々の学習者が日本語を学ぶ意味を明らかにし，多様な学習者への支援について検討することが研究の関心テーマとなってきた。複言語複文化主義による考え方では，「新たな言語文化を学ぶことは，その文化圏に染まっていくことである」といった考え方をしない。代わりに，文化は複合的な個人の一部として取り込まれていくと考える。複言語複文化主義に基づいた言語文化教育は，この点で**文化が人に属する**という TEA の母体となる記号論的動態性の**文化心理学**の文化の捉え方と親和性が高い。加えて，2000 年以降に言語教育分野においても社会文化的アプローチ（Lantolf, 2000）が普及し，同じくヴィゴツキー（Vygotsky, L. S.）派の流れをくむ文化心理学における TEA の人間発達の捉え方との共通点も見られる（北出，2021）。社会文化的アプローチでは**個性記述的アプローチ**の特徴をもつ TEA と同じく，個々の学習者・教師が環境との相互作用の中で変化，成長，発達を遂げるプロセスを明らかにすることを目指している。では，TEA を用いることで言語教育分野にどのような意味，価値，可能性がもたらされたのだろうか。本稿では，①言語文化間を移動する人たちのライフ，②言語文化的マイノリティに注目した研究，③言語教師と留学生の発達・成長プロセス，という 3 つの側面から TEA を用いた研究が描いてきた言語教育の新たな側面について論じる。

●言語文化間を移動する人たちのアイデンティティと言語

　移住や留学など一生のうちに国境を越えて移動・移住をする人も増えている。しかし，新しいコミュニティに入ると，そのコミュニティで資本力をもつ言語文化を有さない場合は，以前にいた場とは異なるアイデンティティを強いられる可能性もある。TEA を用いることで，このような移動経験を通した当事者のアイデンティティとその変化プロセスにアプローチすることができる。北出（2018）の研究では，中国と韓国の 2 か国両方に留学した日本

人学生が，留学前，留学中，帰国後でどのようなアイデンティティの葛藤が起きたのかを分析している。帰国後，日本での就職活動を通し，中国と韓国での留学経験が日本社会で思ったよりも評価されず，英語資本が偏重される日本社会に直面することとなった。このように，外国語力として英語資本が偏重される日本社会において，中国・韓国への留学経験の価値が捉え直されるプロセスを TLMG で明らかにしている。

　また，上川（2017）は，中国で日本語を学んでいた人が日本へ留学し，日本での就労を通して日本語の敬語使用に対してどのような考えの変化が生じたかを報告している。留学前は敬語について必要性を感じなかった人が，日本での就労経験を通し，「敬語は自信をもって日本人と交流するために大切なもの」という認識に変化していった。TEA を用いて敬語使用にアプローチすることで，語彙や活用形の習得だけではなく，留学生のライフにおいて敬語を学ぶ意義を考える必要性が指摘されたといえる。

　留学生や移住者など，言語文化といった境界を越えて移動する人のライフに焦点を当てた TEA 研究では，言語知識の獲得だけを見るのではなく，言語を含めた全人的な成長プロセスとその中での言語学習・言語使用の意義が描かれてきた。ある社会やコミュニティで何語がどの程度話せるのかは，そこでのアイデンティティ形成に関わってくる。言語文化を移動すると，例えば新参者，非母語話者，学習者，といった正式なメンバーではない立場を強いられることもある。このようなアイデンティティは，言語学習の動機づけおよび学習機会へのアクセス有無につながっている。時間を重視し，変化・発達を社会的文脈の中で捉えるという TEA の特性は，環境と主体の相互作用，あるいは融合において生じるアイデンティティの葛藤やその変化過程への接近を可能にしてきたといえる。

● 言語文化的マイノリティに注目した研究

　言語学習者の多様化は，2000 年以降の言語教育を特徴づけている。日本国内の日本語教育においては，以前は留学生，研究者，グローバル企業のビジネスパーソン，といったエリート層が中心だった。その後，少子高齢化による日本国内での生産年齢人口減への対策もあり，就労目的で来日する人とその家族など，日本語学習者層は拡大を見せている。TEA を用いた研究は，このような多様化する日本語学習者や日本で生活する言語文化的マイノ

リティに焦点を当てることで，多様な日本語学習を検討する必要性を示してきたといえる。例えば国内では，日本で生きる韓国人女性（中井，2019），中国生まれの朝鮮族男性（市川，2020），日本国内企業におけるバングラデシュIT人材（小山，2021），結婚を機に日本に移住した中国人女性（張，2021），移民第2世代の中国ルーツの子ども（高橋，2021），海外では，紛争前後のシリア人日本語学習者（中山，2019）など，**研究協力者**の出身国，年齢，来日理由や滞在中の経験も多岐にわたっている。

　出身国や職業以外にも，日本語を学ぶ韓国人ろう者にとっての**ライフストーリー**をTEMで可視化した若月（2015）の研究は，音声言語だけではない外国語学習のあり方に光を当てている。韓国人ろう者である研究協力者が日本語を学ぶことにより，海外の人と交流するようになった。そして，それをきっかけに日本語以外のさまざまな言語や分野に挑戦するようになった経緯がTEM図で描かれている。ろう者にとっての外国語学習の長期的な意義とその変化を示した研究が極めて少なかったこともあり，言語教育における新たな側面を提示した貴重な研究となっている。

●言語教師と留学生の発達・成長プロセス

　TEAを用いた言語教育分野の研究には，言語教師や留学生の発達・成長に注目したものが最も多い。言語教師に関しては，言語教師の発達・成長を知識・スキルではなく認知面から捉える転換が起きている。その中で，教師のライフと言語教師としての認知発達の関係性に注目した社会文化的アプローチは，TEAとの適合性が高い。日本語教師の発達・成長においては海外の多様な国で教える教師の研究がされており，韓国の大学で教える若手日本語教師（北出，2017），サハリンのロシア人日本語教師（竹口，2018），台湾民間教育機関の中堅日本語教師（内山，2019），タイの中等日本語教師（西野ら，2020）など，それぞれの社会文化的文脈の中での日本語教師としての長期的なアイデンティティと教育観の変化に注目が集まっている。特に日本語教師を対象としたTEA研究は，客観的キャリアや職業的キャリアから主観的キャリアやライフキャリア，という包括的なキャリアの捉え方への移行を牽引してきたといえる。

　以上のように，日本語を学ぶ人と教える人の多様化が進む中で，TEAを用いた研究は，各**現場**における社会文化的文脈の中で個々の日本語を学ぶ・

教える意義がどのように変化していくのか，その多様な様相を明らかにすべく挑んできたといえる。最近の動向としては，TEA を用いる他の分野と共通の部分もあるが，難民に対する日本語教育の実践者による**オートエスノグラフィー**としての Auto-TEM（伴野, 2022），対話的自己論と組み合わせた留学生のキャリアとアイデンティティ（Kitade, 2023）といった研究も新たな展開を示している。さらに，韓国語教育や中国語教育における TEA 研究への取り組みも期待される。また，研究だけではなく，教育的実践として TEM を用いる例も見られる。例えば，豊田（2021）は留学生のキャリア教育支援として TEM 図を用いて自己を振り返る活動を，稲田（2022）は日本語教師の省察活動として TEM 図を活用する実践を，それぞれ報告している。実践についての省察活動の中で TEM 図として可視化することで他者と共有し，TEM 図を媒介とした対話により意味構築が促される。このような TEM 図を介したトランスビュー（北出・上川, 2023; 山口ら, 2022）についても今後，さらなる活用と発展が見込まれる。

（関連項目）個性記述的アプローチ，ライフコース，文化が人に属する，ポスト実証主義，ナラティブ・アプローチ

■ 北出 慶子 ■

第4節

TEA × キャリア心理学

TEA × career psychology

　質的研究法としての **TEA** は，キャリア心理学の領域においてどのように拡がり，どのような新たな視座を提示してきたのだろうか。「キャリア」という語を使用するとき，その多義性を踏まえて，使用者が，広義に人生役割として，もしくは狭義に職業役割として定義づける必要がある（豊田，2018）。TEA 研究における「キャリア」は，これまで狭義の職業役割として使用されているものがほとんどで，CiNii 収録論文（2022 年 12 月末）の実績としては，約 3 本に 1 本が職業キャリアに関するものであった。さらにこれらは，職業準備段階の高等教育機関などでの学生を対象としたキャリア教育に関するものと，職業人を対象とした職業実践に関するものに大別される。

　前者（約 15%）は，大学などでの課程教育，実習教育，またインターンシップに関するものであり，その始まりは，教員養成課程を扱う木内・島田（2012）まで遡る。サトウ（2009a）による TEA に関する最初の著作を参考にしつつ，**TEM 図**において，「教員志望／志望でない」学生が大学 1 年次から教職課程で臨床経験科目を経験しつつ，大学 4 年生までに「教員になる／ならない」に至る考え方や行動の**変容**を選択**径路**として提示し可視化している。人生の径路選択を捉えて TEM 図で可視化しようとする TEA に通底する方向性を感じ取れるものである。

　一方，後者（約 85%）は，職業人の職業能力や職業選択に関するものが対象となり，収録論文の多くを占める。その始まりは，豊田（2015）で，サトウ（2009a）を参考にしつつ，同書で説明されている **TLMG** という自己モデルを取り込んだ TEM/TLMG 図の作成へと発展させている。キャリア研究を，職業を通した人格形成また職業的アイデンティティのプロセスとして可視化することで，キャリア発達研究へと発展させた点は意義深い。ここでは，一般的職業の事務従事者などが大学院教育を受ける前・中・後で，「所属する組織内で科学的知識を経営管理等で活かす／活かせない」を**等至点**として設定している。そして，そこに至るプロセスを，個別活動（行為）レベ

178　第 4 章　対象の拡がり（新しい個性記述）

ル（TLMGの第1層）と連動した，記号レベル（第2層）と信念・価値観レベル（第3層）を並行させて可視化している。大学院教育を通したキャリア発達を行動選択の背後にある職業人の自己モデルの変容として可視化し，人格形成として理解しようとした発展的な研究である。

●キャリア研究の裾野拡大

職業人を対象にしたキャリア研究は，その後，一般的職業の事務従事者だけでなく，専門的職業の力量形成（保育者・日本語教員・教員・保健師・看護師・作業療法士・介護職・アスリート・家族経営者など）へと拡大し，経営モデルなども含め，職業領域を拡大させた。具体的には，それぞれの職業領域で，着任1，2年目の初任キャリア，30〜40代の中堅キャリア，組織視点からの人材育成，そして異文化を扱う外国人キャリアなどの視点から論じられている。これは，長寿化が進み，「学校 − 仕事 − 余暇」という人生の3ステージモデルが中心の社会から，仕事と学校と余暇を多様に組み合わせるマルチステージモデルへと移行しつつある現代社会のキャリアのありさまと関係が深いと考える（グラットン＆スコット，2016/2016）。時間とともに働き方が変化するマルチステージモデルの**ライフ**では，職業人生は50〜60年となり，「職業キャリア50年時代」（豊田，2022）を迎える。こうした時代的要請に応えるように，TEAはおそらくキャリア研究をキャリア発達研究へと押し上げ，その**変容**のプロセスを描き出し続けると考える。

TEAがキャリア発達研究へとその活用が拡がれば，これはキャリア心理学に対して時代の要請に応える新たな視座を提示する。その1つが，横軸に時間を設定する場合の**TEM図**（TEM/TLMG図においては第1層）において，縦軸で捉えようとする指標である。例えば，横軸を時間に設定し，年収などのお金に関するものを縦軸に置く考え方がある。その一方で，見えない資産といわれている職業能力などの生産性資産，ワーク・ライフ・バランスといった活力資産，また環境に適応する変身資産（グラットン＆スコット，2016/2016）などを指標にする考え方もあろう。職業人のマルチステージモデルのライフに着目するTEAによるキャリア発達研究への貢献は今始まったばかりといえよう。

●キャリア心理学とTEA概念の関連性

TEAの概念はキャリア心理学とどのように関連するのだろうか。キャリ

ア心理学は1950年代に始まったとされる。その代表的研究者のスーパー（Super, 1990）は，ライフを14歳頃までの成長（growth），24歳頃までの探索（exploration），44歳までの確立（establishment），64歳までの維持（maintenance），そしてそれ以降の解放（decline）と5ステージに分けている。これは，学校を「成長・探索」，仕事を「確立・維持」，そして余暇を「解放」と置き換えると，一見ライフを3ステージで捉えているように見える。しかし，それぞれの時期において，「成長−探索−確立−維持−解放」を経験するミニサイクルが起きることを述べており，マルチステージモデルの多様性を説明しているといえる。マルチステージモデルにおいては，仕事→学校→仕事→余暇→仕事→学校→午前中仕事で午後余暇→……など，実に多様なライフを過ごすそれぞれのステージで，このミニサイクルが起きるということである。

　実はこのミニサイクルという理論がTEAの概念と相性がよいと筆者は考えている。なぜなら職業人は一般的に成人であり，例えば仕事にしても，学校にしても，余暇にしても，成人の大人が時間を使い，何かを営む場合，主体性が常に中心課題となるからである（ノールズ，1980/2008）。基本的には，何かを判断し，行動選択を迫られるような**分岐点**（BFP）に立つときは，自らが選択しライフを切り拓くことになる。もちろんその場合には，そうせざるをえない**社会的方向づけ**や，好ましい方向に後押しをしてくれる**社会的助勢**を経験し，多様な**促進的記号**と**抑制的記号**を発生させながら，職業に対する価値観や信念を変容・強化させていると考えられる。スーパー（Super, 1990）の理論を援用しつつTEAの概念を用いれば，マルチステージモデルの各ステージ内であっても，ステージ間の**移行**であっても，BFPを中心にその前後で起きる行動変容や自己モデルの変容をプロセスで可視化できる。そして，行動と動機づけに着目することでキャリア発達心理学への学術貢献ができると考えらえる。またそこに，TEAならではの時間（例えば横軸）と同時に提示できる新たな指標（例えば縦軸）を加えることで，マルチステージモデルのライフにおけるキャリア心理をより多角的に捉える視座を提示できる。

● **科学的思考技術と一般的思考技能としての実装の可能性**

　キャリア発達心理学の研究手法としてのTEAの可能性に加え，TEAを科学的思考技術としてキャリアガイダンスで使用し，さらに広く抽象度を下

げて一般の人々の思考技術（考え方）として活用する社会実装の可能性もある（豊田，2025; 安田・サトウ，2017）。研究と実装で大きく異なる点は，TEAの特徴といえる図による可視化という作業が，主体が研究者ではなく，キャリアデザインをする当事者だという点である。豊田（2017）は，TEAの概念を応用し「自己未来等至点モデル」（図2-2, p. 94）を提示し，新たに「**未来等至点**」という概念を用いて，実際に使用したワークシートを添えてキャリアデザインの手法を紹介している。これは，一定の職歴を積んだ社会人が，社会人大学院で学ぶタイミングを節目と捉え，自らの職業人生を充実させるために修了時にキャリアガイダンスで使用した事例である。急激な技術革新が進み，世界がグローバル化する中で，過去を深く省察しても，その過去とともにある未来展望は急速に陳腐化する可能性が高い。そのための心理的準備として，これらをいったん手放し，新たな未来展望を描くことを試みる。これはTLMGの第2層（記号レベル）に働きかける実践であり，図を描く主体はキャリアデザインをする当事者である。したがって，この実践ではキャリアガイダンスのファシリテーターとの**トランスビュー**は不要となる。当事者が思い思いに自らの心を解き放ち，自己内で起きるオープンな記号発生を楽しみつつも，自らの奥底にいる自分と語り合い，あえていうなら自らとのトランスビューを目指すような時間として設計されている。このキャリアガイダンス手法（セミナー・演習・授業向け）は，研究法としてのTEAとは大きく異なり，その抽象度を下げてTEAを科学的な思考技術として実装させる。そして，ゆくゆくは，個々人が自分の必要に応じてキャリアデザインの見直しや確認をする際の思考技術の1つになることを目指している。

　このようなTEAを援用した自己内対話をTLMGの第2層で捉える記号と関連づけて，サトウ（2012d）は**対話的自己論**（ハーマンス＆ケンペン，1993/2006）との相性のよさを述べている。実際に豊田（Toyoda, 2021）は，TLMGを援用したこの「自己未来等至点モデル」を基礎に，キャリアデザインを行う自己内対話の手順を紹介している。これは，最終的に自ら「自己TEA分析（self-TEA analysis）」という思考技能の習得を目指す大学生対象のキャリア教育の実践報告である。授業内で問いかけられる質問を通して学生の内部で自己内対話が起き，未来を駆動させるプロモーターポジション（ハーマンス＆ケンペン，1993/2006）が創発される事象を検討している。このような自己

TEA分析は，自己理解を促進するツールとしてますます活用される可能性がある。また，この「自己未来等至点モデル」を拡張させ，日本語学習者である留学生と進路指導の教員が対話をしながらナラティブを構築しつつ，面接試験の準備として自らのことを他者に分かるように自らの言葉で語る手法の報告もある（豊田，2021）。ここでは，日本語が未熟な留学生が，自己内対話をしつつも，指導教員とトランスビューに至るまで語り合い，最終的に面接官の心に届く言葉を紡ぎ出す学習プロセスが報告されている。

　研究法として，また社会実装としてTEAを考えるとき，TEAに特徴的な図の作成においては，「第3のトランスビュー」と呼べるような概念が重要になると思う。研究法としてTEAを用いる場合は，調査対象者と行うトランスビューが重要になるが，研究者はその背後で，論文を査読する第三者の研究者とのトランスビューを行っていることを自覚する必要があろう。学術論文として通用する図に向かって抽象度を調整するような作業を無自覚的に行っている可能性である。その一方で，キャリアガイダンスとしてTEAを援用する実装においては，面接準備であれば第3のトランスビューは面接官であり，自己のキャリアデザインの見直しであれば自己内対話なので自己そのものとなる。研究においても，社会実装においても，誰が誰とトランスビューを目指して作図をしているのかに，常にTEA使用者は自覚的でなくてはならないことに気づかされる。

　人が扱う知識は抽象度の高低により3種類（科学・科学技術・経験知）あるという考え方がある（豊田，2022）。多様性に富む文化や社会の文脈の中で生きる人たちにとって，TEAは，研究場面での科学的知識や研究手法を越えて，キャリアガイダンスなどの実装場面での科学的思考技術として，そして職業キャリアの見直しを含む一般社会生活での思考技能（＝考え方）へとその拡がりが期待できる。

関連項目 TLMG，未来等至点，対話的自己論

▌豊田　香▌

第 5 節

TEA × 臨床心理学
TEA × clinical psychology

●臨床心理学と科学者 - 実践者モデル

　臨床心理学とは，情動および行動の諸問題の研究，査定，診断，評価，予防，ならびに治療を専門とする心理学の一分野である（APA, 2018）。心理学に基づいて心のケアを専門的に研究し，さまざまな困難を抱えながらも人々が幸せに生きることを支援する専門活動を指す（下山, 2022）。臨床心理学が対象とするのは「今，ここ」にいる人であり，そうした人々の**ライフ**そのものである。

　1896 年にウィトマー（Witmer, L.）がペンシルベニア大学に心理学クリニックを開設したことが臨床心理学の誕生であると見なされる。このときウィトマーは，目の前にいる子どもや患者のありさまを重視するという意味で「臨床（clinical）」を用いており，純粋科学と応用科学は 1 つの最前線をもって進んでいくとした（サトウ, 2022c）。ウィトマーの，基礎と応用が心理学の両輪であるという考えは，臨床心理学を支える基本理念である科学者 - 実践者モデルにも通底する。米国で 1949 年に開催された「臨床心理学における大学院教育に関するボールダー会議」において提唱されたこのモデルは，臨床心理学に携わる者に心理学研究者としての科学的専門性と，心理学的実践を行う実践的専門性の両立を求めている。現代の臨床心理学では，この科学と実践の相互の専門性をもって実践活動，研究活動，専門活動を行っている（下山, 2012）。臨床心理学の初期においては，さまざまな心理療法やカウンセリングの学派（例えば精神分析，行動療法，来談者中心療法など）が混在し，学問としての統一性はなかった。しかし時代の要請とともに 20 世紀後半からこの科学者 - 実践者モデルに基づいて臨床心理学の統一が図られ，エビデンスベースト・アプローチをもとに体系化されていったのである（下山, 2023）。

●質的研究と TEA

　質的研究の歴史も臨床心理学のそれとよく似た経過があり興味深い。質的研究は 1970 年代頃から社会学，文化人類学，心理学などさまざまな学域か

ら誕生し（例えば，GTA やエスノメソドロジー，現象学アプローチなど），用いる専門用語や分析手続きも含めてそれぞれが独自に発展を遂げてきた。このことから質的研究に共通の基準を定めることは，研究の創造性を狭めることになるため困難だと長らく考えられてきた（クレスウェル&バイアス，2022/2021, pp. 353-363）。だが一方で，実際に目の前で起こっている課題を理解し，解決を目指そうとする現代社会の**現場**（臨床）では，量的研究だけではすくいとれない対象者の語りをどう分析して論文化するのか，またその論文をどう評価するのかといった実践的な問いへの解が強く求められていくようになってきた。このような要請を受け，心理学における質的研究の論文執筆基準も，質的メタ分析，**混合研究法**とともに 2018 年になって初めて明示されるに至っている（Levitt et al., 2018）。

　TEA は 2004 年のサトウとヴァルシナーとの出会いを端緒として誕生した。これまでの 20 年にわたる TEA の発展の中でサトウは，方法論は共有財（コモンズ）であるべきで（サトウ，2012e），「家元」がいて **TEM** を権威づけたり，講習会を受けなければ使ってはいけないなどとその使用に条件を設けたりすることに異議を唱えてきた。そこでサトウらが積極的に展開したのが，学術大会における TEA の公開である。例えば日本心理学会では 2008 年からほぼ毎回といっていいほど TEA に関するワークショップなど何らかの企画が開催されている。また TEA に関心をもった研究者たちと，方法論提唱者であるサトウ，安田らが加わる TEM 研究会（現在は TEA 研究会）が発足し，活発な議論が行われていくようになる。この研究会には多様な領域の研究者が集まり，TEA の理論的発展とその精緻化に寄与するという**開放系**としてのユニークさがある。臨床心理学領域の研究者もここでの重要な役割を担ってきた。

●**臨床心理学における実践研究と TEA**

　前述したように臨床心理学では，研究活動で対象となる人の心理や行動について研究し，その成果を活用して問題解決に向けた実践活動を行い，研究成果の公表など説明責任をもって社会に還元していく専門活動により，エビデンスに基づく心理学的実践（Evidence-based Psychological practice; EBPP）が求められている。以下では臨床心理学における TEA の実践研究として，TEM および **TLMG** 理論創出の礎となった安田（2005）ならびに松本（2009）

184　　第 4 章　対象の拡がり（新しい個性記述）

の研究，混合型研究に初めて TEA を用いた廣瀬（2022）の研究を取り上げ，臨床心理学における TEA 研究の意義を実践活動，研究活動，専門活動の関連から説明していく。

安田（2005）は，生涯発達的視点から不妊経験の意味を捉えることを目的として9名の**研究協力者**へのインタビュー調査を行った。治療の現場では不妊の傷つき体験は語られにくいこと，治療でも子どもを授かるとは限らずいつしか治療をやめる選択を考えざるをえないこと，不妊という経験を生活文脈と人生という長い時間軸で捉える必要があることから，**等至性**の概念を取り入れて修士論文をリバイズし，TEM 研究として再構成した。そして，人が語る経験に浮き彫りとなる揺らぎを捨象せず，多彩な意味をもつ曖昧さを包含したまま経験の多様性・**複線性**を可視化するのに適した手法であると結論づけた。また，TEM 研究の方法論的意義として，研究の公共化と社会に対する説明責任のために分析プロセスを開示することの重要性に言及している。こうして誕生したばかりの TEM は，安田が自らの研究に使用して方法論としての可能性を論じることで，生きた質的研究法として地に足をつけて歩き出したのである。この研究では，研究協力者募集について HSS（歴史構造化サンプリング）という概念を用いている。ただしその後 HSS は，**サンプリング**という，背景文脈を有した個別多様性よりも，平均的な母集団の把握を志向する量的研究の考え方を基盤とする用語を改めて，**HSI**（歴史的構造化ご招待）へと名称を変更した（サトウ，2017b）。ここに対象者を中心に置く方法論を目指す TEA の柔軟な姿勢が読み取れるだろう。

次の松本（2009）の研究では，非行臨床における矯正教育としての集団音楽療法での「大切な音楽」についての自己語りが，その語り手と聞き手との相互の対話によってこれまでにない新しい意味を生成していくプロセスを3層を用いて詳細に示した。松本自身はメインセラピストとしてピアノ伴奏も含めたプログラム実践に直接関わり，現場での継時的な参与観察を行った。プロセスの分析対象としたのは，10回の音楽療法セッションにおいて起こった6名の少年受刑者たちの語り合いである。松本ははじめこの意味生成と**変容**のプロセスをうまく表現できないもどかしさを感じていた。そのような中ある研究会でこの研究について話題提供したときにその場にいた**ヴァルシナー**の描いた3層の図から，**微発生**に焦点を当てた TLMG 研究の着想を得

たのだという（松本，2023）。松本は，ライフワークにも通ずる研究課題に対して，実践者（臨床心理士）として，そして研究者として，TEA 研究に深くコミットしていた。丁寧な現象理解・プロセス理解のために TEA を用いており，実践を研究活動につなげているといえる。そして安田，松本はともに，専門活動として研究の結果を公表し，次の実践活動へとつなげるための提言を行っていた。

　この松本の研究に触発されて，**分岐点**（BFP）における内的変容過程をより詳細に理解したいと考える研究者たちが TLMG を自らの研究に用い始める。その 1 人である廣瀬（2012）は，ひきこもり親の会リーダーへのインタビューを実施し，価値変容に注目して TEM と TLMG を組み合わせた研究を TEM 研究会で発表した。その際に自分の研究でまだ足りない何かについて語る中で，TLMG における最上層が変容する「時」を記述する**価値変容点**（VTM）にたどり着く。この VTM はやがて TEA の概念の 1 つに加えられ，別の研究者によっても用いられていくことになる（例えば，中本，2022b）。このように語られる 1 人の研究者の「表現しきれないもどかしさ」や「自分の研究に足りない何か」といった省察に，さまざまな研究者たちが関わり合うことで，TEA は研究法として発展し続けているのである。

●効果を質的に検討するための TEA の活用

　次に，プログラム介入の効果を質的に検討するために TEA を用いた廣瀬（2022）の混合型研究を取り上げる。廣瀬はメイントレーナー（公認心理師）として，これまで支援の手が届きにくかった青年期以降の発達障害者の家族に向けた行動支援プログラムをコミュニティにおいて実施してきた。量的研究の結果からプログラム参加による介入の効果があったことが示され，家族は家庭内での子どもとの関係が改善したと回答した。しかしなぜ子どもとの関係が改善したと研究協力者が感じたのかについては量的研究の結果だけでは十分に見いだせない。そこで量的研究の結果をより深く理解することを目的に，量的研究の後に質的研究を実施する混合研究法の探索的順次デザインにTEA を採用した。TEA を用いる意義として，家庭での子どもとの関係改善を実感した手前で家族自身がどのような関わり行動を行ったのか，家族の家庭内での行動変容プロセスについて，BFP・**必須通過点・社会的助勢**（SG）・**社会的方向づけ**などを用いて図示化することでより明確にできると考えたか

186　　第 4 章　対象の拡がり（新しい個性記述）

らである。6 名の研究協力者（いずれも母親）の語りから，青年期になって子どもの発達障害の特性に気づいて相談につながるまでの**径路**には TEM を，プログラム参加時の家庭内での行動変容については家族自身の心的変化の詳細と合わせて記述するために TLMG を用いて図示化した。BFP に焦点を当てた TEA の分析結果からは，孤独感の解消や感情の共有というピアグループの意義よりもむしろ，「自分自身の行動を変えなければならない」という強い動機づけとプログラムでの具体的な学びと家庭での実践が，プログラムの効果として重要なことが捉えられた。そしてこの結果は待機群を設けて実施した翌年の量的研究によっても支持された。

　混合研究法では，読者の理解が進むようにデザインダイアグラムやジョイントディスプレイといった図を用いて研究手続きや研究結果を示す（詳しくは混合研究法の項目を参照のこと）。本研究のジョイントディスプレイでは，量的結果と TLMG の結果図，そして両結果の統合で得られたプログラム改善への提言（メタ推論）を 1 つの図で示した。そしてこの研究活動の結果をプログラムスタッフ内で共有することで，より家族ニーズに沿ったプログラムの実施，次なる実践活動へとつながっていった。

　発達障害者家族に向けたプログラム支援を実施する際，例えば発達障害の子どもをもつ親による TEA を用いた当事者研究（山根・三田地，2022）を参照することにより，支援対象者をより深く理解した支援 – 実践活動へとつなげることができるだろう。TEA 研究では，共通する TEA の概念を用いて分析を行うことから，異なる領域の研究も理解しやすい。TEA 研究会への参加や TEA 研究を論文や学会で発表する専門活動は，次の実践活動に反映されていく。このような科学と実践のサイクルが，さらに TEA を研究法として発展させていく SG となっていくとも考えられる。

関連項目 混合研究法

▌ 廣瀬 眞理子 ▌

第6節

TEA × 法と心理学
TEA × law and psychology

　法の世界での「語り」は，刑事裁判における有罪無罪の判断のための重要な証拠になることがある。そしてその「語り」が虚偽のものであった場合，その虚偽性を正しく判断できなければ，誤った「語り」という証拠によって冤罪（罪を犯していないのに有罪判決を受けること）が生まれてしまうことがある。法と心理学の分野では，このような冤罪の防止，冤罪被害に遭った人の再審（裁判のやり直し）の支援を目的に，供述分析という手法が発展してきた。

●供述分析とは

　供述分析は，主に刑事裁判手続きにおいてとられる被疑者・被告人，被害者，目撃者などによる「語り」である供述調書について，それが体験者の「語り」であるのか，非体験者の「語り」であるのかを判別する手法である。供述分析を開発したのはドイツの心理学者ウンドイッチ（Undeutch, U.）である（グッドジョンソン，1994/1992）。ウンドイッチは1950年代の初めから証人の供述の信用性について研究を始め，事件の調査を行った。ウンドイッチの供述分析は，真実の供述がもつ特徴を示してこれを基準に供述の信用性を判断し，虚偽供述を検出する手法である（ウンドイッチ，1973/1967）。その基準として，別途確認された事実と矛盾しないこと，具体性・迫真性・内的一貫性をもつことなどに加え，その供述の中心的な内容と関係のない細部（供述者の情緒的な体験など）に触れられていること，想像では語りえない特殊な細部（唯一無二性）を含んでいること，供述者ででっち上げる能力をもたないような描写を含んでいることなどの諸基準が挙げられている（大倉，2017）。こうした基準に基づいた供述分析は，その後，スウェーデンの心理学者トランケル（1976/1972）によって体系化され，ヨーロッパにおいて研究が進んだ。そして，日本でこの供述分析について研究を始めたのは浜田である。日本とヨーロッパでは取調べに関する司法制度が異なっている。例えば日本では一度，逮捕されると被疑者は最大で23日間，警察の施設などで身柄を拘束され，取調べを受けることになる。また，日本では，供述者と取調官との

188　　第4章　対象の拡がり（新しい個性記述）

やりとりで生まれる供述を，一人称で語ったかのようにまとめた供述調書が多い（大倉，2017）。浜田（2005）はこうした日本の司法制度の状況を踏まえて，対立仮説検討型供述分析（浜田式供述分析）を提唱した。この手法は供述調書について「供述者は実体験をもつ」という仮説Ａと「供述者は実体験をもたない」という仮説Ｂという２つの仮説を立て，どちらがその供述をよりよく説明できるかを検討する手法である。浜田式供述分析は，誘導可能性分析（取調官による誘導の可能性がないか），嘘分析（供述者が嘘をつく理由があるか），逆行的構成分析（体験した時点で有している情報に基づいて供述しているか），無知の暴露分析（体験者であれば知っているはずのことが供述できていない場面がないか）などの観点に基づいて行われる（大倉，2017）。

●供述分析とTEA

2009年5月に日本では裁判員制度が導入され，一部の刑事事件の裁判に一般市民が参加することとなった。裁判員制度は，一般市民から選ばれた裁判員が刑事裁判手続きのうち地方裁判所で行われる一部の刑事裁判に参加し，被告人が有罪か無罪か，有罪の場合はどのような量刑にするかを裁判官とともに判断する制度である。法律の専門的な知識のない一般市民に正しく判断してもらうためには工夫が必要になる。従来の裁判官のみの裁判では膨大な供述調書を読んで供述の信用性を判断してきたが，裁判員制度ではそのような信用性判断はできない。また，従来の浜田式供述分析の提示方法も膨大な供述分析の結果を鑑定書という形で提示している。一般市民にも分かりやすい裁判のためには，供述の信用性を判断するための供述分析を分かりやすくする工夫が必要であった。そこで供述分析を視覚化して分かりやすくするためにTEAを取り入れたのが小笠原（2006）である。小笠原は卒業研究で，実際の刑事裁判で再審請求を検討している事件について供述調書を用いて供述分析を行った。このとき小笠原は，**等至点**（EFP）や**必須通過点**（OPP）などTEMの概念を用いることで供述分析の結果の視覚化を試みた。事件が発生するまでには，その結果が生じるために必ず発生する出来事が存在する。例えばナイフを使用した殺人事件が起きたとする。結果としては，「ナイフの刺さった遺体が発見される」という出来事である。捜査機関は「犯人は被害者をいつどこで殺害するかを考えたり，被害者の行動を下見したりなど準備をした。そして実際にナイフを準備し，被害者を殺害した」という見

立てをする。小笠原はこれについて，捜査機関の見立てを「検察官の仮説」，その事件への関与を否認する「被告人・弁護人の仮説」を設定した。刑事裁判ではこの2つの対立仮説のどちらが供述をよりよく説明するかを吟味する必要がある。この点に着目した小笠原は，事件の結果である「ナイフで被害者が殺害された」という点は変わりようのない事実とし，これを EFP として設定した。そして，その事実に至るまでに必ず発生しなければ結果が生じえない出来事（ナイフを調達する，現場に行くなどの項目）を OPP として設定することで，対立する仮説の分析を行った。TEM を用いた供述分析によって事件において「他にありえた現実の可能性」を示しながら，供述分析の結果を視覚化して分かりやすく提示することが可能になったのである。

　次に供述分析に TEA の視点を取り入れた研究を行ったのは山田ら（2011）における山田の報告である。上で述べたように，日本では逮捕されると最大23日間の取調べを受けることになる。そうなると，その事件について何度も供述調書がとられることになる。一方，小笠原の研究ではこの供述者の複数回の供述の時間順序が捨象されていた。原事件の時間の流れ（凶器の準備から実行までの出来事の発生順序），事件における対立仮説，供述者が供述した時間順序の3次元での視覚化が必要であると考えた山田は，卒業研究において，実際の刑事裁判で再審請求を検討している事件の供述調書を用いて供述分析を行った。このとき山田は，小笠原の TEM による浜田式供述分析の結果の2次元的視覚化という手法に，情報工学の3次元表現手法である「KACHINA CUBE システム」（以下，KC）というシステムを用いてコンピュータ上での TEM の3次元化を試みた。KC は斎藤・稲葉（2008）が開発した情報の3次元表現である。KC は本来，地域の歴史や文化に関するその地域の人の語りをコンピュータ上の仮想3次元空間へ格納・蓄積するものであった。対象の地域の地図の2次元にそれについていつ語ったのかという「語りの時間」の次元を加えた3次元的視覚化の手法である。その地域に関するそれぞれの人の語りは「フラグメント」というボタンを押すと表示される仕組みで，時間的・論理的な順序に基づいてつなぎ合わせることで物語性をもつナラティブを保存・継承することを目的としていた。山田はこの情報の格納に用いた KC，分析結果の視覚化に用いた TEM，供述調書の分析に用いた浜田式供述分析（Hamada's Statement Analysis）の頭文字をとって，こ

の TEM の 3 次元表現を「**KTH CUBE システム**」(以下, KTH) とした。山田はその後, KTH が分かりやすい提示方法かどうかの検討を行い, 一定の成果を得た (山田・サトウ, 2012)。さらに, 実際の再審を検討している事件の供述調書を用いて KTH を作成し, 弁護団に提示するだけでなく, KTH を中心として議論が活性するなどの成果も得ている (山田, 2023)。

●**TEA×法と心理学の新たな可能性**

　ここまでは法と心理学において TEA を用いた供述分析を紹介してきたが, 新たな TEA×法と心理学も生まれている。すでに述べたとおり新たに導入されている裁判員裁判における評議 (被告人が有罪か無罪か, 有罪であればどのような量刑になるのかを話し合うこと) において TEA を用いた研究が進められている (杉本・サトウ, 2022)。杉本らは, 模擬裁判における評議のスクリプトと映像について,「未必的殺意」という難解な法律概念を裁判員がどのように理解し, 話し合い,「判決」という最終的な結論に至るのかを TEM で記述し, 分析を行った。本研究では裁判員, 裁判官のそれぞれの発言がどのような証拠, 他者の意見等の影響を受けているのかを分析することで, 難解な法的概念の説明には, 用語の宣言的知識の説明だけでなく, 評議の対象である具体的な事件に適用するための手続き知識を丁寧に説明する必要があることを明らかにした。

　このように TEA は, 法の世界, 特に刑事裁判のような「事件」の結果や, 裁判員裁判の評議における結論という EFP に至るまでの複数の**径路**を検討するような場面では非常に親和性が高い手法であると考えられる。今後は研究数を蓄積していくことで, さらなる法と心理学の領域における TEA の有効性について検討を行っていく必要があるだろう。

■**虚偽自白**

　はじめに,「語り」が虚偽である場合があると述べたが, 被疑者の「語り」が虚偽である場合, その人は犯していない罪を告白して有罪判決を受けて刑務所に収監されることになる。「刑務所に行くことになるのに, 罪を犯していない人がわざわざ罪を告白なんてしないのでは?」と思う人もいるかもしれない。しかし, 実際に自分が犯していない罪について供述し, その供述調書がもとで死刑判決を受けた人 (後の再審で無罪) もいるのである。これ

は虚偽自白と呼ばれるもので，取調べの中で自分が犯していない犯罪について告白，さらに事件の詳細について語ってしまうもので，心理学において多くの研究が行われてきた。虚偽自白には3つのタイプがある。1つ目は自発型虚偽自白で，取調官から追及されたわけでもなく，任意に自白することである。これは①有名になることへの病的なまでの欲求，②意識的あるいは無意識的な自己処罰の必要性，③事実と虚構を区別することができないこと，④真の犯罪者を助ける，またはかばうことへの欲求などの理由が挙げられる（和智，2011）。2つ目は強制−迎合（追従）型虚偽自白である。これは，取調べの過程が強制的になると，その圧力によって迎合して自白してしまうことである。この場合，当面の身近な利益を得るために取調官の要求と圧力に屈服する。このときの「利益」は，自白すれば帰宅できる，取調べを終わらせるなどである（グッドジョンソン，1994/1992）。3つ目は強制−内面化型自白である。これは，誘導的な取調べによって，取調官への抵抗をやめて，その犯罪を行ったと信じるようになり，ときには誤った作話をするようになる自白である。自分の記憶に不信を抱き，外的な情報や暗示に影響されやすい状況（記憶不信症候群）に起因するとされている（グッドジョンソン，1994/1992）。

■文体分析（スキーマ・アプローチ）

　日本の供述分析の手法には，上記に述べた浜田式供述分析のほかに，「文体分析（スキーマ・アプローチ）」という手法がある。この手法は，供述の内容よりも，「語り方」の特徴からその供述者の体験性の有無を判断する手法である。心理学者の高木らが提唱した手法で，分析の対象となる供述（ターゲット供述）と，その人が実体験を説明していると考えられる供述を「体験記憶供述（ベースライン供述）」としてその特徴を分析する。そして両者の「語り方（体験叙述様式）」に違いがないかを検討し，違いがあるときにはそれが生じた原因を心理学的な知見を踏まえて推定する。この推定において「体験叙述様式に明らかな差異が存在し，その差異は供述者がターゲット供述に結びついた実体験をしていないと想定した場合に心理学的に最も整合的に説明できる」という結論に至ったとき，その体験上述様式の差異を「非体験兆候」として提示することとなる（高木，2021）。

関連項目 KTH CUBE システム

山田　早紀

第7節

TEA × 厚生心理学

TEA × psychology with a thick description of life

厚生心理学は，危機的人生移行を経験した人間が，**ライフ**の意味を再構築し，**時間的展望**を描き直していくさまを明らかにすることをねらいとした心理学の新しい試みである。厚生心理学の提唱者であるサトウ（2012a）は，心理学における病気の研究が，病気そのものに焦点を当てていることに疑問を投げかけた。疾病そのものに焦点を当て診断・測定・検査などを追究する臨床心理学的・医療心理学的な先行知見に対して，「人生に病いがくっついた」という視点から，人生を中心に病いの経験を探究する心理学を構想したのである。その根底には，選択の幅があることが生活の豊かさであると主張するセンの厚生経済学（セン，1988/1985），ならびに「病いとは，病気を生き抜く体験のことである」として病いを経験の側に取り戻そうとしたフランクの医療社会学（フランク，1996/1991）の発想がある。

厚生は「厚」い「生」と書く。ここには，生（ライフ）の**ぶ厚い記述**という厚生心理学の基本的志向が含意されている。ライフを記述し探究するという主題は，日常生活の中では必ずしも顕在化してこなかった。しかし2020年以降の新型コロナウイルス感染症パンデミック，そして度重なる大規模自然災害の発生の中で，現代社会に生きる私たちはライフの不安定さをこれまでになく自覚する状況となっている。生き方を問い，ライフの意味を探究する厚生心理学の活用の場は，これまでになく広がっている。

●ライフという概念

ライフ概念は，「生命」「生活」「生涯」などを縫合するような研究視点を表すときに使われる（小倉，2013）。この中でも「生涯」に相当する事象をどのように名づけ，分析の対象とするかについての決定的な合意はいまだに存在しない。しかし人文・社会科学における語用を把握することは，厚生心理学におけるライフの位置づけを見定めるうえで有用だろう。

例えば，社会学においては「生涯」の語を用い，「生まれてから死ぬまでという範域でしめされる，life のなかで時間性・歴史性を含んだ概念であ

る」（藤村，2008）と定義している例がある。一方，心理学においては「人生」の語を採用したうえで，発達的な展望を伴った「経験」として理解をしていこうとする例がある（サトウ，2015g）。これらは数多く存在するライフの定義のごく一部にすぎないが，それでもなお，経験に焦点を当てることが心理学的な探究の特徴であるということの説明には十分であると思われる。厚生心理学においてもまた，後者「人生」の語を採用することが適切であろう。

　それでは，ライフ（生命・生活・「人生」）のぶ厚い記述とは何を指すのだろうか。ぶ厚い記述とは，**研究協力者**にとっての行為や経験の意味を記述することを指す用語である（ギアーツ，1987/1973）。また，**TEA**のもとで実施されるぶ厚い記述においては，研究協力者の「解釈を解釈する」際に，**トランスビュー**に代表されるような共同生成的な考察プロセスを組み込むことが重要となる。したがってライフのぶ厚い記述とは，研究協力者がどのようなライフを送っているのか（どのような生き方をしているのか），そして研究協力者にとってライフがどのような意味をもつのかを問い，記述し，研究者と研究協力者がともに考察していく営為を指すといえよう。

　生きることは，ライフの諸側面（生命・生活・人生）を兼ね備えているはずであり，人間の経験としては分割しがたい——生命だけ，生活だけ，人生だけのライフというのは成立しないだろう。心理学的な用語を使えば，ライフはゲシュタルト（部分に還元できない全体としての質）として理解される必要がある。しかし便宜的に，あるいは方法論的・理論的な限界のため，心理学の諸分野においてはこれらライフの側面を分けて探究してきた。感覚・知覚心理学が生物としての「ヒト」の，社会心理学が社会的な存在としての「人」の，そして発達心理学が個人的な人生を展望する存在としての「ひと」の研究を行ってきたとする心理学史上の見解（サトウ，2015g）は，そのままライフの側面と対応していると見てよい（感覚・知覚心理学＝生命，社会心理学＝生活，発達心理学＝人生）。これらに対し，厚生心理学はライフのゲシュタルト性を念頭に置き，その全体像を探究することをねらいとする。

●**厚生心理学的な研究テーマが駆動する背景**

　ライフを探究するという主題が顕在化するのは，ライフが脅かされたときであることが多い。ライフは日常の断片的な偏在であるために捉えづらく，

194　第4章　対象の拡がり（新しい個性記述）

その一方でライフを逆照射するための死を自覚することは困難であるために，なおのことライフの全容に関心を抱くことは難しい（藤村, 2008）。しかしこのような日常は，重篤な疾病罹患，激烈な被災，あるいは悲惨な事故・事件への遭遇，といったような——多くは**ラプチャー**（突発的な出来事）として訪れる——事態によって一変する。これまでに経験したことがない危機に見舞われる中で，人は新たな生き方を作り出し，ライフの意味を再構成しなければ，未来が途絶しかねない緊張を経験する。このような危機の経験に対する関心や支援ニーズが，厚生心理学的な研究を動機づける。

●ライフに対する厚生心理学的な着眼点

ライフの探究というだけでは厚生心理学の実態をつかむことは難しい。そこで筋萎縮性側索硬化症（Amyotrophic Lateral Sclerosis; ALS）という神経難病の患者を例に，厚生心理学的な着眼点を解説しよう。

ALS は全身の随意筋の運動が徐々に困難となっていく進行性・難治性の病いである。病気の進行とともに四肢の運動に障害が生じれば移動が困難となるし，呼吸に関わる筋肉の機能が落ちれば息をすることができなくなってしまう。自力での呼吸が困難となれば，人工呼吸器の装着をするか，それとも呼吸苦の果ての死を選ぶかという選択を余儀なくされる。日本においては ALS 患者の実に 7 割程度が，介護や経済負担などの理由から呼吸器をつけることを選ばず亡くなっていると推定されている（NHK, 2020）。人工呼吸器が「生命」維持に直結する装置であることはいうまでもないが，装着後にどのように「生活」を営んでいくのかという追加的な苦悩も生じるし，病いが進行していく中で自分の「人生」とは何だったのかという意味を自問する心理的苦痛も深刻なものとなる。ALS 患者における人工呼吸器装着の選択は，まさにライフの全域にわたる問題となる。

前述したように患者の 7 割が介護や経済負担などの理由から死を選択しているという状況を踏まえ，厚生心理学は，少数派ともいえる 3 割の患者の選択に着眼する。そして以下のような問いを立てる——多数派である 7 割の患者が装着を拒否するにもかかわらず，なぜ残り 3 割は異なる選択ができたのだろうか。どのような経緯で人工呼吸器の装着を選択したのだろうか。人工呼吸器をつけた状態でどのような生き方をしているのだろうか。患者自身は ALS とともにあるライフをどのように意味づけているのだろうか。

●TEA×厚生心理学の意義：転用可能性と具体性

　このような問いを立て回答し，学術的にも実践的にも意義のある成果を提出していくうえでは TEA と厚生心理学との連携は必須ともいえる。なぜならば TEA と連携することによって，厚生心理学は幅広い**転用可能性**と具体性を獲得するからである。神経難病が好例であるが，厚生心理学が研究対象とする人々は，社会における少数集団であることが多い。ALS 患者の総数は，2021 年度末時点において日本全体で 9968 名であり，当然のことながら日本全体の人口から見ればごくわずかである（人工呼吸器装着者および未装着者の双方を含む人数である点に留意：難病情報センター，2023）。

　人間の心理・行動の仕組みを**一般化**可能な形で探究することを重視するタイプの心理学研究者から見れば，健常者と大きく異なる身体的・精神的条件下にあり，かつ人数も少ない神経難病者のような集団を心理学的研究の対象とすること自体が非合理的なものと映るかもしれない。ありていにいえば，「特殊な人を調べて人間の何が分かるのか（研究成果はどのように一般化しうるのか）」という疑問が生起する。この疑問に対する TEA×厚生心理学からの回答は，以下 2 点に集約される。第 1 に，**記号発生メカニズムの一般化**による転用可能性の追究である。第 2 に具体性を備えた生き方のモデル提示による実践的支援への示唆である。

　第 1 の点について，TEA の基層をなす**文化心理学**においては，記号の機能化（あるいは，記号が機能していくこと）が一般的なメカニズムとして見いだされる（サトウ，2009g）。例として，ALS 患者における人工呼吸器装着の理由として「当初は装着せずに死を迎えるつもりだったが，子どもの成長を見守りたかったので装着した」という内容が挙げられたとしよう。子どものいない ALS 患者が呼吸器の装着を検討する際に，この理由は参考にならないように見えるかもしれない。しかしそうではなく，ここで着目すべきは，時間的展望とともに選択肢が生成されていた点である。

　人工呼吸器を「装着するために，装着する」，つまり「装着」それ自体を目的にするという ALS 患者は少ないだろう。装着という選択に至るには，装着後の未来のライフを想定することが必須なのである。上記の語り例においては，「ALS 患者が，自分の未来に意味を見いだすことができた」という点に記号作用の発生が見いだされる。選択という観点で見れば，人工呼吸器

を装着するか否かの**分岐点**において，「時間的展望の再構築」という出来事が「装着」とその先にある未来に向かう径路を生成するのである。

　重要なことであるが，時間的展望の再構築という出来事は，ALS に限らず，他の疾病・障害等から人工呼吸器装着の選択を迫られている人々においても同様に生じうる。したがって，それらの人々の心理・行動の理解や援助に対して，ALS 患者において生成された知見を援用できる可能性がある。この点において TEA×厚生心理学は転用可能性を備えるのである。

　第2の点について，TEA による分析は，時間を捨象せずに，かつ個人を取り巻く社会的諸力（**社会的助勢・社会的方向づけ**）を含めて，人生径路を描き出すことができる。ALS 患者の中には，在宅で人工呼吸器を使用しながら生活するための技術を，オンラインや患者会報などを通じて積極的に発信しているケースがある。こうした発信の実践が，人工呼吸器の装着を迷っている患者の生存を促すことがある——生活様式をそっくり模倣できるわけではないが，人工呼吸器装着後のライフがありうるという希望を生成する「スーパースター・モデル」（川口，2009）として機能するのである。

　TEA×厚生心理学は，このような「モデル」となりうる人々のライフを具体的に描き出すことができる可能性がある。心理学における「**モデル・モデリング**」は「関連ある現象を包括的にまとめ，そこに一つのまとまったイメージを与えるようなシステム」（印東，1973）であるとされ，その機能の1つに「個々の事象を見る見方が変わり，新たな仮説や実証を発展的に生み出していく生成的な機能」がある（やまだ，2002）。TEA によってライフを描くことは，ある**等至点**に至るまでの「関連ある現象を包括的にまとめ」る作業にほかならず，ライフを見る「見方が変わる」ことに貢献するだろう。TEA×厚生心理学はモデル化を追求することで，実践的支援との接続を図る心理学の一分野なのである。

関連項目 分岐点，クロノス的時間，カイロス的時間，未定さ，未来志向性

■ 日高 友郎 ■

第8節

TEA × 障害者研究
TEA × disability research

　本稿では，TEA およびその主要概念が，障害者研究においてどのような
意義をもつのかを検討する。障害の経験を扱う質的研究は学際的であり，医
療社会学，医療人類学，社会福祉学，看護学，障害学など多岐にわたる。

　障害者研究は，障害者本人が直面する不利益を，家族，職場，地域社会，
社会規範，そして教育，雇用，社会福祉の制度との関係においてどう対応し
ているのかを見る。障害者研究における質的研究としては，**GTA**，修正版
グラウンディッドセオリー，**KJ 法**，**エスノグラフィー**，**アクションリサー
チ**がある。TEA を含めて，各手法の共通点は，障害者本人とその周囲の環
境との相互作用のプロセスを丁寧に見ることである。

　サトウ（2019c）によれば，GTA や KJ 法が，**構造**をプロセスとして捉えて
いるのに対し，TEA は，**非可逆的時間**という概念を用いることにより，物
理的な時間概念を離れて，プロセス自体を扱うことができている。この見解
には異論があるかもしれないが，仮にこれに依拠すれば，障害に関する経験
の長さの議論からいったん離れたうえで，多様な**径路**を 1 つの枠内に記述す
ることが可能になる。無論，経験の物理的長さを分析する場合には，非可逆
的時間を用いない，別のアプローチが必要になる。

●**経験の始点と終点**

　TEA は，もともとは従来の無作為**サンプリング**に対する異論から発展し
たため，プロセスの始点の設定の仕方はサンプリング的な意味合いをもつ。
例えば，障害者を対象とした研究の場合，始点は障害者になった状態である
が，これには幅がある。障害につながる疾患にかかった，疾患を疑った，障
害者手帳の交付を受ける，障害者手帳がなくとも本人が「障害者になった」
と称する，などの時点を想定できる。この想定は必ずしも定説に依拠する必
要はない。また，障害者になる前の状態を始点とすることできる。特に中途
障害者においては，受障前，受障後の早期，現在といった時間軸を想定でき
る。幼少期からの障害者においても先天性障害者と出生時の障害者などがあ

198　　第 4 章　対象の拡がり（新しい個性記述）

る。幅をもつ状態の想定が，TEA が目指す多様な径路の記述につながる。

　プロセスのゴールは，**等至点**（EFP）と，**両極化した等至点**（P-EFP）である。後者は，EFP の補集合のような行動や選択であり，EFP と価値的に背反する。TEA は，**径路の多様性を記述すること**を重視しているため，特定の状態像を理想とするような記述を避けるが，学術論文が示す EFP は，望ましい状態像という印象を読者に与えかねないからである。そこで，P-EFP を設定することにより，バリエーションも想定できる。例えば，EFP を，障害者が親もとを離れて 1 人暮らしをすることとする。P-EFP としては，「親もとを離れて，友人と暮らす」「平日は 1 人暮らしで，週末には親もとに帰る」「親もとにいるが，1 人暮らしと同じように家事をする」などを想定できる。EFP の幅を拡張すれば，EFP と，P-EFP を包含する**等至域**を豊かに記述することになる。

　研究をしている中で，**研究協力者**は，EFP の後に新たな EFP があることに気づくかもしれない。これは，**2nd 等至点**（2nd EFP）と呼ばれる。研究者自身が気づいていなかったゆえかもしれない。例えば，1 人暮らしを可能にした障害者が，家族に気兼ねなく趣味を楽しんだり，パートナーと同居したりすることに重きを置くようになるかもしれない。ただし，EFP と 2nd EFP は，価値的な優劣を前提とはしていない。

● 障害者研究における分岐点と必須通過点

　分岐点（BFP）とは，EFP に至るプロセスがいくつかの径路に分かれる地点のことであり，バリエーションがある。例えば，障害者が 1 人暮らしに至る BFP としては，障害者の仲間からの勧め，親との生活様式の違いなどを想定できる。特定の出来事には，一定の幅が存在する。例えば，仲間からの勧めに着目した場合，「相談相手になる障害者を探し始める」「相談相手の助言を受け入れる・受け入れない」といった次の径路がある。

　BFP においては，当人と外部との間で**価値変容点**が生じており，**TLMG** を援用して説明してみる。上述の例では，第 1 層は，障害者仲間との 1 人暮らしに関する会話，第 2 層では，相談相手から収集した内容が受障前や今後の生活観とどう合致するかを吟味し，自分と親との役割分担の検討をする，第 3 層では当人なりの生活観，例えば支援者をマネジメントしながらの独居の重要性の確信を想定できる。

必須通過点（OPP）には，制度的 OPP，慣習的 OPP，結果的 OPP がある。各々が重なり合うことがある。障害者研究の場合，事故によって受障した人にとって，「退院」は，OPP であると同時に，医療ないし福祉サービス制度上は制度的 OPP である。入院には退院が伴うという意味では結果的 OPP である。OPP は BFP でもある。退院が入院の結果的 OPP であると同時に，退院後の生活への分かれ道にもなる。

EFP，BFP，OPP は，実際に通った径路や分岐先のみならず，ありえた想定上のものも記述することが推奨される。P-EFP も含めてよいだろう。**ナラティブ・アプローチ**において，ブルーナー（1998/1986）は，現実の仮定法化の意義を指摘した。これは，喪失などのラプチャーを経験した人が，その経験をしていない場合どのような人生を送ったかを語ること，それは詠嘆だけではなく，実際に送っている人生の深い理解につながることを意味しており，中途障害者の研究においても言及される（Tagaki, 2016）。

TEA における想定上の径路，P-EFP は，現実の仮定法化と相通じると同時に，喪失以外の経験にも適応でき，時間的展望があること，ある経験をしていない場合の内容を極めて豊かに議論できる仕組みになっている。特に 1 人を対象とした研究の場合には，人の複数のプロセスを見ることができる。例えば，親もとを離れて 1 人暮らしを実際にした人が，この選択をしなかった場合の径路を想定し，親もとで部分的に生活するかもしれない。1 人暮らしを急ぎすぎたと省察し，親もとに帰ることもあるだろう。このような分析を可能にするのは，後述のように，TEA が不確実性や未来展望をもった**ナラティブ**を重視しているからである。

●**維持のプロセス**

TEA は**変容**と**維持**が生じる事象を分析する概念を理論化しているが，変容がないとされる状態像の記述も重要である。変容の有無は，注目すべき事象によって異なる。慢性疾患や，受障期間が長くなった障害者の日常における相互交渉を経時的に見るうえでも維持のプロセスは重要な視点である。例えば，念願の 1 人暮らしを可能にした障害者が，一見落ち着いた生活をしているにしても，福祉サービスのクオリティや，自らの生活パターンのマネジメントを常に要する。EFP，BFP，OPP だけではなく，経験の維持がどのようになされているかにも注意を払うべきである。

200　第 4 章　対象の拡がり（新しい個性記述）

●障害者研究における社会的助勢と社会的方向づけ

　社会的助勢（SG）と**社会的方向づけ**（SD）は，人の外部との交渉過程をよく表している。前者は，記述対象が等至域に向かうことを促進する力，後者は阻害するものと理解されている。**ライフストーリー**研究においても SG と SD に相当する内容を分析するが，TEA では，これを顕在化させることによって，従来の質的研究が明示していなかった SG や SD の変容を明らかにすることができる。

　SG や SD の例として，家族，援助専門職，障害者の仲間，本やメディア，学問における言説，法制度を想定できる。例えば，障害者差別解消法の認知度は低く，運用上のルールに曖昧さが多いものの，障害者にとっては，この法律があること自体が，さまざまな不利益に対する異議申し立てを可能にする。また，学問的な概念が厳密に障害者に共有されていなくとも，SG や SD として機能しうる。社会モデルは，英国や米国の諸概念とは異なり，「障害者の困難の原因は社会にある」といういわばフォークセオリーとして受け入れられている。これにより障害者は，自らを責め立てる必要がなく，社会環境そのものに注目すればよいと思うのである。

　SG と SD を見ることで，BFP の意味合いを深く解釈できる。例えば「退院」は，復学や復職の準備プログラムにもなれば，病院の都合で退院せざるをえない結果という解釈もありうる，というようにである。また，同じ事象が SG と SD 双方になりうる。例えば，障害者分野において家族は，さまざまな場面においてケアをすると同時に，障害者の自立生活運動が指摘するように，障害者が家族から離れて過ごすことを妨げることもある。また，この背景には，日本の伝統的な家族観，法制度の運用の問題などが指摘されている。SG が SD に，あるいはその逆になる過程では，対象者と対象者内部，および外部において価値の変化が生じていると考えられる。

　なお，SG，SD は単なる**促進的記号・抑制的記号**ではなく，社会文化的，歴史的な影響として広く捉えたほうが経験の記述が豊かになるだろう。また，等至域においても SG，SD は作用していると思われる。

●研究目的と研究者の価値

　SG，SD の記述は研究者の暗黙の価値観の省察につながる。特に援助実践の改善を目指す場合，SD，SG は援助職や援助機関のアプローチが中心にな

るだろうが，援助が，障害者には抑圧や押し付けと受けとめられることがある。無論，援助者が何もしない場合，障害者の不利益を放置し，職務放棄になりかねない。**TEM 図の背景**には，研究者のリフレクションが必要である。

●**偶有性と未来展望**

　ナラティブを扱った他の手法と同様に，TEA も，人々の経験のプロセスにおける**偶有性**を重視する。障害者のライフストーリーにおいては，「たまたま気の合う障害者の友人に，病院で出会えた」といった偶有性が強調される。ナラティブは振り返る時点からの過去の再構成であるのみならず，未来の事前構成ともいえる（ヴァルシナー，2013/2007）。経験した出来事に偶然さを残しておくことは，未来の別の解釈を可能にする。ただし，この語りは，偶然だったという意味づけである。ナラティブは，出来事間の意味連関である以上，真に偶然ならば，ナラティブは生じにくい。

●**周辺理論との異同**

　TEA と，**ライフコース理論**（エルダー＆ジール，2003/1998）と生態学的アプローチ（ブロンフェンブレナー，1996/1979）との異同を見ておく。ライフコース理論と生態学的アプローチは，それぞれ歴史的時間的視点と空間的視点をもち，両者は現在では相補的な立場にある。これらは，TEA とも相通じる。ライフコース理論は，存在した時間を前提に標準的出来事に注目する一方，TEA は，非標準的出来事をどちらかといえば重視する。障害者研究の場合，街中で見かけた人から受けた印象，レクリエーションで親切にされたことなど，ライフコース研究では見過ごされがちな内容が重要になる。TEA も生態学的アプローチも人々を取り囲む環境を丁寧に見ていくものの，TEA のほうが，SG，SD など当人と外界とのやりとりを分析する枠組みが多く準備されている。ただ，TEA とライフコース理論において時間軸の違いは明確だが，扱う出来事，人を取り巻く要因の異同については，理論的整理を要する。

　障害者個々人ではなく，組織，例えば障害者のサポートグループの活動における BFP や OPP を見れば，活動のプロセスを丁寧に分析できる。TEAによる障害者研究の拡がりが期待できる。

　〔関連項目〕分岐点，必須通過点，社会的助勢／社会的方向づけ，非可逆的時間，等至域

〔田垣　正晋〕

第9節

TEA × 経営学

TEA × management studies

　経営学はビジネスを構成するさまざまなトピックに焦点を当て，企業の行動や意思決定のメカニズムを説き明かそうとする学問である。戦略論，組織論，人的資源管論，技術・オペレーションマネジメント，マーケティング，会計，ファイナンスなど多岐にわたる下位分野からなる。経営学は実践を志向し，ビジネスの課題を理解し，効果的な解決策を生み出すための考え方を提供することを目指す。また，多様な現象を扱うため，経済学や社会学，心理学などの他分野からさまざまな視点や概念を積極的に取り入れている。

　経営学の研究方法として最も影響力があるのは，**実証主義**に基づく量的なアプローチである。しかし，質的アプローチへの関心も着実に高まってきている。質的研究の方法としては，**ナラティブ・アプローチやエスノグラフィー**，GTA などが採用されるが，伝統的に最も受け入れられているのは**事例研究**である。その理由の１つは，企業や業界が直面する状況やその中での行動についてリアリティのある記述を行うことで，実務家にとって**妥当性**のある理論が生まれやすいからである。

　経営学研究に TEA を応用する可能性は，ビジネススクールでの学びを通じた職業的アイデンティティの時間的変容を分析した豊田（2015）において示された。その後，TEA の応用領域は拡大し，隅本ら（2020）は「ものづくり」研究への方法論的貢献を TLMG をもとに論じている。また，サトウ（2024）は産学官連携に TEA を適用した事例を分析し，その有効性を論じている。これらの研究は TEA を経済学に応用する意義を示唆するが，主流の経済学において TEA を用いた研究はまだ初期段階にある。以上を踏まえ，本節では，著者自身の研究に基づき，TEA による経営学の展開を展望する。

　端的に，TEA に期待される貢献は，事例研究におけるプロセスの分析を深めることにある。経営学研究では，戦略的意思決定，経営戦略の形成，イノベーションの創出，組織変革，組織文化や組織アイデンティティの変容，リーダーシップの形成といったプロセスに焦点を当てる事例研究が一角を占

める。その目的は，プロセスがどのように進行するのかを文脈の中で明らかにすることである。プロセスの捉え方に関して，近年は，ある特性が特定の条件や状況のもとで現れる可能性があることを指す潜在性という概念に注目が集まっている（Cloutier & Langley, 2020）。プロセスは，ある結果に至るまでに，さまざまな**径路**をたどる可能性がある。そのような潜在性の中から，ときには偶発的要因の影響を受けながら1つの径路が実現されると考えられる。すなわち，ある結果は，特定の状況における潜在性の発露にすぎないが，実際に観察されたデータだけに頼ると，そうしたリアリティが見過ごされる可能性がある。そのため，プロセスの潜在性を探る新しい枠組みや手法が求められており，TEA はまさにその要請に合致する。

安田（2015h）は，TEA のキーワードの1つとして潜在性を挙げ，ある経験に至る1つの径路は，いくつかの可能性と潜在性の中での実現型であり，そう認識することが，多様性・**複線性**への理解を促すと論じている。したがって，プロセスに焦点を当てる事例研究に TEA を組み入れることで，潜在性の観点からの事例記述が可能になる。この際のねらいの1つは，潜在性を形作る歴史的・文化的・社会的文脈を捉えながら，**分岐点**（BFP）に TLMG を適用して組織の内的変容とともに特定の径路が選択・実現された様相を明らかにすることである。なお，組織の内的変容は組織学習という概念の核心に関わる。実際，組織学習論では，TLMG の視点にもあるように，組織の信念や価値観が変わる学習なのか，それとも変わらない学習なのかが1つの論点となっている。

TEA が具体的にもたらす価値として，事例研究において以上のような観点からプロセスを記述・理解することを通じ，創発的なビジネス現象のモデル化を支援することが挙げられる。部分から全体への予期しないパターンや性質の現れを意味する創発は，経営学における重要な視点であるものの，そのダイナミクスやメカニズムを記述するのは容易ではない。TEA を用いた事例研究により，潜在性を形作る歴史的・文化的・社会的文脈を可視化し，BFP に焦点を当てた分析を行うことで，例えば経営戦略がどのように創発的に形成されるのか，あるいはイノベーションがどのように創発的に生じ，展開するのかについて新たな理論的洞察が得られると期待される。

TEA は，組織が市場といかに関わるべきかを検討するマーケティング分

野にも応用できる。マーケティング研究においては顧客の経験を捉える試みがあるが，TEA を用いることで，売り手，すなわち企業の視点ではなく顧客の文脈に即した顧客経験の詳細な記述と理解が可能になる。

　最後に，保育の実践において TEA を活用できるように（中坪，2019），ビジネスの実践においても TEA を活用することが期待される。TEA は，多様な文脈の中でさまざまに進行しうる業務プロセスや組織内プロセスをマッピングするためのツールとして，また，人材育成のためのツールとして位置づけることが可能である。

　以下では，経営学における中核的なテーマと TEA の関係性を整理する。

●TEA による組織学習の理解

　組織学習は，組織による知識の生成や活用を表す概念であり，組織が持続的に成長するための基盤として位置づけられる。組織学習は個人の学習の単純な総和ではなく，個人の直観から始まり，それが集団内で解釈・共有され，最終的には組織の制度，構造，および行動に反映されるプロセスである（Crossan et al., 1999）。したがって，個人，集団，組織という複数のレベル間の相互作用を考慮することも，TLMG を組織に適用する場合に重要である。

　組織学習は 2 種類に分けられる。1 つは，既存の枠組みに基づいて問題解決の方法を探るシングルループ学習であり，もう 1 つは，既存の枠組みや前提を疑い，新しい考え方を取り込むダブルループ学習である（Argyris & Schon, 1974）。TLMG では，情報が第 3 層（信念・価値観）まで到達するのがダブルループ学習であり，第 1 層（行為）で止まるのがシングルループ学習だと考えられる。TLMG を中心に TEA を用いれば，歴史的・文化的・社会的文脈の中で生じるものとして組織学習を捉えることができる。それは，組織が外部環境に適応し，自らのあり方を変化させていくプロセスを俯瞰的に描写することを意味し，新たな組織学習や組織変革のモデルにつながる可能性がある。

●TEA による経営戦略形成の理解

　経営戦略とは，組織が長期的に成長し，持続可能な競争優位を築くための，将来に向けた方向性を指す。戦略形成のプロセスは，上層部による計画的な決定だけでなく，組織内のさまざまなレベルや部門からの創発的な働きかけによっても形成される（Mintzberg, 1978）。組織学習概念が示すとおり，

組織は現実の状況に柔軟に適応し，現場からの気づきや洞察を統合することが重要である。

TEA を用いた事例研究によって，組織の歴史的・文化的・社会的文脈を明らかにしながら，偶発的要因や現場からの気づきによって意図せざる戦略が形成される様相を捉えることは，戦略形成プロセスに関する新たな知見の創出につながると期待される。

●TEA によるイノベーションの理解

技術や製品，事業，制度などの革新を意味するイノベーションは，企業や社会の成長・発展のために重要な課題として位置づけられている。通常，イノベーションは機会の発見からアイデアの創出，技術や製品の開発，そして市場への導入に至るまでの創造的かつ探索的なプロセスとして理解される。このプロセスは，組織内で完結するのではなく，外部環境との相互作用を伴う。また，必ずしも教科書が示すモデルのように線形的に進行するものではなく，非線形で反復的な段階を含むことが指摘されている（Van de Ven et al., 1999）。

TEA は，事例研究において，不確実性や偶発的要因がどのようにイノベーションの生成・展開に影響を与えるのかを記述するために用いることができる。組織の歴史的・文化的・社会的文脈を踏まえながらそうした側面を俯瞰的に明らかにすることは，非線形的なイノベーションプロセスをモデル化するうえで有用だと考えられる。

●TEA による顧客経験の理解

マーケティング分野で注目される顧客経験は，顧客が組織やブランドとやりとりするプロセスを通じて示す認知的・感情的・行動的・感覚的・社会的反応を指す（Lemon & Verhoef, 2016）。一般に，顧客経験は組織が影響を及ぼすことのできる範囲で捉えられることが多いが，近年は，現象学的アプローチから，顧客の生活世界文脈に焦点を当てて理解する動きも広まりつつある（Becker & Jaakkola, 2020）。

こうした生活文脈における顧客経験を明らかにするうえで，TEA は，顧客がなぜ，どのように製品を購買するのか，あるいはブランドにロイヤリティを形成するのかについて，顧客の価値観や文化的背景にまで踏み込んだ深い理解をもたらす。このとき，TLMG を適用することで，予期せぬ意味

創造に基づく購買（Kosuge & Yasuda, 2022）といった興味深い現象も扱うことができる。多様な事例の蓄積を通じて顧客経験を俯瞰的に理解することは，顧客の生活世界を中心とするマーケティングのモデル化に向けた重要な一歩だと考えられる。

●TEA に基づくプロセスマッピングの実践

複雑な業務の流れや手順を視覚化するプロセスマッピングは，暗黙知を形式知化することで，組織内での知識の伝承を促進し，組織がプロセスの改善やイノベーションを構想するうえで重要な役割を果たす。また，プロセスマッピングの実践には，当事者意識の醸成や組織理解の深化など，人材育成上の効果もある（Huising, 2019）。

組織のプロセスには，プロジェクトマネジメントのように，複雑で状況に応じた柔軟な判断が求められるものも多い。TEA を用いて過去の成功事例や失敗事例を分析し，プロセスがどのように進行するのかを文脈の中で理解することで，望ましい状態に向けた多様なシナリオの探究が可能となる。これにより，従来の手法では得られない柔軟な思考が組織にもたらされる。そして，組織として，組織の歴史や文化，社会的関わりといった文脈に基づく知識を伝承・共有することで，従業員は自らの役割を理解し，自律的に判断・行動できるようになり，結果として組織全体の活性化につながると考えられる。

●TEA を中心とする産学官連携

TEA は，産学官連携を促進するツールとして位置づけることが可能である。サトウ（2024）の「異床同夢」の概念に示されるように，異なる組織や立場は同じ目標を共有するパートナーとして捉えることができる。TEA の複線性は，「異床同夢」に基づく「**相補性**」と呼応し，多様なアプローチを有機的に統合する。プロセスの分析と可視化によって，産業界，学術界，行政の知見が相補的に結びつき，暗黙知や経験知が共有可能な形式知に転換される。これにより，組織間の知識創造と価値共創を促進し，社会経済システムの発展に寄与すると期待される。

関連項目 TLMG，構造／過程，内化／外化

▌ 小菅 竜介 ▌

引用文献

赤坂 憲雄 （2002） 境界の発生（講談社学術文庫）．講談社．［2-1-12］

オールポート，G. W. ／詫摩 武俊・青木 孝悦・近藤 由紀子・堀 正(訳) （1982） パーソナ
リティ：心理学的解釈．新曜社．〔Allport, G. W., 1937〕［2-1-8］

安藤 寿康 （1999） 想像．中島 義明・安藤 清志・子安 増生・坂野 雄二・繁桝 算男・立
花 政夫・箱田 裕司(編)，心理学辞典 (pp. 532-533)．有斐閣．［3-4-2］

APA（American Psychological Association）．(2018) clinical psychology. APA Dictionary of
Psychology. https://dictionary.apa.org/clinical-psychology （2024/05/29 確認）［4-5］

荒川 歩 （2009） TEM 図の線の見方／味方：公約数的研究から公倍数的研究へ．サトウ タ
ツヤ（編著），TEM ではじめる質的研究：時間とプロセスを扱う研究をめざして (pp.
145-152)．誠信書房．［3-7-5］

荒川 歩 （2012） 出来事を揃える：4±1 人程度のデータを扱ってみる TEM．安田 裕子・サ
トウ タツヤ（編），TEM でわかる人生の径路：質的研究の新展開 (pp. 21-32)．誠信書房．
［1-3-13］

荒川 歩 （2015） 1/4/9 の法則からみた TEM：事例数が教えてくれること．安田 裕子・滑
田 明暢・福田 茉莉・サトウ タツヤ（編），TEA 実践編：複線径路等至性アプローチの基
礎を活用する (pp. 166-171)．新曜社．［1-3-2］

荒川 歩・安田 裕子・サトウ タツヤ （2012） 複線径路・等至性モデルの TEM 図の描き方の
一例．立命館人間科学研究，*25*，95-107．［1-3-2, 1-3-13, 3-7-5, 4-1］

Argyris, C., & Schon, D. A. (1974) *Theory in Practice: Increasing Professional Effectiveness.*
Jossey-Bass. ［4-9］

有澤 晴香 （2018） 避難区域外での行動選択と支援に関する研究：福島県の住民の語りから．
応用社会心理学研究：サトゼミ卒論集，*14*，40-56．［2-3-2］

浅井 かおり・浅井 拓久也 （2022） 保育者のキャリア形成の過程に関する研究（2）：D 保育
園園長によるクラス担任決定の判断過程について．東京未来大学研究紀要，*16*，1-11．［1-
3-9］

芦名 定道 （1986） 〈研究ノート〉P・ティリッヒの時間論．基督教学研究，*9*，115-130．［2-
2-2, 2-2-3］

バフチン，M. ／伊藤 一郎(訳) （1988） ドストエフスキー論の改稿プランによせて．こと
ば 対話 テキスト（ミハイル・バフチン著作集 8，pp. 241-278）．新時代社．〔Bakhtin, M.,
1961〕［3-4-5］

バフチン，M. ／望月 哲男・鈴木 淳一(訳) （1995） ドストエフスキーの詩学（ちくま学芸文
庫） 筑摩書房．〔Bakhtin, M., 1929〕［3-4-5］

バフチン，M. ／伊藤 一郎(訳) （1996） 小説の言葉．平凡社．〔Bakhtin, M., 1975〕［3-4-5］

Bamberg, M. (2006) Stories: Big or small: Why do we care? *Narrative Inquiry*, *16*(1), 139-147.
［3-4-10］

Bastos, A. C. S. (2012) *Notes on the Trajectory Equifinality Model, poetic motion and the
analysis of autobiographical narratives.* Paper presented at the II International Seminar of
Cultural Psychology, Salvador, Bahia. ［3-5-13］

バストス，A. C.（Bastos, A. C.）／上田 敏丈・山本 聡子（訳）（2015） 発達的な文脈と径路：ブラジルにおける発達的移行に関する TEM 研究の動向．安田 裕子・滑田 明暢・福田 茉莉・サトウ タツヤ（編），TEA 理論編：複線径路等至性アプローチの基礎を学ぶ（pp. 106-119）．新曜社．[2-3-6, 3-5-13]

Bastos, A. C. S.（2016） Shadow trajectories: The poetic motion of motherhood meanings through the lens of lived temporality. *Culture & Psychology*, 23(3), 408-422. [2-3-6, 3-5-13]

Becker, L., & Jaakkola, E.（2020） Customer experience: Fundamental premises and implications for research. *Journal of the Academy of Marketing Science*, 48, 630-648. [4-9]

ベネディクト，R.／尾高 京子（訳）（1951） 文化の諸様式．中央公論社．〔Benedict, R., 1935〕[3-5-14]

ベルクソン，H.／中村 文郎（訳）（2001） 時間と自由（岩波文庫）．岩波書店．〔Bergson, H., 1889〕[2-1-13, 2-2-1, 2-2-6]

ブロンフェンブレンナー，U.／磯貝 芳郎・福富 譲（訳）（1996） 人間発達の生態学（エコロジー）：発達心理学への挑戦．川島書店．〔Bronfenbrenner, U., 1979〕[4-8]

ブルーナー，J.／岡本 夏木・仲渡 一美・吉村 啓子（訳）（2016） 意味の復権：フォークサイコロジーに向けて（新装版）．ミネルヴァ書房．〔Bruner, J., 1990〕[3-4-10, 3-4-11, 3-4-12]

ブルーナー，J.／田中 一彦（訳）（1998） 可能世界の心理．みすず書房．〔Bruner, J., 1986〕[2-3-5, 3-3-8, 3-4-10, 3-4-12, 3-5-1, 4-8]

Burns, N., & Grove, S. K.（2001）. *The Practice of Nursing Research*（4th ed.）. W. B. Saunders. [3-7-1]

Cammack, R., Atwood, T., Campbell, P., Parish, H., Smith, A., Vella, F., & Stirling, J.（2006） Steady state. *The Oxford Dictionary of Biochemistry and Molecular Biology*（2nd ed.）. Oxford University Press. [2-1-6]

Campbell, D. T., & Fiske, D. W.（1959） Convergent and discriminant validation by the multitrait-multimethod matrix. *Psychological Bulletin*, 56(2), 81-105. [3-7-1]

カー，E. H.／清水 幾太郎（訳）（1962） 歴史とは何か（岩波新書）．岩波書店．〔Carr, E. H., 1961〕[2-2-6]

Catán, L.（1986）. The dynamic display of process: Historical development and contemporary uses of the microgenetic method. *Human Development*, 29, 252-263. [3-5-2]

Chaiklin, S.（2003） The zone of proximal development in Vygotsky's analysis of learning and instruction. In A. Kozulin, B. Gindis, V. S. Ageyev, & S. M. Miller（Eds.）, *Vygotsky's Educational Theory in Cultural Context*（pp. 39-64）. Cambridge University Press. [3-2-6]

Cloutier, C., & Langley, A.（2020） What makes a process theoretical contribution? *Organization Theory*, 1, 1-32. [4-9]

コール，M. H.／天野 清（訳）（2002） 文化心理学：発達・認知・活動への文化-歴史的アプローチ．新曜社．〔Cole, M., 1998〕[3-1-1]

Collins, A., Brown, J. S., & Newman, S. E.（1989） Cognitive apprenticeship: Teaching the crafts of reading, writing, and mathematics. In L. B. Resnick（Ed.）, *Knowing, Learning, and Instruction: Essays in Honor of Robert Glaser*（pp. 453-494）. Lawrence Erlbaum Associates. [3-4-7]

クック，N. D.／雨宮 俊彦・寺出 道雄・法橋 登・丸 武志（訳）（1993） 自然のコード：自然のシステムの安定性と柔軟性を探る．HBJ 出版局．〔Cook, N. D., 1980〕[3-6-3]

クレスウェル，J. W.／抱井 尚子（訳）（2017） 早わかり混合研究法．ナカニシヤ出版．〔Creswell, J. W., 2015〕[3-7-1]

Creswell, J. W.（2021） *A Concise Introduction to Mixed Methods Research*（2nd ed.）. SAGE

Publications.〔3-8-14〕

クレスウェル，J. W.（Creswell, J. W.）／廣瀬 眞理子（訳）（2022） 混合研究法（MMR）による家族援助介入実践．安田 裕子・サトウ タツヤ（編），TEA による対人援助プロセスと分岐の記述：保育，看護，臨床・障害分野の実践的研究（pp. 202-211）．誠信書房．〔3-8-14〕

クレスウェル，J. W.・バイアス，J. C.／廣瀬 眞理子（訳）（2022） 質的研究をはじめるための 30 の基礎スキル：押さえておきたい実践の手引き．新曜社．〔Creswell, J. W., & Báez, J. C., 2021〕〔4-5〕

Debora, H.（2003）*The Science of Synthesis: Exploring the Social Implications of General Systems Theory*. University Press of Colorado.〔3-6-1〕

Denzin, N. K.（1970）*The Research Act: A Theoretical Introduction to Sociological Methods*. Aldine Publishing.〔3-7-1〕

デンジン，N. K.／関西現象学的社会学研究会（訳）（1992） エピファニーの社会学：解釈的相互作用論の核心．マグロウヒル出版．〔Denzin, N. K., 1989〕〔3-7-6〕

Diriwächter, R.（2004）Völkerpsychologie: The synthesis that never was. *Culture & Psychology, 10*(1), 85-109.〔3-1-2〕

Driesch, H.（1908）*The Science and Philosophy of the Organism. The Gifford Lectures Delivered Before the University of Aberdeen in the Year 1907*. Adam and Charles Black.〔1-2-1〕

エルダー，G. H.・ジール，J. Z.（編）／正岡 寛司・藤見 純子（訳）（2003） ライフコース研究の方法：質的ならびに量的アプローチ．明石書店．〔Giele, J. Z. & Elder, G. H.（Eds.）, 1998〕〔2-1-10, 4-8〕

エリス，C.・ボクナー，A. P.／藤原 顕（訳）（2006） 自己エスノグラフィー・個人的語り・再帰性：研究対象としての研究者．デンジン，N. K.・リンカン，Y. S.（編）／平山 満義（監訳），質的研究ハンドブック 3 巻：質的研究資料の収集と解釈（pp. 129-164）．北大路書房．〔Ellis, C., & Bochner, A. P., 2000〕〔3-8-11〕

エンゲストローム，Y.／山住 勝広（訳）（2020） 拡張による学習：発達研究への活動理論からのアプローチ（完訳増補版）．新曜社．〔Engeström, Y., 2015〕〔3-2-4〕

エリクソン，E. H.／仁科 弥生（訳）（1977） 幼児期と社会 1．みすず書房．〔Erikson, E. H., 1963〕〔3-5-14〕

エリクソン，E. H.／西平 直・中島 由恵（訳）（2011） アイデンティティとライフサイクル．誠信書房．〔Erikson, E. H., 1959〕〔3-5-14〕

エリクソン，E. H.／鑪 幹八郎（訳）（2016） 洞察と責任：精神分析の臨床と倫理（改訳版）．誠信書房．〔Erikson, E. H., 1964〕〔3-5-14〕

Fetters, D. M., & Freshwater, D.（2015）The 1 + 1 = 3 integration challenge. *Journal of Mixed Methods Research, 9*, 115-117.〔3-8-14〕

フェターズ，M. D.・抱井 尚子（編）（2021） 混合研究法の手引き：トレジャーハントで学ぶ研究デザインから論文の書き方まで．遠見書房．〔3-8-14〕

フランク，A. W.／井上 哲彰（訳）（1996） からだの知恵に聴く：人間尊重の医療を求めて．日本教文社．〔Frank, A. W., 1991〕〔4-7〕

藤村 正之（2008）〈生〉の社会学．東京大学出版会．〔4-7〕

福田 茉莉（2012） クオリティ・オブ・ライフとは何か？ サトウ タツヤ・若林 宏輔・木戸 彩恵（編），社会と向き合う心理学（pp. 135-150）．新曜社．〔2-1-9〕

福田 茉莉（2015a） クオリティ・オブ・ライフに接近する：時間を捨象しない人生径路の記述と包括体系的（システミック）な変容．安田 裕子・滑田 明暢・福田 茉莉・サトウ タツヤ（編），TEA 理論編：複線径路等至性アプローチの基礎を学ぶ（pp. 165-171）．

新曜社. [3-6-4]

福田 茉莉 （2015b） 分岐点：人生径路における分岐とその緊張関係. 安田 裕子・滑田 明暢・福田 茉莉・サトウ タツヤ（編）, TEA 実践編：複線径路等至性アプローチを活用する（pp. 13-20）. 新曜社. [1-2-7, 2-1-2, 2-1-5]

福田 茉莉 （2022） TEA（複線径路等至性アプローチ）の基本的概念. 安田 裕子・サトウ タツヤ（編）, TEA による対人援助プロセスと分岐の記述：保育，看護，臨床・障害分野の実践的研究（pp. 2-12）. 誠信書房. [1-3-14]

福田 茉莉 （2023） 複線径路等至性アプローチ（TEA）. 木戸 彩恵・サトウ タツヤ（編）, 文化心理学：理論・各論・方法論（改訂版, pp. 276-287）. ちとせプレス. [2-2-6, 2-3-1]

福井 のり子・力石 真・藤原 章正 （2017） 農村地域の活性化にむけた初動期における個人とコミュニティの成長プロセス：グラウンデッド・セオリー・アプローチ（GTA）と複線経路・等至性アプローチ（TEA）による検証. 都市計画論文集, 52, 209-219. [2-1-3]

Garfinkel, H. (1967). *Studies in Ethnomethodology*. Prentice-Hall. [3-8-8]

ギアーツ, C./吉田 禎吾・柳川 啓一・中牧 弘允・板橋 作美（訳）（1987） 文化の解釈学 I. 岩波書店. 〔Geertz, C., 1973〕[3-4-8, 4-7]

ヘネップ, A. van/綾部 恒雄・綾部 裕子（訳）（2012） 通過儀礼（岩波文庫）. 岩波書店. 〔Gennep, A. van, 1909〕[3-4-4]

弦間 亮 （2012） 大学生がカウンセリングルームに行けない理由・行く契機. 安田 裕子・サトウ タツヤ（編）, TEM でわかる人生の径路：質的研究の新展開（pp. 125-137）. 誠信書房. [1-2-12]

ガーゲン, K. J./杉万 俊夫・矢守 克也・渥美 公秀（監訳）（1998） もう一つの社会心理学：社会行動学の転換に向けて. ナカニシヤ出版. 〔Gergen, K. J., 1994〕[3-5-11]

ガーゲン, K. J./東村 知子（訳）（2004） あなたへの社会構成主義. ナカニシヤ出版. 〔Gergen, K. J., 1999〕[3-7-11]

グレイザー, B. G.・ストラウス, A. L./後藤 隆・大出 春江・水野 節夫（訳）（1996） データ対話型理論の発見：調査からいかに理論をうみだすか. 新曜社. 〔Glaser, B. G., & Strauss, A. L., 1967〕[1-3-9]

グラットン, L.・スコット, A./池村 千秋（訳）（2016） LIFE SHIFT（ライフシフト）：100 年時代の人生戦略. 東洋経済新報社. 〔Gratton, L., & Scott, A., 2016〕[2-3-3, 4-4]

グッドジョンソン, G. H./庭山 英雄・渡部 保夫・浜田 寿美男・村岡 啓一・高野 隆（訳）（1994） 取調べ・自白・証言の心理学. 酒井書店. 〔Gudjonsson, G. H., 1992〕[4-6]

ハッキング, I./石原 英樹・重田 園江（訳）（1999） 偶然を飼いならす：統計学と第二次科学革命. 木鐸社. 〔Hacking, I., 1990〕[3-7-8]

浜 日出夫 （2004） エスノメソドロジーの発見. 山崎 敬一（編）, 実践エスノメソロジー入門（pp. 2-14）. 有斐閣. [3-8-8]

浜田 寿美男 （2005） 自白の研究：取調べる者と取調べられる者の心的構図（新版）. 北大路書房. [4-6]

浜田 寿美男 （2009） 私と他者と語りの世界：精神の生態学へ向けて. ミネルヴァ書房. [3-5-15]

Hawkins Centers of Learning. (2023) *Eolithism*. https://www.hawkinscenters.org/eolithism. html （2023 年 8 月 2 日確認）[3-6-2]

林田 一子 （2017） 患者から暴力を受けた精神科看護師の勤務継続. 安田 裕子・サトウ タツヤ（編）, TEM でひろがる社会実装：ライフの充実を支援する（pp. 109-128）. 誠信書房. [1-2-12]

ヘンダーソン, V./湯槇 ます・小玉 香津子（訳）（2006） 看護の基本となるもの（新装版）.

日本看護協会出版会．〔Henderson, V., 1960〕[4-2]

ハーマンス，H.（Hermans, H.）／田 一葦（訳）（2015） TEM と対話的自己論（DST）：夫婦間問題を理解するために．安田 裕子・滑田 明暢・福田 茉莉・サトウ タツヤ（編），TEA 理論編：複線径路等至性アプローチの基礎を学ぶ（pp. 86-89）．新曜社．[3-4-6]

Hermans, H., & Hermans-Konopka, A. (2012) *Dialogical Self Theory: Positioning and Counter-Positioning in a Globalizing Society.* Cambridge University Press. [3-4-6]

ハーマンス，H.・ケンペン，H.／溝上 慎一・水間 玲子・森岡 正芳（訳）（2006） 対話的自己：デカルト／ジェームズ／ミードを超えて．新曜社．〔Hermans, H., & Kempen, H., 1993〕[3-4-6, 4-4]

Hidaka, T., Kasuga, H., Kakamu, T., & Fukushima, T. (2021) Discovery and revitalization of "feeling of hometown" from a disaster site inhabitant's continuous engagement in reconstruction work: Ethnographic interviews with a radiation decontamination worker over 5 years following the Fukushima nuclear power plant accident. *Japanese Psychological Research, 63*(4), 393-405. [3-8-10]

檜垣 立哉・藤田 尚志（2022） 『時間と自由』．檜垣 立哉・平井 靖史・平賀 裕貴・藤田 尚志・米田 翼（著），ベルクソン思想の現在（pp. 30-78）．書肆侃侃房．[2-2-1]

樋口 麻里（2017） 質的データ分析支援ソフトウエアの機能と背景にある考え方：Atlas.ti7 と NVivo11 の比較から．年報人間科学, *38*, 193-210．[3-8-15]

樋口 万里子（2001） 日本語の時制表現と事態認知視点．九州工業大学情報工学部紀要（人間科学篇）, *14*, 53-81．[3-5-15]

平石 界・中村 大輝（2022） 心理学における再現性危機の 10 年：危機は克服されたのか，克服され得るのか．科学哲学, *54*(2), 27-50．[3-7-4]

廣瀬 眞理子（2012） ひきこもり親の会が自助グループとして安定するまで．安田 裕子・サトウ タツヤ（編），TEM でわかる人生の径路：質的研究の新展開（pp. 71-87）．誠信書房．[1-1-4, 1-2-11, 4-5]

廣瀬 眞理子（2015） テキストマイニングと TEM：構造への着目変容視点．安田 裕子・滑田 明暢・福田 茉莉・サトウ タツヤ（編），TEA 実践編：複線径路等至性アプローチを活用する（pp. 203-207）．新曜社．[3-8-6]

廣瀬 眞理子（2018） ひきこもり電話相談における家族ニーズの多元的分析：混合研究法によるアプローチ．コミュニティ心理学研究, *22*(1), 25-41．[3-8-6]

廣瀬 眞理子（2022） 混合研究法（MMR）による家族援助介入実践．安田 裕子・サトウ タツヤ（編），TEA による対人援助プロセスと分岐の記述：保育，看護，臨床・障害分野の実践的研究（pp. 211-233）．誠信書房．[4-5]

廣瀬 眞理子（2023） 混合研究法と相乗効果を発揮：シンプルに見える TEM 図の中に描かれたふかみ．サトウ タツヤ・安田 裕子（監修），カタログ TEA（複線径路等至性アプローチ）：図で響きあう（pp. 32-33）．新曜社．[3-8-6]

Hirose, M., & Creswell, J. W. (2022) Applying core quality criteria of mixed methods research to an empirical study. *Journal of Mixed Methods Research, 17*(1), 12-28. [3-8-14]

廣瀬 太介（2015） KJ 法と TEM：時間をインポーズする．安田 裕子・滑田 明暢・福田 茉莉・サトウ タツヤ（編），TEA 実践編：複線径路等至性アプローチを活用する（pp. 186-191）．新曜社．[3-8-5]

保木井 啓史・境 愛一郎・濱名 潔・中坪 史典（2016） 子ども理解のツールとしての複線径路・等至性モデル（TEM）の可能性．子ども学, *4*, 170-189．[4-1]

ホルスタイン，J. A.・グブリアム，J. F.／山田 富秋（訳）（2004） アクティヴ・インタビュー：相互行為としての社会調査．せりか書房．〔Holstein. J. A., & Gbrium, J. F., 1995〕[3-4-10]

Huising, R.（2019）Moving off the map: How knowledge of organizational operations empowers and alienates. *Organization Science, 30*(5), 1054-1075.［4-9］

市川 章子 （2017） 台湾人アイデンティティ再考：複線径路等至性モデリングを用いて．対人援助学研究, *6*, 75-88.［2-3-15］

市川 章子 （2019） 小学校高学年で来日した外国人児童の学級参加の径路：国際教室のある小学校に転校した事例から．東アジア日本学研究, 創刊号, 15-24.［1-2-12］

市川 章子 （2020） 中国生まれの朝鮮族男性の進路選択過程：日本留学経験を中心として．東アジア日本学研究, *4*, 129-142.［4-3］

市川 章子 （2021） 想像を描く発生の三層モデル（TLMG）：外国人集住地域で日本語指導を受けた中国人青年の変容のプロセス．対人援助学研究, *11*, 126-140.［2-3-15］

市川 章子 （2024a） 日本在住朝鮮語話者の家庭言語政策の変容：ある外国籍保護者の「子どもに対する期待」を中心に．TEA と質的探究学会第 3 回大会．対面ポスター発表資料．武蔵野美術大学（東京都新宿区）．2024 年 5 月 26 日．未公刊.［1-2-12］

市川 章子 （2024b） 日韓スタディーズと文化心理学が出会うとき．山本 浄邦・金 敬黙（編），日韓スタディーズ①新たな研究と学び：日本と韓国をつなぐ（pp. 151-179）．ナカニシヤ出版.［1-2-12］

一ノ瀬 正樹 （2018） 英米哲学入門：「である」と「べき」の交差する世界（ちくま新書）．筑摩書房.［3-7-8］

乾 明紀・サトウ タツヤ （2023） 高校生のキャリア展望と「総合的な探究の時間」の関係：複線径路等至性アプローチ（TEA）と関係学による検討．京都橘大学研究紀要, *49*, 171-193.［2-3-16］

稲田 栄一 （2022） 複線径路等至性アプローチを用いた日本語教師の省察活動．日本語教育方法研究会誌, *28*(2), 2-3.［4-3］

印東 太郎 （1973） 心理学におけるモデルの構成．印東 太郎(編), モデル構成（心理学研究法 17, pp. 1-28）．東京大学出版会.［2-1-7, 4-7］

石田 基広 （2008） R によるテキストマイニング入門．森北出版.［3-8-6］

石黒 広昭 （2018） 微視発生的アプローチ．能智 正博(編集代表), 質的心理学辞典（p. 261）．新曜社.［3-5-2］

石盛 真徳 （2015a） 生活空間における人間行動および人間関係を分析するためのシステム論的アプローチ：場理論，相互依存性理論，ソシオン理論，TEM を中心として．関西学院大学社会学部紀要, *120*, 13-25.［3-5-6, 3-5-7］

石盛 真徳 （2015b） システム論と TEA：システム論としての独自性．安田 裕子・滑田 明暢・福田 茉莉・サトウ タツヤ(編), TEA 理論編：複線径路等至性アプローチの基礎を学ぶ（pp. 122-127）．新曜社.［3-5-10］

伊藤 春樹 （2016） 偶然性について（2）：哲学は偶然を嫌う．東北学院大学教養学部論集, *175*, 90-41.［2-2-4］

伊藤 崇 （2018） 多声性．能智 正博(編集代表), 質的心理学辞典（p. 199）．新曜社.［3-4-5］

岩村 太郎 （2008） 二つの時間意識：カイロスとクロノス．恵泉女学園大学紀要, *20*, 3-21.［2-2-2, 2-2-3］

Jacoby, L. L.（1983）Remembering the data: Analyzing interactive processes in reading. *Journal of Verbal Learning and Verbal Behavior, 22*, 485-508.［3-5-15］

ジャネ，P.／高橋 徹（訳）（1974） 神経症．医学書院.〔Janet, P., 1910〕［3-5-11］

Josephs, I. E., Valsiner, J., & Surgan, S. E.（1999）The process of meaning construction. In J. Brandtstädter & R. M. Lerner（Eds.）, *Action & Self Development*（pp. 257-282）．SAGE.［3-3-4］

香川 秀太 （2009）　異種の時間が交差する発達：発達時間論の新展開へ向けて．サトウ タツヤ（編），TEM ではじめる質的研究：時間とプロセスを扱う研究をめざして（pp. 157-175）．誠信書房．[2-1-13]

香川 秀太 （2015a）　「未完の未来」を創造する媒介物：「異時間のゾーン」と活動理論（その1）．安田 裕子・滑田 明暢・福田 茉莉・サトウ タツヤ（編），TEA 理論編：複線径路等至性アプローチの基礎を学ぶ（pp. 139-146）．新曜社．[1-2-3, 2-3-1]

香川 秀太 （2015b）　分岐を「交差」として捉え直す：「異時間のゾーン」と活動理論（その2）．安田 裕子・滑田 明暢・福田 茉莉・サトウ タツヤ（編），TEA 理論編：複線径路等至性アプローチの基礎を学ぶ（pp. 147-153）．新曜社．[3-5-16]

香川 秀太 （2015c）　矛盾がダンスする反原発デモ（後篇）：アルチュセールの重層的決定論によせて．香川 秀太・青山 征彦（編），越境する対話と学び：異質な人・組織・コミュニティをつなぐ（pp. 309-336）．新曜社．[3-5-12]

香川 秀太 （2022）　状況論とポスト状況論：アクター・ネットワーク・セオリーとポスト資本主義の狭間で．鈴木 宏昭（編），心と社会（認知科学講座 3, pp. 61-102）．東京大学出版会．[2-2-8]

抱井 尚子 （2015）　混合研究法入門：質と量による統合のアート．医学書院．[3-8-14]

上川 多恵子 （2017）　中国人日本語学習者の敬語使用．安田 裕子・サトウ タツヤ（編），TEM でひろがる社会実装：ライフの充実を支援する（pp. 26-48）．誠信書房．[4-3]

上川 多恵子 （2023a）　TEA の基本概念一覧．サトウ タツヤ・安田 裕子（監修），カタログTEA（複線径路等至性アプローチ）：図で響きあう（pp. 5-10）．新曜社．[1-1-2, 1-2-5, 3-4-1, 3-4-6]

上川 多恵子 （2023b）　対談 サトウタツヤ×安田裕子 満 17 歳を迎えた TEA：その径路と未来展望．サトウ タツヤ・安田 裕子（監修），カタログ TEA（複線径路等至性アプローチ）：図で響きあう（pp. 76-90）．新曜社．[3-7-7]

神谷 栄司 （2006）　ヴィゴツキー理論の発展とその時期区分について（II）．佛教大学社会福祉学部論集, 2, 15-30. [3-2-5]

関係学会・関係学ハンドブック編集委員会（編）（1994）　関係学ハンドブック．関係学研究所．[2-3-16]

Kanzaki, M., Kato, H., & Sato, T. (2023) A case study of transductive resolution: Analyzing the practice of inclusive education for a girl with Down's syndrome at an elementary school in Japan. *Integrative Psychological and Behavioral Science, 57*, 1256-1272. [3-8-10]

川口 有美子 （2009）　逝かない身体：ALS 的日常を生きる．医学書院．[4-7]

川喜田 二郎 （1967）　発想法：創造性開発のために（中公新書）．中央公論社．[1-3-13, 3-8-5]

川喜田 二郎 （1970）　続・発想法：KJ 法の展開と応用（中公新書）．中央公論社．[3-8-5]

川喜田 二郎・松沢 哲郎・やまだ ようこ （2003）　KJ 法の原点と核心を語る：川喜田二郎さんインタビュー．質的心理学研究, 2, 6-28. [3-8-5]

河本 英夫 （1995）　オートポイエーシス：第三世代システム．青土社．[3-6-3]

川島 大輔 （2007）　ライフレビュー．やまだ ようこ（編），質的心理学の方法：語りをきく（pp. 144-158）．新曜社．[1-3-3]

木戸 彩恵・サトウ タツヤ（編）（2019）　文化心理学：理論・各論・方法論．ちとせプレス．[3-3-7]

Kimchi, J., Polivka, B., & Stevenson, J. (1991). Triangulation: Operational definitions. *Nursing Research, 40*, 364-366. [3-7-1]

木下 康仁 （2003）　グラウンデッド・セオリー・アプローチの実践：質的研究への誘い．弘文堂．[1-3-9, 2-1-3]

木下 康二 （2007） ライブ講義M-GTA：実践的質的研究法：修正版グラウンデッド・セオリー・アプローチのすべて．弘文堂．[3-8-9]

木下 康仁 （2014） グラウンデッド・セオリー論．弘文堂．[3-8-9]

木下 康仁 （2020） 定本M-GTA：実践の理論化をめざす質的研究方法論．医学書院．[3-8-9]

北出 慶子 （2017） ネイティブ日本語教師の海外教育経験は教師成長をうながすのか．安田 裕子・サトウ タツヤ（編），TEMでひろがる社会実装：ライフの充実を支援する（pp. 48-68）．誠信書房．[4-3]

北出 慶子 （2018） 韓国・中国留学経験の意味づけと就職活動：言語資本から非英語圏留学の学びを考える．立命館経営学，*56*(5)，115-135．[4-3]

北出 慶子 （2022） 言語学習者・教師の成長を捉えるナラティブ．北出 慶子・嶋津 百代・三代 純平（編），ナラティブでひらく言語教育：理論と実践（pp. 21-41）．新曜社．[4-3]

北出 慶子 （2023） 越境する人とその支援者の発達を支える：日本語教育におけるTEM/TEA．立命館大学人間科学研究所年次総会「20年を迎えたTEA（複線径路等至性アプローチ）：その広がりと可能性」．研究報告．立命館大学（大阪府茨木市）．2023年1月28日．[4-3]

Kiatde, K. (2023) "No need to invest in the Japanese language?": The identity development of Chinese students in the English-Medium Instruction (EMI) program of a Japanese college. In M. Mielick, R. Kubota, & L. Lawrence (Eds.), *Discourses of Identity Language Learning, Teaching, and Reclamation Perspectives in Japan* (pp. 197-218). Palgrave Macmillan. [4-3]

北出 慶子・上川 多恵子 （2023） TEM/TEAにおけるトランスビューとナラティブ．TEAと質的探究学会第2回大会．オンライン大会実行委員会シンポジウム．立命館大学（大阪府茨木市）．2023年6月10日．[4-3]

北村 英哉 （2016） 研究協力者．能智 正博（編者代表），質的心理学辞典（p. 92）．新曜社．[1-3-1]

木内 美恵子・島田 英昭 （2012） 教員養成課程における臨床経験科目が教職志望意識に与える影響：半構造化面接と時系列的分析による検討．信州大学教育学部附属教育実践総合センター紀要，*13*，31-40．[4-4]

ノールズ，M./堀 薫夫・三輪 建二（訳） （2008） 成人教育の現代的実践：ペダゴジーからアンドラゴジーへ．鳳書房．〔Knowles, M., 1980〕[4-4]

小林 多寿子 （2005） インタビューからライフストーリーへ．中野 卓・桜井 厚（編），ライフヒストリーの社会学（pp. 43-70）．弘文堂．[3-8-4]

古川 雅文・藤原 武弘・井上 弥・石井 眞治・福田 廣 （1983） 環境移行に伴う対人関係の認知についての微視発達的研究．心理学研究，*53*(6)，330-336．[3-5-2]

Komatsu, K. (2024) The role of repetition and redundancy in meaning-making: Focusing on the construction of children's selves and school education. In K. Komatsu (Ed.), *The Self on the Move: Passing through Institutional Settings* (pp. 47-63). Information Age. [3-3-11]

香曽我部 琢 （2012） 小規模地方自治体における保育者の成長プロセス：保育実践コミュニティの形成のプロセスに着目して．東北大学大学院教育学研究科研究年報，*60*(2)，125-152．[1-3-3]

香曽我部 琢・上田 敏丈 （2019） プロセスを捉える方法論としてのTEA．中坪 史典（編），複線径路・等至性アプローチ（TEA）が拓く保育実践のリアリティ（pp. 7-18）．ratik．[2-1-2]

Kosuge, R., & Yasuda, Y. (2022) Understanding serendipity in buying behavior. *Annals of Business Administrative Science, 21*(4), 75-90. [4-9]

小山 多三代 （2021） 複線径路等至性モデリング（TEM）による日本語学習意欲の長期変容プロセスの分析：日本国内企業におけるバングラデシュIT人材を事例として．日本語・日本学研究／*Journal for Japanese Studies*（東京外国語大学国際日本研究センター）, *11*, 1–22. [1-3-9, 4-3]

小山 多三代・土元 哲平 （2023） 複線径路等至性アプローチにおける「拡張版・歴史的構造化ご招待」の提案：エドワード・ハレット・カーの歴史哲学とヤーン・ヴァルシナーの文化心理学を手掛かりとして．TEAと質的探究, *1*(1), 20–32. [2-2-6, 3-7-7]

子安 増生 （2001） 認知発達の理論：ピアジェ学派．中島 義明（編）, 現代心理学［理論］事典 （pp. 428–448）. 朝倉書店. [3-5-11]

Kozulin, A. (1998) *Psychological Tools: A Sociocultural Approach to Education*. Harvard University Press. [3-2-4]

鯨岡 峻 （2006） ひとがひとをわかるということ：間主観性と相互主体性．ミネルヴァ書房. [2-3-13]

鯨岡 峻 （2012） 事例研究の質を高めるために：関与観察とエピソード記述の周辺．スポーツ運動学研究, *15*, 1–12. [3-8-12]

クヴァール, S.／能智 正博・徳田 治子（訳） （2016） 質的研究のための「インター・ビュー」. 新曜社.〔Kvale, S., 2007〕[3-7-3, 3-7-4]

Lantolf, J. P.（Ed.）.（2000）*Sociocultural Theory and Second Language Learning*. Oxford University Press. [4-3]

ラトゥール, B.／川村 久美子（訳） （2008） 虚構の「近代」：科学人類学は警告する．新評論.〔Latour, B., 1991〕[2-2-8]

Lemon, K. N., & Verhoef, P. C. (2016) Understanding customer experience throughout the customer journey. *Journal of Marketing*, *80*(6), 69–96. [4-9]

Levitt, H. M., Bamberg, M., Creswell, J. W., Frost, D. M., Josselson, R., & Suárez-Orozco, C. (2018) Journal article reporting standards for qualitative primary, qualitative meta-analytic, and mixed methods research in psychology: The APA Publications and Communications Board task force report. *American Psychologist*, *73*(1), 26–46. [3-8-14, 4-5]

Lewin, K. (1942) Time perspective and morale. In G. Watson (Ed.), *Civilian Morale* (pp. 48–70). Houghton Mifflin. [2-2-7]

レヴィン, K.／猪股 佐登留（訳） （2017） 社会科学における場の理論．ちとせプレス.〔Lewin, K., 1951〕[2-2-7, 3-5-7]

レヴィン, K.／相良 守次・小川 隆（訳） （1957） パーソナリティの力学説．岩波書店.〔Lewin, K., 1935〕[3-5-6]

Lewis, D. K. (1986) *On the plurality of worlds*. Blackwell. [3-4-13]

Lindgren, N. (1968) Purposive systems: The edge of knowledge. *IEEE Spectrum*, *5*(4), 89–100. [3-6-2]

Lotman, Y. (1990) *Universe of the Mind: A Semiotic Theory of Culture* (A. Shukman, Trans.). I. B. Tauris. [3-5-3]

町田 茂 （1994） 量子力学の反乱：自然は実在するか？ 学習研究社. [3-5-1]

マリン, S.／佐々木 光俊（訳） （2006） 隠れたがる自然：量子物理学と実在．白揚社.〔Malin, S., 2001〕[3-5-1]

マロー, A. J.／望月 衛・宇津木 保（訳） （1972） クルト・レヴィン：その生涯と業績．誠信書房.〔Marrow, A. J., 1969〕[3-5-7]

丸山 千歌・小澤 伊久美 （2021） 多声モデル生成法としての複線径路等至性アプローチのた

めの試論. 日本語・日本語教育／*Journal of Japanese Language and Japanese Language Teaching*（立教大学日本語研究センター）, *5*, 51-68. [3-3-10]

マルヤマ, M.／佐藤 敬三(訳)（1984）セカンド・サイバネティックス：逸脱増幅相互因果過程. 現代思想, *12*(14), 198-214.〔Maruyama, M., 1963〕[3-7-4, 3-7-8]

松本 佳久子（2009）「大切な音楽」を媒介とした少年受刑者の語りの変容と意味生成の過程. サトウ タツヤ(編), TEM ではじめる質的研究：時間とプロセスを扱う研究をめざして（pp. 101-122）. 誠信書房. [3-5-16, 4-5]

松本 佳久子（2023）ダイナミックに展開する臨床のプロセスをどう捉えるか？：TLMG との出会い. 立命館大学 OIC 総合研究機構ものづくり質的研究センター主催, TLMG の先人によるワークショップ：あなたは TLMG で何を描きますか？ 講演資料. [4-5]

松村 康平・斎藤 緑(編)（1991）人間関係学. 関係学研究所. [2-3-16]

メイザー, J. E.／磯 博行・坂上 貴之・川合 伸幸(訳)（2008）メイザーの学習と行動（日本語版第 3 版）. 二瓶社.〔Mazur, J. E., 2006〕[3-5-5]

メルレル, A.・新原 道信／新原 道信(訳)（2014）海と陸の "境界領域"：日本とサルデーニャをはじめとした島々のつらなりから世界を見る. 新原 道信(編), "境界領域" のフィールドワーク："惑星社会の諸問題" に応答するために（pp. 79-92）. 中央大学出版部. [2-1-12]

南 博文（1994）経験に近いアプローチとしてのフィールドワークの知：embodied knowing の理論のための覚え書き. 九州大学教育学部紀要（教育心理学部門）, *39*, 39-52. [3-4-9]

南 博文（2004）現場・フィールド：身のおかれた場. 無藤 隆・やまだ ようこ・南 博文・麻生 武・サトウ タツヤ(編), 質的心理学：創造的に活用するコツ（pp. 14-20）. 新曜社. [3-4-9]

箕浦 康子（2009）アクションリサーチ. 箕浦 康子(編), フィールドワークの技法と実際 II：分析・解釈編（pp. 53-72）. ミネルヴァ書房. [3-8-13]

Mintzberg, H. (1978) Patterns in strategy formation. *Management Science*, *24*(9), 934-948. [4-9]

三尾 亜喜代・佐藤 美紀・小松 万喜子（2017）子どもを得ず不妊治療を終結する女性の意思決定プロセス：複線径路・等至性モデル（TEM）による分析. 日本看護科学会誌, *37*, 26-34. [4-2]

三尾 亜喜代・佐藤 美紀・小松 万喜子（2018）不妊治療終結後の女性が子どものいない自分らしい生き方を見出すプロセス：複線径路・等至性モデル（TEM）による分析. 日本看護科学会誌, *38*, 72-81. [4-2]

三田地 真実（2015）応用行動分析学と TEA：人を理解する枠組みとして. 安田 裕子・滑田 明暢・福田 茉莉・サトウ タツヤ(編), TEA 理論編：複線径路等至アプローチの基礎を学ぶ（pp. 132-138）. 新曜社. [2-3-11, 3-5-4]

三輪 恭子・河野 あゆみ（2022）地域ケアにおける看護職によるコミュニティ・エンパワメントの過程とコンピテンシー. 日本看護科学会誌, *42*, 899-907. [4-2]

宮下 太陽（2023）質的研究法 TEA の新たな理論的展開とキャリア領域における実装可能性. 立命館大学人間科学研究科博士論文. [2-3-9]

宮下 太陽・上川 多恵子・サトウ タツヤ（2022a）TEA（複線径路等至性アプローチ）における記号概念の考察：パース, ヴィゴーツキー, ヴァルシナーを手がかりに. 立命館人間科学研究, *44*, 15-31. [3-2-1, 3-4-8, 3-6-6]

宮下 太陽・上川 多恵子・サトウ タツヤ（2022b）TEM（複線径路等至性モデリング）の新たな理論的展開：記号圏とイマジネーション理論を踏まえて. 立命館人間科学研究, *44*, 49-64. [2-3-8, 2-3-9]

溝上 慎一 （2008） 自己形成の心理学：他者の森をかけ抜けて自己になる. 世界思想社. [3-4-6]

文部科学省 （2018） 幼稚園教育要領解説. フレーベル館. [4-1]

森 敏昭・井上 毅・松井 孝雄 （1995） グラフィック認知心理学. サイエンス社. [3-2-7]

森岡 崇 （2018） ストーリーライン. 能智 正博（編集代表）, 質的心理学辞典 （p. 170）. 新曜社. [1-3-9]

Moscovici, S. (1963) Attitudes and opinions. *Annual Review of Psychology*, *14*, 231–260. [3-5-8]

Moscovici, S. (1984) The phenomenon of social representations. In R. M. Farr & S. Moscovici (Eds.), *Social Representations* (pp. 3–69). Cambridge University Press. [3-5-8]

向井 直己 （2007） 民族精神の「解放」：19世紀ドイツにおける「民族心理学」の試みから. ドイツ文学, *132*, 58–77. [3-1-2]

Murphy, G. (1947) *Personality: A Biosocial Approach to Origins and Structure*. Harper & Brothers. [1-2-1, 3-5-11]

中井 好男 （2019） ことばの市民として日本で生きる韓国人女性の生の物語：レジリエンスと行為主体性を生成する言語文化教育へ. 言語文化教育研究, *17*, 277–299. [4-3]

中本 明世 （2022a） メンタルヘルス不調を経た看護師の長期的なキャリア発達プロセス：休職・離職経験の影響による内的キャリアに着目して. 日本労働研究雑誌, *745*, 58–69. [4-2]

中本 明世 （2022b） メンタルヘルス不調によるキャリア中期看護師の休職・離職：4つのBFPと価値変容に着目して. 安田 裕子・サトウ タツヤ（編）, TEAによる対人援助プロセスと分岐の記述：保育, 看護, 臨床・障害分野の実践的研究 （pp. 116–132）. 誠信書房. [4-5]

中本 明世・北岡 和代 （2017） メンタルヘルス不調による休職・離職経験を経て働き続けるキャリア中期看護師のプロセス. *Journal of Wellness and Health Care*, *41*(2), 83–92. [4-2]

中本 明世・北岡 和代・片山 美穂・川村 みどり・森岡 広美・川口 めぐみ （2021） メンタルヘルス不調による休職経験を経て働き続けるキャリア中期看護師の価値変容プロセス. 対人援助学研究, *11*, 13–25. [4-2]

中本 明世・山本 純子 （2019） 新人看護師が早期離職を経て看護師としての展望を取り戻していく経験のプロセス：複線径路等至性モデリング （TEM） を用いた分析を通して. 対人援助学研究, *8*, 52–62. [4-2]

中村 和夫 （2007） ヴィゴーツキーの文化：歴史的理論の理解の拡張について. 心理科学, *27*(1), 1–18. [3-1-1]

中村 和夫 （2014） ヴィゴーツキー理論の神髄：なぜ文化 – 歴史的理論なのか. 福村出版. [3-2-3]

中村 昇 （2014） ベルクソン＝時間と空間の哲学 （講談社選書メチエ）. 講談社. [2-2-1]

中野 卓・桜井 厚 （2005） まえがき. 中野 卓・桜井 厚（編）, ライフヒストリーの社会学 （pp. 7–12）. 弘文堂. [3-8-4]

中坪 史典（編） （2018a） 質的アプローチが拓く「協働型」園内研修をデザインする：保育者が育ち合うツールとしてのKJ法とTEM. ミネルヴァ書房. [4-1]

中坪 史典（編） （2018b） 保育を語り合う「協働型」園内研修のすすめ：組織の活性化と専門性の向上に向けて. 中央法規出版. [4-1]

中坪 史典（編） （2019） 複線径路・等至性アプローチ （TEA） が拓く保育実践のリアリティ. ratik. [4-1, 4-9]

中坪 史典・小川 晶・諏訪 きぬ （2010） 高学歴・高齢出産の母親支援における保育士の感情

労働のプロセス．乳幼児教育学研究，*19*，155-166．[4-1]

中山 裕子 （2019） 紛争前後におけるシリア人日本語学習者の動機づけ変容：複線径路・等至性アプローチを用いて．一橋大学国際教育交流センター紀要，*1*，41-54．[4-3]

難病情報センター （2023） 令和3年度衛生行政報告例（令和3年度末現在）．https://www.nanbyou.or.jp/wp-content/uploads/2023/02/koufu20221.pdf（2023年6月30日確認）[4-7]

NHK （2020） ALS当事者たちの声．https://www.nhk.or.jp/gendai/articles/4470/（2023年6月30日確認）[4-7]

日本発達心理学会 （2020） 日本発達心理学会2019年度国際ワークショップ・公開講演会報告：公開講演会「ライフコースにおけるイマジネーション：社会文化的心理学の視点から」．発達研究，*34*，203-228．[3-4-2]

日本看護協会 （2023） 看護師のまなびサポートブック．https://www.nurse.or.jp/nursing/assets/learning/support-learning-guide-all.pdf（2023年6月27日確認）[4-2]

西田 幾多郎 （1979） 善の研究（岩波文庫）．岩波書店．[3-8-5]

西田 幾多郎 （1987） 自覚における直観と反省．上田 閑照（編），西田幾多郎哲学論集Ⅰ：場所・私と汝他六篇（pp. 22-32，岩波文庫）．岩波書店．[3-8-5]

西野 藍・坪根 由香里・八田 直美 （2019） タイの中等日本語教員Aのキャリア形成過程：複線径路・等至性アプローチ（TEA）による分析．ICU日本語教育研究，*16*，3-19．[4-3]

能智 正博 （2004） 理論的なサンプリング．無藤 隆・やまだ ようこ・南 博文・麻生 武・サトウ タツヤ（編），質的心理学：創造的に活用するコツ（pp. 78-83）．新曜社．[1-3-2]

能智 正博 （2005） 質的研究の質と評価基準について．東京女子大学心理学紀要，*1*，87-97．[3-7-3，3-7-6]

能智 正博 （2006） 質的方法．海保 博之・楠見 孝（監修），心理学総合事典（pp. 64-70）．朝倉書店．[3-7-2]

野家 啓一 （2015） 科学哲学への招待（ちくま学芸文庫）．筑摩書房．[3-7-2]

野口 裕二（編） （2009） ナラティヴ・アプローチ．勁草書房．[3-8-3]

野村 康 （2017） 社会科学の考え方：認識論，リサーチ・デザイン，手法．名古屋大学出版会．[3-7-9，3-7-10]

野屋敷 結・川田 学 （2019） 保育者としての成長とキャリア形成：「保育者を続けている理由」からの考察．北海道大学大学院教育学研究院紀要，*134*，91-116．[1-3-9]

O'Boyle, C. A. (1994) The Schedule for the Evaluation of Individual Quality of Life (SEIQoL): The concept of quality of life in clinical research. *International Journal of Mental Health*, *23*, 3-23. [3-8-2]

O'Boyle, C. A., Browne, J., Hickey, A., McGee, H. M., & Joyce, C. R. B. (1995) *The Schedule for the Evaluation of Individual Quality of Life (SEIQoL): A Direct Weighting procedure for Quality of Life Domains (SEIQoL-DW)-Administration Manual.* [3-8-2]

小笠原 安里子 （2006） 食い違いの見られる証言についての供述心理学的検討：浜松事件を題材に．立命館大学応用心理学演習卒業論文集，*2*，1-17．[4-6]

小川 晶 （2014） 保育所における母親への支援：子育て支援をになう視点・方法分析．学文社．[3-3-2]

小倉 康嗣 （2013） 生／ライフ：「生き方」を主題化し表現する．藤田 結子・北村 文（編），現代エスノグラフィー：新しいフィールドワークの理論と実践（pp. 172-181）．新曜社．[4-7]

大橋 靖史 （2004） 行為としての時間：生成の心理学へ．新曜社．[3-5-15]

岡田 光弘 （2004） 制度と会話：エスノメソドロジー研究による会話分析．山崎 敬一（編），実践エスノメソドロジー入門（pp. 100-112）．有斐閣．[3-8-8]

岡田 悠介 （2022） フィードバックによる学術的社会化：EAP 授業における教師のポスト・パフォーマンスフィードバックの会話分析. *JALT Journal, 44,* 107-135. [3-8-8]

大川 聡子 （2018） ライフスタイルとしての 10 代の母：出産に至るまでの径路に焦点をおいて. 現代の社会病理, *33,* 23-40. [4-2]

大倉 得史 （2017） 供述分析：体験者の語りと非体験者の語りを判別する. 指宿 信・木谷 明・後藤 昭・佐藤 博史・浜井 浩一・浜田 寿美男（編）, 供述をめぐる問題 (pp. 190-208). 岩波書店. [4-6]

奥谷 雄一 （2017） モーリッツ・ラツァルスの民族心理学：ジンメル社会学のルーツ. 社会志林, *63*(4), 201-212. [3-1-2]

尾見 康博 （1997） 臨床心理学ブーム, 個性記述的研究, 心理学. 人文学報（東京都立大学）, *278,* 97-108. [2-1-8]

尾見 康博 （2009） サンプリング論と HSS. サトウ タツヤ（編）, TEM ではじめる質的研究：時間とプロセスを扱う研究をめざして (pp. 123-130). 誠信書房. [1-1-3]

大野 志保 （2017） 生徒の死亡事故を経験した養護教諭の安定過程. 安田 裕子・サトウ タツヤ（編）, TEM でひろがる社会実装：ライフの充実を支援する (pp. 128-146). 誠信書房. [1-2-11]

大谷 尚 （2019） 質的研究の考え方：研究方法論から SCAT による分析まで. 名古屋大学出版会. [3-8-7]

大谷 尚・無藤 隆・サトウ タツヤ （2005） 質的心理学が切り開く地平：日本質的心理学会設立集会「シンポジウム」. 質的心理学研究, *4,* 16-38. [1-3-1]

小澤 伊久美 （2023） 語りをどこまで残すか：TEM の詳しさや丁寧さ. 安田 裕子・サトウ タツヤ(監修), カタログ TEA（複線径路等至性アプローチ）：図で響きあう (p. 54). 新曜社. [1-3-13]

パーカー, I.／八ッ塚 一郎（訳） （2008） ラディカル質的心理学：アクションリサーチ入門. ナカニシヤ出版. 〔Paker, I., 2005〕[1-3-1]

ポーリット, D. F.・ベック, C. T.／近藤 潤子（監訳） （2010） 看護研究：原理と方法（第 2 版）. 医学書院. 〔Polit D. F., & Beck, C. T., 2004〕[4-2]

Polkinghorne, D. E. (1988) *Narrative Knowing and the Human Sciences.* State University of New York Press. [3-4-10]

プラサド, P.／箕浦 康子（監訳） （2018） 質的研究のための理論入門：ポスト実証主義の諸系譜. ナカニシヤ出版. 〔Prasad, P., 2005〕[3-7-10]

Raudsepp, M. (2017). Introduction. In J. Valsiner & M. Raudsepp (Eds.) (2017) *Between Self and Societies: Creating Psychology in a New Key* (pp. 7-21). Tallinn University Press. [3-3-1]

Ring, L., Höfer, S., Heuston, F., Harris, D., & O'Boyle, C. A. (2005) Response shift masks the treatment impact on patient reported outcomes (PROs): The example of individual quality of life in edentulous patients. *Health and Quality of Life Outcomes, 3,* Article 55. [3-8-2]

Rosenthal, V. (2006, July). *On the proper treatment of microgenesis.* In Second Language, Culture and Mind Conference (LCM 2006) (pp. 117-118). LCM Organization. https://shs.hal.science/halshs-00125699/ （2023 年 6 月 11 日確認）[3-5-2]

Rubin, E. (1921) *Visuell wahrgenommene Figuren: Studien in psychologischer Analyse.* Gyldendal. [3-5-1]

戈木クレイグヒル 滋子 （2020） グラウンデッド・セオリー・アプローチ（GTA）. サトウ タツヤ・春日 秀朗・神崎 真実（編）, 質的研究法マッピング：特徴をつかみ, 活用する

ために（pp. 102-107）．新曜社．［3-8-9］

斎藤 進也・稲葉 光行 （2008） 地域の知を集める：協調的ナラティヴの蓄積による日本文化のアーカイブの構築．情報処理学会研究報告人文科学とコンピュータ（CH），*47*(2008-CH-78)，61-68．［2-3-14, 4-6］

境 愛一郎 （2018） 保育環境における「境の場所」．ナカニシヤ出版．［2-1-12］

境 愛一郎 （2019） 子どもの経験を質的に描き出す試み：M-GTA と TEM の比較．中坪 史典（編），複線径路・等至性アプローチ（TEA）が拓く保育実践のリアリティ（pp. 61-88）．ratik．［2-1-3］

桜井 厚 （2002） インタビューの社会学：ライフストーリーの書き方．せりか書房．［3-8-1, 3-8-4］

桜井 厚 （2012） ライフストーリー論．弘文堂．［3-8-1］

Sarbin, T. R.（1986）The narrative as a root metaphor for psychology. In T. R. Sarbin（Ed.），*Narrative Psychology: The Storied Nature of Human Conduct*（pp. 3-21）. Praeger Publishers.［3-4-10］

佐藤 郁哉 （2002） フィールドワークの技法：問いを育てる，仮説をきたえる．新曜社．［3-8-10］

佐藤 郁哉 （2008） 質的データ分析法：原理・方法・実践．新曜社．［1-3-5］

佐藤 郁哉 （2015） 質的データ分析の基本原理と QDA ソフトウェアの可能性．日本労働研究雑誌，*57*(12)，81-96．［3-8-15］

佐藤 敬三 （1984） システム論とサイバネティクス：システム－サイバネティクス的アプローチ．現代思想（特集＝ベイトソン：関係性のパラドクス），*12*(5)，120-126．［3-6-2］

佐藤 紀代子 （2015） トランスビューの視点．安田 裕子・滑田 明暢・福田 茉莉・サトウ タツヤ（編），TEA 実践編：複線径路等至性アプローチの基礎を活用する（pp. 172-177）．新曜社．［1-3-4］

佐藤 方哉 （1991） 自覚せざる仏教徒としてのスキナー：随伴性とは縁である．行動分析学研究，*5*(2)，107．［3-5-5］

Sato, T.（2004）. *Money and Child Project: From the viewpoint of cultural psychology.* Paper presented at the International Symposium on Cultural Psychology（Held at Ritsumeikan University Kyoto, Japan）．2024/1/25．［1-2-1, 2-1-1］

サトウ タツヤ （2006） 発達の多様性を記述する新しい心理学方法論としての複線径路等至性モデル．立命館人間科学研究，*12*，65-75．［1-2-7, 3-3-2］

サトウ タツヤ （2007） 研究デザインと倫理．やまだ ようこ（編），質的心理学の方法：語りをきく（pp. 16-37）．新曜社．［3-7-5］

サトウ タツヤ（編） （2009a） TEM ではじめる質的研究：時間とプロセスを扱う研究をめざして．誠信書房．［1-2-1, 4-1, 4-4］

サトウ タツヤ （2009b） はじめに．サトウ タツヤ（編），TEM ではじめる質的研究：時間とプロセスを扱う研究をめざして（pp. iii-viii）．誠信書房．［2-1-3］

サトウ タツヤ （2009c） TEM 発祥の時間的経緯．サトウ タツヤ（編），TEM ではじめる質的研究：時間とプロセスを扱う研究をめざして（pp. 1-16）．誠信書房．［2-1-1, 3-8-5］

サトウ タツヤ （2009d） HSS の発祥と TEM との融合．サトウ タツヤ（編），TEM ではじめる質的研究：時間とプロセスを扱う研究をめざして（pp. 33-39）．誠信書房．［3-5-10, 3-7-7］

サトウ タツヤ （2009e） TEM を構成する基本概念．サトウ タツヤ（編），TEM ではじめる質的研究：時間とプロセスを扱う研究をめざして（pp. 39-54）．誠信書房．［1-2-7］

サトウ タツヤ （2009f） ZOF（目的の領域）による未来展望・記号の発生と「発生の三層モ

デル」．サトウ タツヤ（編），TEM ではじめる質的研究：時間とプロセスを扱う研究をめざして（pp. 92-101）．誠信書房．[1-2-5, 1-2-10, 2-3-1]

サトウ タツヤ （2009g） 時 文化 厚生．サトウ タツヤ（編），TEM ではじめる質的研究：時間とプロセスを扱う研究をめざして（pp. 185-199）．誠信書房．[4-7]

サトウ タツヤ （2012a） 学融とモード論の心理学：人文社会科学における学問融合をめざして．新曜社．[3-7-4, 4-7]

サトウ タツヤ （2012b） 質的研究をする私になる．安田 裕子・サトウ タツヤ（編），TEM でわかる人生の径路：質的研究の新展開（pp. 4-11）．誠信書房．[1-3-4, 1-3-13, 2-1-11, 3-7-5]

サトウ タツヤ （2012c） 1 人の人の経験を描くライフストーリーとしての TEM．安田 裕子・サトウ タツヤ（編），TEM でわかる人生の径路：質的研究の新展開（pp. 12-20）．誠信房房．[1-3-3]

サトウ タツヤ （2012d） 理論編：時間を捨象しない方法論，あるいは，文化心理学としての TEA．安田 裕子・サトウ タツヤ（編），TEM でわかる人生の径路：質的研究の新展開（pp. 209-243）．誠信書房．[1-2-7, 1-2-10, 1-2-11, 1-2-12, 1-3-14, 2-1-5, 2-1-11, 2-1-13, 3-4-1, 3-4-6, 3-5-5, 4-4]

サトウ タツヤ （2012e） おわりに．安田 裕子・サトウ タツヤ（編），TEM でわかる人生の径路：質的研究の新展開（p. 245）．誠信書房．[4-5]

サトウ タツヤ （2013） 対人援助学＆心理学の縦横無尽（10）：複線径路・等至性モデル，世界を駆ける（2）．対人援助学マガジン（対人援助学会），17 号，pp. 94-103．[3-5-1]

サトウ タツヤ （2015a） 複線径路等至性アプローチ（TEA）：TEM, HSI, TLMG．安田 裕子・滑田 明暢・福田 茉莉・サトウ タツヤ（編），TEA 理論編：複線径路等至性アプローチの基礎を学ぶ（pp. 4-8）．新曜社．[1-2-3, 2-1-3, 2-1-5, 3-6-1, 3-6-3]

サトウ タツヤ （2015b） TEA における時間概念：時間の 2 つの次元．安田 裕子・滑田 明暢・福田 茉莉・サトウ タツヤ（編），TEA 理論編：複線径路等至性アプローチの基礎を学ぶ（pp. 9-13）．新曜社．[2-1-13, 2-3-1]

サトウ タツヤ （2015c） TEM 的飽和：手順化の問題．安田 裕子・滑田 明暢・福田 茉莉・サトウ タツヤ（編），TEA 理論編：複線径路等至性アプローチの基礎を学ぶ（pp. 24-28）．新曜社．[1-2-4, 1-3-2, 1-3-4, 1-3-10, 3-7-5]

サトウ タツヤ （2015d） EFP とセカンド EFP：等至点の再設定の可能性．安田 裕子・滑田 明暢・福田 茉莉・サトウ タツヤ（編），TEA 実践編：複線径路等至性アプローチを活用する（pp. 8-12）．新曜社．[1-2-5, 1-2-6, 1-3-10, 2-3-5]

サトウ タツヤ （2015e） 日本コミュニティ心理学会第 17 回大会特集 研究員企画シンポジウム TEA（複線径路等至性アプローチ）．コミュニティ心理学研究，19(1)，52-61．[1-3-4, 3-5-6, 3-6-5]

サトウ タツヤ （2015f） TEA 研究会配布レジュメ．2015 年 9 月 3 日．未公刊．[2-3-15]

サトウ タツヤ （2015g） 心理学の名著 30（ちくま新書）．筑摩書房．[4-7]

サトウ タツヤ （2016） 複線径路等至性アプローチ．末武 康弘・諸富 祥彦・得丸 智子・村里 忠之（編），「主観性を科学化する」質的研究法入門：TAE を中心に（pp. 82-93）．金子書房．[1-3-1, 1-3-2]

Sato, T. (2017a) *Collected Papers on Trajectory Equifinality Approach*. Chitose Press. [3-4-9]

サトウ タツヤ （2017b） 等至性とは何か：その理念的意義と方法論的意義．安田 裕子・サトウ タツヤ（編），TEM でひろがる社会実装：ライフの充実を支援する（pp. 1-11）．誠信書房．[1-1-3, 1-2-4, 1-2-6, 2-1-1, 2-1-2, 4-5]

サトウ タツヤ （2017c） TEA は文化をどのようにあつかうか：必須通過点との関連で．安

田 裕子・サトウ タツヤ(編)，TEM でひろがる社会実装：ライフの充実を支援する（pp. 208-219）．誠信書房．[2-1-9]

サトウ タツヤ（2018）　ナラティブの意義と可能性．言語文化教育研究，*16*，2-11．[3-5-1]

サトウ タツヤ（2019a）　記号という考え方：記号と文化心理学（その 1）．木戸 彩恵・サトウ タツヤ(編)，文化心理学：理論・各論・方法論（pp. 27-39）．ちとせプレス．[2-3-9, 3-3-3, 3-6-6]

サトウ タツヤ（2019b）　時間と記号：記号と文化心理学（その 2）．木戸 彩恵・サトウ タツヤ(編)，文化心理学：理論・各論・方法論（pp. 41-51）．ちとせプレス．[2-2-2, 2-2-3, 2-3-7, 3-3-8]

サトウ タツヤ（2019c）　質的研究法を理解する枠組みの提案．サトウ タツヤ・春日 秀朗・神崎 真実(編)，質的研究法マッピング（pp. 2-8）．新曜社．[4-8]

サトウ タツヤ（2020）　心理学史諸国探訪（第 7 回）：デンマーク．心理学ワールド，*89*，29．[3-5-1]

サトウ タツヤ（2021a）　展結について．展結研究会（オンライン）．2021 年 5 月 5 日．[2-3-17]

サトウ タツヤ（2021b）　TEA の新展開：想像／構想力，展結，関係構造との関連を中心に．TEA 研究会配付資料．2021 年 11 月 27 日．未公刊．[2-1-5]

サトウ タツヤ（2021c）　対人援助学＆心理学の縦横無尽（32）．対人援助学マガジン（対人援助学会），47 号，pp. 108-112．[3-8-4]

サトウ タツヤ（2022a）　TEM（複線径路等至性モデリング）と人生径路，未来展望．安田 裕子・サトウ タツヤ(編)，TEA による対人援助プロセスと分岐の記述：保育，看護，臨床・障害分野の実践的研究（pp. 20-27）．誠信書房．[1-2-5, 2-1-7]

サトウ タツヤ（2022b）　TLMG（発生の三層モデル）：価値と行為を媒介する記号の働きに注目する．安田 裕子・サトウ タツヤ(編)，TEA による対人援助プロセスと分岐の記述：保育，看護，臨床・障害分野の実践的研究（pp. 28-42）．誠信書房．[1-1-4, 1-3-14, 2-1-12]

サトウ タツヤ（2022c）　臨床心理学小史（ちくま新書）．筑摩書房．[4-5]

サトウ タツヤ（2022d）　TEA（複線径路等至性アプローチ）は家族心理学に貢献できるか？：開放システムとしての家族を捉えて記述するための試みについて．日本家族心理学会(編)，産業分野に生かす個と家族を支える心理臨床（pp. 149-157）．金子書房．[2-3-16]

サトウ タツヤ（2023a）　記号という考え方：記号と文化心理学その 1．木戸 彩恵・サトウ タツヤ(編)，文化心理学：理論・各論・方法論（改訂版，pp. 27-39）．ちとせプレス．[3-2-1]

サトウ タツヤ（2023b）　時間と記号：記号と文化心理学その 2．木戸 彩恵・サトウ タツヤ(編)，文化心理学：理論・各論・方法論（改訂版，pp. 41-51）．ちとせプレス．[3-3-4]

サトウ タツヤ（2024）　対立から相補性へ，多様性から複線性へ：産学官連携に質的研究をどのように役立てるか．質的心理学研究，*23*，47-55．[4-9]

サトウ タツヤ・尾見 康博・渡邊 芳之（2017）　TEA（複線径路等至性アプローチ）の過去・現在・未来：文化と時間・プロセスをどのように探究するか？（4）．http://chitosepress.com/2017/06/21/2947/（2023 年 6 月 12 日確認）[3-7-7]

サトウ タツヤ・安田 裕子（監修）（2023）　カタログ TEA（複線径路等至性アプローチ）：図で響きあう．新曜社．[1-3-12, 2-1-9]

Sato, T., Yasuda, Y., Kanzaki, M., & Valsiner, J. (2014) From describing to reconstructing life trajectories: How the TEA (Trajectory Equifinality Approach) explicates context-dependent human phenomena. In B. Wagoner, N. Chaudhary, & P. Hviid (Eds.), *Culture Psychology and its Future: Complementarity in a New Key* (pp. 93-104). Information Age

Publishing. [2-3-2]

サトウ タツヤ・安田 裕子・木戸 彩恵・高田 沙織・ヴァルシナー ヤーン （2006） 複線径路・等至性モデル：人生径路の多様性を描く質的心理学の新しい方法論を目指して. 質的心理学研究, *5*(1), 255-275. [1-1-2, 1-2-1, 1-2-2, 1-2-3, 1-2-8, 2-1-2, 2-2-6, 3-7-7]

Schroots, J. J. F. (2003) Life-course dynamics: A research program in progress from The Netherlands. *European Psychologist*, *8*(3), 192-199. [2-2-7]

Schroots, J. J. F., & ten Kate, C. A. (1989) Metaphors, aging and the life-line interview method. In D. Unruh & G. S. Livings (Eds.), *Current Perspectives on Aging and the Life Cycle, Vol. 3: Personal History Through the Life Course* (pp. 281-298). JAI Press. [1-3-3]

Scribner, S. (1985). Vygotsky's uses of history. In J. Wertsch (Ed.), *Culture, Communication, and Cognition: Vygotskian Perspectives* (pp. 119-145). Cambridge University Press. [2-2-8]

セン, A. K.／鈴村 興太郎(訳) （1988） 福祉の経済学：財と潜在能力. 岩波書店. 〔Sen, A. K., 1985〕[4-7]

柴山 真琴 （2013） フィールドへの参入と参与観察. やまだ ようこ・麻生 武・サトウ タツヤ・能智 正博・秋田 喜代美・矢守 克也(編), 質的心理学ハンドブック （pp. 190-204）. 新曜社. [3-8-10]

下山 晴彦 （2012） 面白いほどよくわかる！臨床心理学. 西東社. [4-5]

下山 晴彦 （2022） 刊行のことば. 岩壁 茂・杉浦 義典(編), 臨床心理研究法 （現代の臨床心理学 4, pp. i-ii）. 東京大学出版会. [4-5]

下山 晴彦 （2023） 臨床心理学の成立と発展. 松見 淳子・原田 隆之(編), 臨床心理学の専門職の基盤 （現代の臨床心理学 1, pp. 95-112）. 東京大学出版会. [4-5]

塩満 卓 （2015） 離れて暮らすことを選択した精神障害者家族の意識変容プロセス：予備調査 3 名の TEM 分析から. 福祉教育開発センター紀要 （佛教大学）, *12*, 17-35. [1-3-9]

白井 利明 （1994） 時間的展望体験尺度の作成に関する研究. 心理学研究, *65*, 54-60. [2-2-7]

白井 利明 （1997） 時間的展望の生涯発達心理学. 勁草書房. [2-2-7]

白井 利明 （2015） 青年期のコンフリクトを親子はどのように体験するか：前方視的再構成法を使って. 青年心理学研究, *27*(1), 5-22. [3-5-15]

白井 利明 （2019） 中途障害のある青年はどう自己連続性を構築するか：語りの前方視的再構成法による分析. 発達心理学研究, *30*(1), 34-43. [3-5-15]

白井 利明 （2020） 語りから立ち上がる人生：聴き手の役割. N：ナラティヴとケア, *11*, 79-84. [3-5-15]

白井 利明 （2022） 前方視的再構成法. 白井 利明・杉村 和美(編), アイデンティティ：時間と関係を生きる （pp. 130-237）. 新曜社. [3-5-15]

小路 浩子 （2021） 中堅期の市町村保健師の職業的アイデンティティの形成プロセスと影響要因：複線径路等至性モデリング （Trajectory Equifinality Modeling: TEM） による分析. 日本看護科学会誌, *41*, 876-884. [4-2]

小路 浩子・西原 翼 （2022） 一人の保健師が地域包括支援センターの保健師として職業的アイデンティティを形成するまでのプロセス：複線径路等至性モデリング （TEM） による分析. 神戸女子大学看護学部紀要, *7*, 1-11. [4-2]

シモンドン, G.／藤井 千佳世(監訳) （2018） 個体化の哲学：形相と情報の概念を手がかりに. 法政大学出版局. 〔Simondon, G., 2013〕[2-3-17]

スキナー, B. F.／坂上 貴之・三田地 真実(訳) （2022） スキナーの徹底的行動主義：20 の批判に答える. 誠信書房. 〔Skinner, B. F., 1974〕[3-5-4]

スミス，C. U. M.／八杉 龍一（訳）（1981） 生命観の歴史（全 2 巻）．岩波書店．〔Smith, C. U. M., 1976〕[3-7-8]

スプラッドリー，J. P.／田中 美恵子・麻原 きよみ（監訳）（2010） 参加観察法入門．医学書院．〔Spradley, J. P., 1980〕[3-8-10]

Stenner, P. (2021). Theorising liminality between art and life: The liminal sources of cultural experience. In B. Wagoner & T. Zittoun (Eds.), *Experience on the Edge: Theorizing Liminality* (pp. 3–42). Springer. [3-4-4]

Stolarski, M., Fieulaine, N., & Zimbardo, P. G. (2018) Putting time in a wider perspective: The past, the present, and the future of time perspective theory. In V. Zeigler-Hill & T. K. Shackelford (Eds.), *The SAGE Handbook of Personality and Individual Differences* (pp. 592–628). SAGE. [2-2-7]

Stringer, E., & Dwyer, R. (2005) *Action Research in Human Services*. Pearson. [3-8-13]

末吉 美喜 （2019） テキストマイニング入門：Excel と KH Coder でわかるデータ分析．オーム社．[3-8-6]

杉万 俊夫 （2006） 質的方法の先鋭化とアクションリサーチ．心理学評論，*49*，551–561．[3-8-13]

杉本 舞 （2008） 〈特集：モデル〉ウィーナーの「サイバネティクス」構想の変遷：1942 年から 1945 年の状況．京都大学文学部科学哲学科学史研究，*2*，17–28．[3-6-2]

杉本 菜月・サトウ タツヤ （2022） 未必的殺意の説示と理解の過程：模擬評議の質的分析を通じて．法と心理，*22*(1)，39–46．[4-6]

隅本 雅友・安田 裕子・斎藤 進也・神崎 真実・菅井 育子・サトウ タツヤ （2020） 「ものづくり」に質的研究はどう貢献できるか？：ものづくり質的研究の構想について．立命館人間科学研究，*41*，29–37．[4-9]

Super, D. E. (1990) A life-span, life-space approach to career development. In D. Brown, L. Brook, & Associates. (Eds.), *Career Choice and Development* (2nd ed., pp. 197–261). Jossey-Bass. [4-4]

Szakolczai, Á. (2017). Permanent (trickster) liminality: The reasons of the heart and of the mind. *Theory & Psychology, 27*(2), 231–248. [3-4-4]

田垣 正晋 （2008） これからはじめる医療・福祉の質的研究入門．中央法規出版．[1-3-2]

田垣 正晋 （2015） ライフコースと TEA：経験のプロセスを可視化する．安田 裕子・滑田 明暢・福田 茉莉・サトウ タツヤ（編），TEA 理論編：複線径路等至性アプローチの基礎を学ぶ（pp. 154–158）．新曜社．[2-1-10]

Tagaki, M. (2016) Narratives of ambivalent meanings of acquired physical disability in Japan. *Sage Open, 6*. doi: 10.1177/2158244016666310 [4-8]

高木 光太郎 （2021） 供述心理学鑑定における「謙抑的な表現」をめぐって：中川論文へのコメント．法と心理，*21*(1)，8–11．[4-6]

高橋 朋子 （2021） 移民第二世代の進路選択に影響を与える要因：母語教育を受けた中国ルーツの子どもの事例から．近畿大学教養・外国語教育センター紀要（外国語編），*12*(1)，1–21．[4-3]

高取 憲一郎 （2000） 文化と進化の心理学：ピアジェとヴィゴツキーの視点．三学出版．[3-2-3]

竹口 智之 （2018） 初中等教育機関日本語教師による教職アイデンティティ形成：サハリン州，ユジノサハリンスク市のロシア人教員の語りから．言語文化教育研究，*16*，115–135．[4-3]

田中 千尋・サトウ タツヤ・土元 哲平・宮下 太陽 （2021） 複線径路等至性アプローチにみ

る看護教員の力量形成プロセス：臨床現場から立ち上がった問いと対峙し続ける教員の語りから．質的心理学研究，*20*，S211-S218．[4-2]

田中 共子 （2004） 協力者との関係の作り方：研究の基盤は「人」との関わり．無藤 隆・やまだ ようこ・南 博文・麻生 武・サトウ タツヤ（編），質的心理学：創造的に活用するコツ （pp. 72-77）．新曜社．[1-3-1]

田中 陽子・松本 泉美 （2021） 産業保健実習における ICT 遠隔特定保健指導を経験した看護学生の学びのプロセス：複線径路・等至性アプローチを用いた分析．畿央大学紀要，*18*(1)，29-36．[4-2]

田代 裕一朗・三田地 真実 （2017） 吃音幼児の臨床におけるセラピストの意思決定過程．安田 裕子・サトウ タツヤ（編），TEM でひろがる社会実装：ライフの充実を支援する （pp. 161-183）．誠信書房．[2-3-11]

富永 健一 （1993） 現代の社会科学者：現代社会科学における実証主義と理念主義 （講談社学術文庫）．講談社．[3-7-9]

伴野 崇生 （2022） 「難民日本語教育」実践者の自己形成と成長：オートエスノグラフィーとAuto-TEM を通じて．社会情報研究，*3*(2)，1-15．[4-3]

十島 雍蔵 (1989) 心理サイバネティクス ナカニシヤ出版．[3-6-2]

豊田 香 （2015） 専門職大学院ビジネススクール修了生による生涯学習型職業的アイデンティティの形成：TEA 分析と状況的学習論による検討．発達心理学研究，*26*(4)，344-357．[1-1-4, 1-3-13, 4-4, 4-9]

豊田 香 （2017） 社会人のためのキャリアデザイン：未来等至点を描くキャリアデザインセミナーの設計と実施．安田 裕子・サトウ タツヤ（編），TEM でひろがる社会実装：ライフの充実を支援する （pp. 88-108）．誠信書房．[2-2-5, 2-3-3, 4-4]

豊田 香 (2018) キャリア・キャリア教育．能智 正博（編集代表），質的心理学辞典 (pp. 71-72)．新曜社．[4-4]

豊田 香 （2021） キャリア形成のためのナラティブ：人の心に届くキャリア・ナラティブの再構築．北出 慶子・嶋津 百代・三代 純平（編），ナラティブでひらく言語教育：理論と実践 （pp. 106-116）．新曜社．[2-3-3, 4-3, 4-4]

Toyoda, K. (2021) Case study: An educational dialogical approach to the development of new future I-positions as promoter positions for university students: Theory, practice, and outcomes. In C. Monero, C. Weise, & H. Hermans (Eds.), *Dialogicality: Personal, Local and Planetary Dialogue in Education, Health, Citizenship, and Research* (pp. 23-33). doi: 10.17613/gqxq-ng18 [2-3-3, 4-4]

豊田 香 （2022） 社会人大学院教育がひらく科学的知識創造：トリプルループ学習理論．新曜社．[2-2-5, 2-3-3, 4-4]

豊田 香 （2023） 23 名の径路を 1 枚の TEM/TLMG 図に：多様性を見やすくコンパクトに．安田 裕子・サトウ タツヤ（監修），カタログ TEA （複線径路等至性アプローチ）：図で響きあう （pp. 52-53）．新曜社．[1-3-13]

豊田 香 （2025） TEA と未来等至点で描くキャリアデザイン．誠信書房．[2-2-5, 2-3-3, 4-4]

トランケル，A.／植村 秀三（訳） （1976） 証言のなかの真実：事実認定の理論．金剛出版．〔Trankell, A., 1972〕[4-6]

Tsuchimoto, T. (2021) Transfer of specific moment to general knowledge: Suggestions from cultural developmental autoethnography and autoethnographic trajectory equifinality modeling. *Human Arenas*, *4*, 302-310. [3-8-11]

土元 哲平 （2021） キャリアと文化心理学 (8)：転機と偶有性．対人援助学マガジン，*48*，259-263．[2-2-4]

土元 哲平　（2022）　転機におけるキャリア支援のオートエスノグラフィー．ナカニシヤ出版．
　　［3-8-11］

土元 哲平　（2024）　ヴァルシナー，ヤーン．サトウ タツヤ(監修)，人物で読む心理学事典
　　（pp. 394-399）．朝倉書店．［3-3-1］

土元 哲平・サトウ タツヤ　（2022）　オートエスノグラフィーの方法論とその類型化．対人援
　　助学研究，*12*，72-89．［3-3-7, 3-8-11］

Tsuchimoto, T., & Sato, T.（2024）Career decision-making as dynamic semiosis:
　　Autoethnographic trajectory equifinality modeling. *Culture & Psychology*, *30*, 48-69. [3-8-
　　11]

筒井 真優美・江本 リナ・関根 弘子　（2005）　日本における研究手法の変遷：量的研究・質的
　　研究・トライアンギュレーション．インターナショナルナーシングレビュー，*28*(2)，37-
　　46．［3-7-1］

ターナー，V. W.／冨倉光雄(訳)　（2020）．儀礼の過程（ちくま学芸文庫）．筑摩書房．〔Turner,
　　V. W., 1969〕［3-4-4］

内山 喜代成　（2019）　成人の教室を担当する日本語教師の成長と教室デザインの変容：台湾民
　　間教育機関のある中堅教師の語りから．言語文化教育研究，*17*，234-254．［4-3］

上田 敏丈　（2013）　保育者のいざこざ場面に対するかかわりに関する研究：発生の三層モデル
　　に基づく保育行為スタイルに着目して．乳幼児教育学研究，*22*，19-29．［1-1-4］

上田 敏丈　（2017）　保育行為スタイルの生成・維持プロセスに関する研究．風間書房．［4-1］

上原 星奈・清水 裕子・小島 優子　（2023）　複線径路・等至性モデル（TEM）を用いた看護
　　学生のスピリチュアルケア過程の検討．香川大学看護学雑誌，*27*(1)，13-24．［4-2］

上村 晶　（2019）　「年度途中のクラス担当者変更」は保育者と子どもの関係構築プロセスにど
　　のような影響をもたらすのか：保育者の葛藤の諸相に着目して．保育学研究，*57*(3)，32-
　　43．［3-8-10］

上村 晶　（2022a）　TEM の立体化で描く二者関係構築プロセス．サトウ タツヤ・安田 裕子
　　（監修），カタログ TEA（複線径路等至性アプローチ）：図で響きあう（pp. 66-67）．新曜
　　社．［2-3-13］

上村 晶　（2022b）　同時方向的な TEM 図：二者の関係性を左右の幅で表現．サトウ タツヤ・
　　安田 裕子(監修)，カタログ TEA（複線径路等至性アプローチ）：図で響きあう（pp. 68-
　　69）．新曜社．［2-3-13］

植村 直子・畑下 博世・金城 八津子　（2010）　筋力トレーニング教室から自主グループが形
　　成・継続されるプロセスにおける保健師の支援のあり方：複線径路・等至性モデル
　　（TEM）による住民と保健師の相互関係の分析の試み．日本地域看護学会誌，*13*，76-82．
　　［4-2］

梅屋 潔　（2017）　フィールドワークと文化人類学．梅屋 潔・シンジルト(編)，文化人類学の
　　レッスン：フィールドからの出発（新版，pp. 25-49）．学陽書房．［3-8-10］

ウンドイッチ，U.／植村 秀三(訳)　（1973）　証言の心理：性犯罪被害者の供述を中心として．
　　東京大学出版会．〔Undeutch, U., 1967〕［4-6］

宇佐美 達朗　（2021）　シモンドン哲学研究：関係の実在論の射程．法政大学出版局．［2-3-17］

牛場 裕治　（2022）　精神障害者の居場所獲得のプロセスに関する一考察：複線径路・等至性モ
　　デル（TEM）を用いて．福井県立大学論集，*58*，149-166．［1-3-9］

Valsiner, J.（1988）. *Developmental Psychology in the Soviet Union*. Indiana University Press.
　　[3-2-2]

Valsiner, J.（2000）*Culture and Human Development: An Introduction*. Sage. [1-2-1, 2-1-2]

Valsiner, J.（2001）*Comparative Study of Human Cultural Development*. Fundación Infancia y

Aprendizaje. [1-2-1, 1-2-3, 2-1-1, 3-3-2]

Valsiner, J. (2004) *The promoter sign: Developmental transformation within the structure of Dialogical Self.* Paper presented at the Biennial Meeting of the International Society for the Study of Behavioral Development (ISSBD). Gent, Belgium. July 12, 2014. [3-3-5]

Valsiner, J. (Eds.) (2005) *Heintz Werner and Developmental Science.* Springer. [3-3-1]

ヴァルシナー，J. (Valsiner, J.)／福田 茉莉・大野 カヤ(訳) (2009) 未来に向かう：過去を形成する永続する不確定性とともに生きる．サトウ タツヤ(編)，TEM ではじめる質的研究：時間とプロセスを扱う研究をめざして (pp. 176-185)．誠信書房． [1-2-7, 2-1-5]

Valsiner, J. (2011) Constructing the vanishing present between the future and the past. *Journal for the Study of Education and Development* (Infancia y Aprendizaje), *34*(2), 141-150. [2-1-5]

ヴァルシナー，J.／サトウ タツヤ(監訳) (2013) 新しい文化心理学の構築：〈心と社会〉の中の文化．新曜社．〔Valsiner, J., 2007〕 [1-3-14, 2-1-4, 2-1-12, 2-3-7, 2-3-9, 3-2-4, 3-3-1, 3-3-3, 3-3-6, 3-3-7, 3-3-8, 3-3-11, 3-5-2, 3-5-3, 3-6-4, 3-8-5, 4-8]

Valsiner, J. (2014) Needed for cultural psychology: Methodology in a new key. *Culture & Psychology*, *20*(1), 3-30. [3-4-13]

Valsiner, J. (2015a) The place for synthesis: Vygotsky's analysis of affective generalization. *History of the Human Sciences*, *28*(2), 93-102. [3-3-5]

ヴァルシナー，J. (Valsiner, J.)／神崎 真実(訳) (2015b) TEM の一般哲学：過去と未来の間．安田 裕子・滑田 明暢・福田 茉莉・サトウ タツヤ(編)，TEA 理論編：複線径路等至性アプローチの基礎を学ぶ (pp. 80-85)．新曜社． [2-1-5, 3-2-7, 3-5-16]

Valsiner, J. (2016) *The human psyche on the border of irreversible time: Forward-oriented semiosis.* Invited address at the 31st International Congress of Psychology. Yokohama, Japan. July 27, 2016. [3-3-10, 3-6-6]

Valsiner, J. (2017a) *From Methodology to Methods in Human Psychology.* Springer. [3-1-1]

Valsiner, J. (2017b) *Between Self and Societies: Creating Psychology in a New Key.* Tallinn University Press. [3-2-3]

Valsiner, J. (2018a) Needed in psychology: Theoretical precision. *Europe's Journal of Psychology*, *14*(1), 1-6. [3-3-12]

Valsiner, J. (2018b). *Facing the Future—Making the Past, Marsico, Giuseppina. Beyond the Mind: Cultural Dynamics of the Psyche.* Information Age Publishing. [2-3-4]

Valsiner, J. (2019) *Remaining elegant: Fifteen years of qualitative psychology in Japan* (エレガントなままで：日本における質的心理学の 15 年間)．日本質的心理学会第 16 回大会企画招待講演．明治学院大学 (東京都港区)．2019 年 9 月 21 日． [2-3-4]

Valsiner, J. (2020) *Sensuality in Human Living: The Cultural Psychology of Affect.* Springer. [3-3-4]

Valsiner, J. (2021). *General Human Psychology.* Springer. [3-3-10]

Valsiner, J. (Ed.) (2023) *Farewell to Variables.* Information Age Publishing. [2-1-8]

ヴァルシナー，J.／サトウ タツヤ・滑田 明暢・土元 哲平・宮下 太陽(監訳) (2024) 文化心理学への招待：記号論的アプローチ．誠信書房．〔Valsiner, J., 2014〕 [2-3-7, 3-2-1, 3-3-1, 3-3-4, 3-3-7, 3-3-9]

Valsiner, J., & Sato, T. (2006) Historically Structured Sampling (HSS): How can psychology's methodology become tuned in to the reality of the historical nature of cultural psychology? In J. Straub, C. Kölbl, D. Weidemann, & B. Zielke (Eds.), *Pursuit of Meaning: Advances in Cultural and Cross-Cultural Psychology* (pp. 215-252). Transcript Verlag.

[1-1-3, 3-6-5, 3-7-7]

Valsiner, J., Tsuchimoto, T., Ozawa, I., Chen, X., & Horie, K. (2023) The inter-modal pre-construction method (IMPreC): Exploring hyper-generalization. *Human Arenas*, *6*, 580–598. [3-3-5]

Valsiner, J., & van der Veer, R. (1993) The encoding of distance: The concept of the zone of proximal development and its interpretations. In R. R. Cocking & K. A. Renninger (Eds.), *The Development and Meaning of Psychological Distance* (pp. 35–62). Lawrence Erlbaum Associates. [3-2-6]

Van de Ven, A. H., Polley, D. E., Garud, R., & Venkataraman, S. (1999) *The Innovation Journey*. Oxford University Press. [4-9]

van der Veer, R., & Valsiner, J. (1991). *Understanding Vygotsky: A Quest for Synthesis*. Basil Blackwell. [3-3-1]

van der Veer, R., & Valsiner, J. (Eds.) (1994). *The Vygotsky Reader*. Basil Blackwell. [3-3-1]

フォン・ベルタランフィ, L.／長野 敬・太田 邦昌(訳) (1973) 一般システム理論：その基礎・発展・応用. みすず書房.〔von Bertalanffy, L., 1968〕[1-2-1, 1-2-3, 2-1-1, 2-1-6, 3-6-1, 3-6-3, 3-6-5]

Vygotsky, L. S. (1978). *Mind in Society: The Development of Higher Psychological Processes* (M. Cole, V. John-Steiner, S. Scribner, & E. Souberman, Eds.). Harvard University Press. [1-3-6]

ヴィゴツキー, L. S.／柴田 義松・藤本 卓・森岡 修一(訳) (1987) 心理学における道具主義的方法. 心理学の危機：歴史的意味と方法論の研究 (pp. 51-59). 明治図書.〔Vygotsky, L. S., 1930〕[3-2-4]

ヴィゴツキー, L. S.／柴田 義松(訳) (2001) 言語と思考 (新訳版). 新読書社.〔Vygotsky, L. S., 1934〕[3-2-4, 3-2-5, 3-2-8, 3-4-7]

ヴィゴツキー, L. S.／土井 捷三・神谷 栄司(訳) (2003) 教授・学習との関連における学齢児の知的発達のダイナミズム.「発達の最近接領域」の理論：教授・学習過程における子どもの発達 (pp. 49-81). 三学出版.〔Vygotsky, L. S., 1934-35〕[3-2-6]

ヴィゴツキー, L. S.／柴田 義松・宮坂 琇子(訳) (2005) ヴィゴツキー心理学講義. 新読書社.〔Vygotsky, L. S., 1926〕[3-2-5]

ヴィゴツキー, L. S.／柴田 義松(訳) (2006) 芸術心理学 (新訳版). 学文社.〔Vygotsky, L. S., 1968〕[3-3-5, 3-5-13]

ヴィゴツキー, L. S.／柴田 義松・宮坂 琇子(訳) (2008) 子どもの文化的発達の問題. ヴィゴツキー心理学論集 (pp. 143-161). 学文社.〔Vygotsky, L. S., 1928〕[3-2-2]

和智 妙子 (2011) 虚偽自白. 越智 啓太・藤田 政博・渡邉 和美(編), 法と心理学の事典：犯罪・裁判・矯正 (pp. 336-337). 朝倉書店. [4-6]

Waddington, C. H. (1957) *The Strategy of the Genes: A Discussion of Some Aspects of Theoretical Biology*. George Allen & Unwin. [1-2-2]

ウォディントン, C. H.／岡田 瑛・岡田 節人(訳) (1968) 発生と分化の原理. 共立出版.〔Waddington, C. H., 1966〕[3-5-10, 3-5-11]

若月 祥子 (2015) 日本語を学ぶ韓国人ろう者のライフストーリー：複線径路等至性モデル (TEM) を用いて. 日本学報, *104*, 17-31. [4-3]

ウォーカー 泉 (2024) 高度外国人在の日本語習得プロセス：「認知的徒弟制」という視点からの一考察. BJ ジャーナル, *7*, 16-29. [3-4-7]

ワーチ, J .V.／佐藤 公治・田島 信元・黒須 俊夫・石橋 由美・上村 佳世子(訳) (2002) 行為としての心. 北大路書房.〔Wertsch, J. V., 1998〕[3-2-4]

ワーチ，J. V.／田島 信元・佐藤 公治・茂呂 雄二・上村 佳代子（訳）（2004）　心の声：媒介された行為への社会文化的アプローチ（新装版）．福村出版．〔Wertsch, J. V., 1991〕[3-2-4]

ホワイト，M.・エプストン，D.／小森 康永（訳）（2017）　物語としての家族（新訳版）．金剛出版．〔White, M., & Epston, D., 1990〕[3-8-3]

ヴィンデルバント，W.／篠田 英雄（訳）（1929）　歴史と自然科学・道徳の原理に就て・聖：『プレルーディエン』より（岩波文庫）．岩波書店．〔Windelband, W., 1894〕[2-1-8]

Wood, D., Bruner, J. S., & Ross, G. (1976) The role of tutoring in problem solving. *Journal of Child Psychology and Psychiatry, 17*(2), 89-100. [1-3-6, 3-4-7]

山田 早紀（2023）　大逆事件再審請求における KTH CUBE システムを用いた供述分析の可能性．石塚 伸一（編），刑事司法記録の保存と閲覧：記録公開の歴史的・学術的・社会的意義（龍谷大学社会科学研究所叢書；pp. 314-329）．至誠堂書店．[4-6]

山田 早紀・斎藤 進也・浜田 寿美男・指宿 信（2011）　自白供述分析の 3 次元的視覚化システムにおけるテクノロジー：法学，心理学の融合のかたち．法と心理，*10*(1)，107-109．[2-3-14, 4-6]

山田 早紀・サトウ タツヤ（2012）　供述調書の理解を促進するツールの有用性の検討：裁判員の理解支援をめざして．立命館人間科学研究，*25*，15-31．[4-6]

やまだ ようこ（1997）　モデル構成をめざす現場心理学の方法論．やまだ ようこ（編），現場（フィールド）心理学の発想（pp. 161-186）．新曜社．[3-4-9]

やまだ ようこ（2000）　人生を物語ることの意味：ライフストーリーの心理学．やまだ ようこ（編），人生を物語る：生成のライフストーリー（pp. 1-38）．ミネルヴァ書房．[3-4-10, 3-8-1]

やまだ ようこ（2002）　現場（フィールド）心理学における質的データからのモデル構成プロセス：「この世とあの世」イメージ画の図像モデルを基に．質的心理学研究，*1*，107-128．[2-1-7, 3-7-2, 4-7]

やまだ ようこ（2004）　質的研究の核心とは：質的研究は人間観やものの見方と切り離せない．無藤 隆・やまだ ようこ・南 博文・麻生 武・サトウ タツヤ（編），質的心理学：創造的に活用するコツ（pp. 8-13）．新曜社．[1-3-1]

やまだ ようこ（2018）　ビジュアル・ナラティヴとは何か．N：ナラティヴとケア，*9*，2-10．[3-8-3]

やまだ ようこ（2020）　質的モデル生成法：質的研究の理論と方法（やまだようこ著作集第 4 巻）．新曜社．[2-3-10]

やまだ ようこ・山田 千積（2009）　対話的場所モデル．質的心理学研究，*8*，25-42．[2-1-7]

山口 洋典・北出 慶子・遠山 千佳・村山 かなえ・安田 裕子（2022）　トランスビューからマルチビューへの展開を通した経験の物語化への方法論：ボランティア体験の言語化を促進する実践的研究へアプローチとして．ボランティア学研究，*22*，97-112．[4-3]

山本 純子・中本 明世（2017）　新人看護師が臨床 1 年目の経験を通して活用した看護基礎教育の学び：学士課程卒新人看護師の 3 事例．日本看護医療学会雑誌，*19*(1)，13-20．[4-2]

山根 佐智子・三田地 真実（2022）　発達障害の子どもの母親にとっての「障害受容」という記号のもつ意味：TEM を用いた自己分析によって生じた自己変容に着目して．安田 裕子・サトウ タツヤ（編），TEA による対人援助プロセスと分岐の記述：保育，看護，臨床・障害分野の実践的研究（pp. 181-201）．誠信書房．[4-5]

矢守 克也（2010）　アクションリサーチ：実践する人間科学．新曜社．[3-5-8]

矢守 克也（2016）　アクションリサーチの〈時間〉．実験社会心理学研究，*56*，48-59．[3-8-13]

矢守 克也 （2018） アクションリサーチ・イン・アクション：共同当事者・時間・データ．新曜社．[3-8-13]

安田 裕子 （2005） 不妊という経験を通じた自己の問い直し過程：治療では子どもが授からなかった当事者の選択岐路から．質的心理学研究, *4*, 201-226．[1-1-1, 1-2-3, 2-1-1, 4-5]

安田 裕子 （2009） 未婚の若年女性の中絶経験の変化プロセス：その径路を TEM 図で描いてみる．サトウ タツヤ（編），TEM ではじめる質的研究：時間とプロセスを扱う研究をめざして（pp. 57-74）．誠信書房．[1-2-8]

安田 裕子 （2012） 9±2 人を対象とする研究による等至点の定め方と径路の類型化．安田 裕子・サトウ タツヤ（編），TEM でわかる人生の径路：質的研究の新展開（pp. 32-47）．誠信書房．[1-3-13]

安田 裕子 （2015a） 等至性と複線径路：両極化した等至点と ZOF（ゾーン・オブ・ファイナリティ）へ．安田 裕子・滑田 明暢・福田 茉莉・サトウ タツヤ（編），TEA 理論編：複線径路等至性アプローチの基礎を学ぶ（pp. 30-34）．新曜社．[2-3-17]

安田 裕子 （2015b） 分岐点と必須通過点：諸力（SD と SG）のせめぎあい．安田 裕子・滑田 明暢・福田 茉莉・サトウ タツヤ（編），TEA 理論編：複線径路等至性アプローチの基礎を学ぶ（pp. 35-40）．新曜社．[1-2-7, 3-5-6]

安田 裕子 （2015c） 未定と未来展望：偶有性を取り込み，価値が変容する経験として．安田 裕子・滑田 明暢・福田 茉莉・サトウ タツヤ（編），TEA 理論編：複線径路等至性アプローチの基礎を学ぶ（pp. 41-45）．新曜社．[2-1-5, 2-2-4, 2-2-5]

安田 裕子 （2015d） 画期をなすこと：研究者の視点と所在．安田 裕子・滑田 明暢・福田 茉莉・サトウ タツヤ（編），TEA 理論編：複線径路等至性アプローチの基礎を学ぶ（pp. 46-51）．新曜社．[1-3-8, 2-1-10]

安田 裕子 （2015e） 行動と価値・信念：発生の三層モデルで変容・維持を理解する（その2）．安田 裕子・滑田 明暢・福田 茉莉・サトウ タツヤ（編），TEA 実践編：複線径路等至性アプローチを活用する（pp. 33-40）．新曜社．[1-2-7]

安田 裕子 （2015f） 複線性と多様性を描く地図づくり：TEA による分析の流れ（その1）．安田 裕子・滑田 明暢・福田 茉莉・サトウ タツヤ（編），TEA 実践編：複線径路等至性アプローチを活用する（pp. 41-46）．新曜社．[1-3-3, 2-1-13]

安田 裕子 （2015g） 径路の可視化：TEA による分析の流れ（その2）．安田 裕子・滑田 明暢・福田 茉莉・サトウ タツヤ（編），TEA 実践編：複線径路等至性アプローチを活用する（pp. 47-51）．新曜社．[1-2-7]

安田 裕子 （2015h） コミュニティ心理学における TEM／TEA 研究の可能性．コミュニティ心理学研究, *19*(1), 62-76．[4-9]

安田 裕子 （2017） 生みだされる分岐点：変容と維持をとらえる道具立て．安田 裕子・サトウ タツヤ（編），TEM でひろがる社会実装：ライフの充実を支援する（pp. 11-25）．誠信書房．[1-2-7, 1-2-9, 2-1-5, 2-2-5]

安田 裕子 （2018a） 複線径路等至性アプローチ（TEA）．日本教育工学会 SIG-9「質的研究」第3回セミナー．TEA（複線径路等至性アプローチ）を使った研究への第二歩「TEA を使った質的研究を学ぶ②：次の一歩に進みたい貴方へ」．関西大学（大阪府大阪市）．2018年2月10日．[1-1-4]

安田 裕子 （2018b） トランスビュー．能智 正博（編集代表），質的心理学辞典（p. 277）．新曜社．[1-3-4]

安田 裕子 （2019） TEA（複線径路等至性アプローチ）．サトウ タツヤ・春日 秀明・神崎 真実（編），質的研究法マッピング：特徴をつかみ，活用するために（pp. 16-22）．新曜社．[1-2-6, 1-2-9]

安田　裕子（2022a）　略語一覧．安田　裕子・サトウ　タツヤ（編），TEA による対人援助プロセスと分岐の記述：保育，看護，臨床・障害分野の実践的研究（p. xii）．誠信書房．[1-2-6]

安田　裕子（2022b）　HSI（歴史的構造化ご招待）と EFP：ご招待（inviting）によりその経験に接近する．安田　裕子・サトウ　タツヤ（編），TEA による対人援助プロセスと分岐の記述：保育，看護，臨床・障害分野の実践的研究（pp. 13-19）．誠信書房．[1-2-5, 1-3-14]

安田　裕子（2023）　採録　オンライン講習会 TEA 基礎編：TEM を理解する．サトウ　タツヤ・安田　裕子（監修），カタログ TEA（複線径路等至性アプローチ）：図で響きあう（pp. 91-99）．新曜社．[1-2-8, 1-2-10, 3-4-6]

安田　裕子・サトウ　タツヤ（編）（2012）　TEM でわかる人生の径路：質的研究の新展開．誠信書房．[4-1]

安田　裕子・サトウ　タツヤ（編）（2017）　TEM でひろがる社会実装：ライフの充実を支援する．誠信書房．[4-3, 4-4]

八ッ塚　一郎（2019）　アクションリサーチ．サトウ　タツヤ・春日　秀朗・神崎　真実（編），質的研究法マッピング：特徴をつかみ，活用するために（pp. 241-246）．新曜社．[3-8-13]

横山　草介（2018）　「意味の行為」とは何であったか？：J. S. ブルーナーと精神の混乱と修復のダイナミズム．質的心理学研究，*17*，205-225．[3-4-11]

横山　草介（2019）　ブルーナーの方法．溪水社．[3-4-10, 3-4-11, 3-4-12, 3-4-13]

吉田　彩（2020）　在宅がん患者の看取りにおける家族の対処の過程．日本看護科学会誌，*40*，260-269．[4-2]

張　暁蘭（2021）　TEA に基づく日本語学習者の他者支援から自律学習への変化：中国人結婚移住女性のケーススタディーを通して．東アジア日本学研究，*5*，13-19．[4-3]

Zittoun, T. (2003) The hidden work of symbolic resources in emotions. *Culture & Psychology*, *9*(3), 313-329. [3-4-3]

Zittoun, T. (2009). Dynamics of life-course transitions: A methodological reflection. In J. Valsiner., P. C. M. Molenaar., M. Lyra, & N. Chaudhary (Eds.), *Dynamic Process Methodology in the Social and Developmental Sciences* (pp. 405-430). Springer. [3-4-1, 3-4-3]

ジトゥン，T.（Zittoun, T.）／木戸　彩恵（訳）（2015）　移行，イマジネーション，そして TEM：「鳥の目」からの分析，「亀の目」からの分析．安田　裕子・滑田　明暢・福田　茉莉・サトウ　タツヤ（編），TEA 理論編：複線径路等至性アプローチの基礎を学ぶ（pp. 97-100）．新曜社．[2-1-12, 3-4-1]

Zittoun, T., & Gillespie, A. (2016a) *Imagination in Human and Cultural Development*. Routledge. [2-3-9, 2-3-15, 3-4-2]

Zittoun, T., & Gillespie, A. (2016b). Imagination: Creating alternatives in everyday life. In V. P. Glăveanu & B. Wagoner (Eds), *The Palgrave Handbook of Creativity and Culture Research* (pp. 225-242). Palgrave Macmillan. [2-3-4]

Zittoun, T., & Valsiner, J. (2016) Imagining the past and remembering the future: How the unreal defines the real. In T. Sato, N. Mori, & J. Valsiner (Eds.), *Making of the Future: The Trajectory Equifinality Approach in Cultural Psychology* (pp. 3-19). Information Age Publishing. [2-3-15]

あとがき

　本書は，TEA（Trajectory Equifinality Approach: 複線径路等至性アプローチ）に関わる用語について解説した用語集です。方法論としての TEA には明確な誕生日があり，それは 2004 年 1 月 25 日のことです。この日，立命館大学人間科学研究所連続公開企画 3 として「文化心理学と人間関係の諸相」と題するシンポジウムが行われました。このシンポジウムは，当時クラーク大学教授であったヤーンこと Jaan Valsiner が立命館大学客員教授として来日したことをきっかけに開催されました。筆者（監修者の 1 人，サトウタツヤ）は "Money and Child Project; from the viewpoint of cultural psychology" という発表を行い，初めて equifinality の考え方を導入したデータ分析を行いました。この発表は韓国の少女がお小遣いをもらうようになるプロセスを "Equifinality in development"（Valsiner, 2001, fig. 3.4, p. 62）を用いて分析したものです。

　この分析をヤーンが喜び，方法論として展開することになりました。そして，もう 1 人の監修者である安田裕子が自身のデータ分析に取り入れることを決意して論文を執筆したのです（安田，2005）。この過程で equifinality の訳語を等至性とするなどの骨格が定まりました。今では信じられないかもしれませんが，初期においては心理学「界」においてまったく理解されないこともありました。やがて，心理学以外の学範で受け入れられ始め，TEA として多くの人に受け入れられるようになりました。海外の研究者にも使われています。こうした過程で多くの仲間に出会い，そして支えられて，ついには TEA と質的探究学会（事務局長：荒川歩）が設立されたことはたいへんありがたいことだと思っています。今回の用語集は学会の設立を記念して企画されたようなものであり，研究交流委員会（委員長：中坪史典）が項目や執筆者を定めてできあがったものです。「新しい酒は新しい革袋に盛れ」ではありませんが，監修者の 2 人はあえて企画立案の骨格や目次立てには携わらないように努めました（責任を放棄するという意味ではありません）。

　TEA を展開するにあたって，初期の頃に筆者が強調していたことをここで紹介したいと思います。それはコピーレフトです。コピーライト（著作権

と訳されていますが複製権とすべき）におけるライトをレフトに置き換えたというシャレではありますが，ライトが右ではなく権利であるように，レフトは左ではなく leave の過去分詞としての left（＝手放された）です。方法によっては，どこどこで研修を受けなければダメであるとか，創始した2人が仲違いして〇〇派と□□派があるとか，そういう例があります。筆者はそういうことを本当にバカバカしいと思っており，TEA についてはみなさんで自由闊達にやってほしいと思っています。適度な助言は惜しみませんが，創始者に聞いてアドバイスを受けたからそれで OK というのはちょっと違うと思っています。

　ついでにもう1つ，TEA を用いた研究は自由に展開してよいということも強調したい点です。TEA の初期には TLMG（発生の三層モデル）はありませんでした。TLMG は径路の記述とは異なり，個人の心理メカニズムの記述であるため，初期には必要なかったものです。同様に，オートエスノグラフィーとの TEM との接点である Auto-TEM もありませんでした。さらに，最近であればシモンドンの個体化理論や松村康平の関係学理論を取り入れる動きがあります。自由にやってください。この用語集についても，同じ語でも説明が異なるニュアンスで書かれていたり，さらには同じ語の説明が正反対のように取れる場合があるかもしれません。そのような場合，ある語の説明が複線径路で与えられると考えてみて，自分なりの考えをまとめてほしいと思います。この用語集は初級者にとっては足場かけ（scaffolding）の機能を果たすと思いますが，中級以上の方はこれを踏み台にして自身の研究や TEA を発展させていってほしいと願っています。

　2025年1月

　　　　　　　　　　　　　監修者を代表して　　サトウ　タツヤ

和文索引

■ 人 名

ヴァルシナー（Valsiner, J.）　3, 4, 36, 37, 39, 47, 60, 63, 65, 76, 81, 82, 85, 86, **88**, 89, 90, 91, 92, 93, 94, 95, 96, 97, 98, 99, 112, 114, 115, 132, 134

ヴィゴツキー（Vygotsky, L. S.）　15, 56, 76, 81, 83, 84, 85, 87, 92, 106, 114

ウェルナー（Werner, H.）　114

ウォディントン（Waddington, C. H.）　122, 123

ヴント（Wundt, W. M.）　79

エリクソン（Erikson, E. H.）　123

ガーゲン（Gergen, K. J.）　145

ザンダー（Sander, F.）　114

シモンドン（Simondon, G.）　73

シュタインタール（Steinthal, H. H.）　78

スキナー（Skinner, B. F.）　116

スクリブナー（Scribner, S.）　56

チャイクリン（Chaiklin, S.）　85

ティリヒ（Tillich, P. J.）　50, 51

ドリーシュ（Driesch, H.）　36

パース（Peirce, C. S.）　80, 121, 151

バストス（Bastos, A. C. S.）　125

バフチン（Bakhtin, M. M.）　104

ハーマンス（Harmans, H.）　68, 105

ファン・デル・フェール（van der Veer, R.）　85

フォン・ベルタランフィ（von Bertalanffy, L.）　6, 36, 41, 129, 131, 133

ブルーナー（Bruner, J. S.）　61, 106, 110, 111, 113

ベネディクト（Benedict, R.）　126

ベルクソン（Bergson, H.）　48, 49

ベルタランフィ　→　フォン・ベルタランフィ

ボーア（Bohr, N.）　113

ホーキンス（Hawkins, D.）　130

マリノフスキー（Malinowski, B.）　156

モスコヴィッシ（Moscovici, S.）　120

ライプニッツ（Leibniz, G. W.）　112

ラザルス（Lazarus, M.）　78

レヴィン（Lewin, K.）　55, 118, 119, 159

ロトマン（Lotman, J.）　115

■ ア 行

Ⅰポジション　105

アクションリサーチ　**159**

足場かけ　**106**

あたりまえさ　110

厚い記述　107

アブダクション　**121**

域的記号　**91**

移境態　**103**

移行　100, **102**

維持　5, **39**

異時間混交性　**56**

異時性　56

1/4/9 の法則　**19**, 28, 30,

一般化　43, 99, **136**, 138, 143

一般システム理論　6, 8, 36, 41, **129**, 131

一般システム論　129

イノベーション　206

イマジネーション　60, 65, 71, 73, **101**, 102

意味生成　110

意味づけ　110

意味づけの諸行為　**110**

因果関係　**142**

因果性　142

因果律　142

インタビュー　21

ヴィゴツキーの三角形　**81**, 82

エスノグラフィー　107, **156**, 157

エスノメソドロジー的会話分析　154

エピジェネティック・ランドスケープ　122

オートエスノグラフィー　**157**, 177

オープンシステム　133

■ カ 行

外化　5, **93**, 94

回顧型研究　**128**

回顧的　127

外在化　　93
解釈主義　　143, 144, **146**
概念的カテゴリー　　22
開放系　　129, **133**
開放システム　　133
カイロス時間　　51
カイロス的時間　　48, 50, **51**, 63, 95, 150
会話分析　　**154**
かかわり　　72
拡張的現在　　**95**
影の径路　　**62**
仮現運動　　86
過去志向的　　54
語り　　109, 149, 188
KACHINA CUBE システム　　190
価値変容経験　　16
価値変容点　　**16**, 170, 186, 199
画期点　　**25**
葛藤　　118
過程　　**38**
可能世界　　**112**
可能な径路　　**23**
喚起的 AE（オートエスノグラフィー）
　　157
関係学　　**72**
関係構造　　72
看護　　168
看護学　　**168**
看護支援　　168
看護実践能力　　168
慣習的 OPP　　13
記号　　16, 64, 65, **80**, 82, 88, 90, 91, 92, 93,
　　94, 95, 98, 134
記号圏　　64, **115**
記号的プロトコル　　**64**
記号による媒介　　**82**
記号の階層　　**96**
記号論的罠　　**63**
キャリア　　53, 170, 178
キャリア心理学　　**178**
QOL 評価法　　148
QDA ソフト［→定性データ分析ソフト］
　　161
境界域　　**47**, 95, 97
境界性　　103

境界線　　124
供述分析　　188
協働型　　166
共同研究者　　18
距離化　　**124**
緊張関係　　39, 40, 125
偶有性　　**52**, 117, 128
グラウンデッド・セオリー・アプローチ
　　155
クローズドシステム　　133
クロノス的時間　　**50**, 51, 63, 150
クロノス時間　　50
クローバー分析　　**71**
経営学　　**203**
KJ 法　　38, **151**
刑事裁判　　70
KTH CUBE システム　　70, 191
径路　　**7**, 23, 29, 46, 112
径路の類型化　　**28**, 140
ゲーゲンスタンド　　97
ゲシュタルト心理学　　86
ケーススタディ　　158
結果的 OPP　　13
結合　　84
限界性　　103
研究協力者　　**18**, 19, 21, 141
研究参加者　　18
研究対象者　　18
言語教育学　　**173**
言語文化　　174
現場　　66, **108**, 156, 159
厚生心理学　　**193**
後成的風景図　　7, **122**
構造　　**38**
構想力　　101
行動分析学　　117
後方視　　**127**
顧客経験　　206
個人的文化　　**94**
個人の生活の質評価法　　**148**
個性記述的アプローチ　　**43**
コーディング　　**22**, 30
子ども理解　　165
混合型研究　　160, 186
混合研究法　　67, 135, **160**, 161, 184

236

■ サ 行

再現可能性　138
再現性　**138**
最小のゲシュタルト　**86**, 97, 99
サイバネティクス　**130**, 138, 142
更一般化された意味領域　92
更一般化された記号領域　92
更一般化された情感的な記号領域　88, **92**
三層　32, 93
サンプリング　**141**
時間的因果システム　132
時間的展望　**55**, 119
時間プロセス並行法　**67**
閾（敷居）　103
時期区分　**24**, 25
自己　68
思考　110, 111, 113
自己エスノグラフィー　157
自己 TEA 分析　59
自己内対話　105
システミックな視点　132
自然言語処理　152
持続　49
実＝現　114
実証主義　136, **143**, 144, 145, 146, 203
質的データ　22, 67, 153, 154, 160, 161
質的データ分析支援ソフトウェア　161
誌的の運動　**125**
私的事象　**116**
私的出来事　116
自伝的記憶　20
社会構成主義　136, 137, **145**
社会的助勢　12, **14**, 118, 201
社会的表象　**120**
社会的方向づけ　12, **14**, 118, 201
集合的文化　**94**, 98
収束の促進的記号　**65**
縦断的研究　128
収斂デザイン　160
純粋持続　48, **49**, 151
障害者研究　**198**
条件づけ理論　123
冗長性　**98**
冗長な統制　**98**

事例研究　**158**, 203
事例報告　158
人生　44
人生行路　45
真正性　**139**
信憑性　139
信頼性　139
心理的葛藤　45, 96, **118**
心理的道具　81, **83**
随伴性　52, **117**
水路づけの理論　**123**
推論　121
スキーマ・アプローチ　192
スキャフォールディング　106
ストーリー　109
ストーリーライン　**26**
生活　44
生活の質　44
制度的 OPP　13
生命　44
2nd 等至点　**10**, 11, 58
セカンド等至点　10
説明的順次デザイン　160
ゼロ等至点　**58**
前向型研究　**128**
前向的　127
潜在的な径路　62
前方視　**127**
前方視的再構成法　127
総合　**84**
総合された個人的志向性　**17**
想像　101
想像力　101
相補性　**113**
促進的記号　12, 32, 65, **90**
組織学習　205

■ タ 行

対象　97
対象理解　168
対立記号　91
対話的構築主義アプローチ　147
対話的自己　15, 62, 102
対話的自己論　68, **105**, 181
多次元操作主義　135

多重線形性　37
多重等至性　57
多重等至点　**57**
多声性　**104**
多声対話　66
多声的・山脈的自己　**68**
多声モデル生成法　**66**
妥当性　**137**
探索的デザイン　160
中核の想像　71
TLMG図　**32**
定常状態　**41**
定性データ分析ソフト　**161**
テキストマイニング　**152**
徹底的行動主義　116
TEM図　21, 24, 25, **29**, 42, 108
TEM的飽和　9, **27**
TEM統合図　30
展結　**73**
点的記号　**91**
転導　73
転用可能性　137, 138, **140**, 196
同一性　**46**
統計解析　152
統合　84
統合された個人的志向性　17
統合したTEM図　30
統合TEM図　**30**
洞察　121
等至域　**61**
等至性　8, **36**, 122
等至点　3, 7, **8**, 9, 10, 11, 12, 14, 57, 61, 123, 128, 139, 141, 166
動的平衡システム　**131**
突発的出来事　100
トライアンギュレーション　**135**
トランジション　102
トランスビュー　4, 7, 10, 19, **21**, 139, 181, 194
トランスビュー的飽和　27

■ **ナ　行**
内化　5, 83, **93**, 94
内在化　93
内的志向性　17

内的状態　17
内面的意味　87
ナノ心理学　**99**, 157
ナラティブ　**109**, 110, 146, 149
ナラティブ・アプローチ　**149**
ナラティブ・セラピー　149
ナラティブ・モード　**111**
二重刺激法　132

■ **ハ　行**
場所　108
発生学　122
発生の三層モデル　5
　→TLMG
発生の促進的記号　**65**
発達の最近接領域　**85**, 106
発綻　121
場面　108
場理論　55, **119**
破裂　100
反転図形　113
非可逆的時間　3, 24, 29, 46, **48**
微視発生　114
必須通過点　**13**, 14, 28, 103, 115
微発生　185
微発生　**114**
批判的実在論　144
表象　120
標本抽出　141
ぶ厚い記述　**107**, 193
フィードバック　130, **134**
フィードフォワード　**134**
フィールド　108
複製可能性　138
複線径路　**6**, 8, 12
複線径路等至性アプローチ　2
　→TEA
複線径路等至性モデリング　3
　→TEM
複線性　**37**
付帯性　52
布置　**126**
普遍化　136
文化が人に属する　**89**, 174
文化心理学　**76**, 79, 80, 88

分岐域　　**60**
分岐点　　**12**, 14, 20, 28, 32, 37, 39, 40, 53, 60,
　　71, 100, 101, 115, 125, 166, 170, 186, 197,
　　204
分岐点における緊張　　**40**, 87, 96
文体分析　　192
閉鎖系　　**133**
閉鎖システム　　133
壁象　　**97**
ベターメント　　159
変容　　5, **39**, 69, 89
保育・幼児教育学　　**164**
包括体系的セッティング　　**64**
包括体系的な視点　　**132**
包摂的分離　　32, 91
法と心理学　　**188**
保健支援　　168
ポスト実証主義　　**144**
ポドテキスト　　**87**
ポリフォニー　　104
翻訳可能性　　140

■ マ 行

マイクロジェネシス　　114
未定さ　　**53**, 59
未定状態　　53
未来志向性　　23, **54**
未来展望　　54, 57, 58, 59
未来等至点　　**59**, 181
民族心理学　　43, 77, **78**
メルクマール　　25
目的の領域　　**15**, 23, 52, 73
目標の領域　　15

モデリング　　3, **42**, 197
モデル　　**42**, 197
モデル化　　42
物語　　109, 111, 149

■ ヤ 行

抑制的記号　　**90**

■ ラ 行

ライフ　　**44**, 53, 142, 147, 148, 169, 173, 179,
　　183, 193
ライフイベント　　45
ライフコース　　20, **45**, 102, 171
ライフストーリー　　**147**, 150, 176, 201
ライフヒストリー　　147, **150**
ライフライン・インタビュー法　　**20**, 69
ラプチャー　　47, 58, 62, **100**, 102, 103, 195
ラベルづけ　　**22**, 30
リサーチクエスチョン　　24, 135
リズム　　49
リミナリティ　　103
流動平衡　　41
領域　　15
両極化した 2nd 等至点　　**11**
両極化したセカンド等至点　　11
両極化した等至点　　**9**, 61
両極化した等至点的飽和　　27
量的データ　　67, 160
理論的飽和　　19, 27
臨床心理学　　**183**
類似性　　**46**
歴史的構造化ご招待　　4
　　→HSI

和文索引　　239

欧文索引

■ 数　字
2nd EFP［→ 2nd 等至点］　10

■ A-E
abduction　121
action research　159
acts of meaning　110
AE［→オートエスノグラフィー］　157
Aktualgenese　114
authenticity　139
autoethnography　157
Auto-TEM　94
BFP［→分岐点］　12
BFZ［→分岐域］　60
bifurcation point　12
bifurcation zone　60
boundary　47
canalization　123
career psychology　178
case study　158
causal relationship　142
causality　142
classifying trajectories　28
clinical psychology　183
closed system　133
clover analysis　71
CLVA［→クローバー分析］　71
coding　22
collective culture　94
complementarity　113
confederate　18
configulation　126
conflict　118
contingency　52
contingency　117
cultural psychology　76
culture belongs to the person　89
cybernetics　130
dialogical self theory　105
disability research　198
distantiation　124

DST［→対話的自己論］　105
durèe pure　49
dynamic equilibrium system　131
early childhood education and care　164
EFP［→等至点］　8
EMCA［→会話分析］　154
epigenetic landscape　122
equifinality　36
equifinality point　8
ethnography　156
ethnomethodological conversation analysis　154
extended present　95
externalization　93

■ F-J
feedback　134
feedforward　134
F-EFP［→未来等至点］　59
field　108
field theory　119
field-like sign　91
forward-looking type study　128
future equifinality point　59
future orientation　54
Gegenstand　97
general system theory　129
generalization　136
grounded theory approach　155
GST［→一般システム理論］　129
GTA　26, 38, 155, 161
heterochrony　56
Historically Structured Inviting　4
HSI　2, 4, 46, 54, 141
hyper-generalized affective sign field　92
idiographic approach　43
imagination　101
inhibitor sign　90
integrated TEM diagram　30
internalization　93
interpretivism　146

iQOL 148
irreversible time 48
IS［→抑制的記号］ 90

■ K-O

Kairos time 51
KJ method 151
Kronos time 50
KTH［→ KTH CUBE システム］ 70
KTH CUBE system 70
labeling 22
language education 173
law and psychology 188
law of 1/4/9 19
LH（→ライフヒストリー） 150
life 44
life course 45
life history 150
life story 147
life-line interview method 20
LIM［→ライフライン・インタビュー法］ 20
liminality 103
LS［→ライフストーリー］ 147
maintaining 39
management studies 203
Merkmal 25
M-GTA 26
microgenesis 114
minimal Gestalt 86
mixed methods research 160
MMR［→混合研究法］ 160
model 42
modeling 42
multi equifinality 57
multi equifinality point 57
multilinearity 37
multiple trajectories 6
multi-vocal and mountainous self 68
nanopsychology 99
narrative 109
narrative approach 149
narrative mode 111
nursing 168
object 97

obligatory passage point 13
open system 133
OPP［→必須通過点］ 13
ordinariness 110

■ P-T

P-2nd EFP［→両極化した 2nd 等至点］ 11
parallel-3D-TEM 69
parallel temporal process method 67
ParallelTEM 69 独
P-EFP［→両極化した等至点］ 9
personal culture 94
PMPM［→多声モデル生成法］ 66
poetic movement 125
point-like sign 91
polarized equifinality point 9
polarized second equifinality point 11
polyphonic model production method 66
polyphony 104
positivism 143
possible worlds 112
post-positivism 144
potential trajectory 23
preordained point 25
private event 116
process 38
promoter sign of convergence 65
promoter sign of genesis 65
promotor sign 90
prospective 127
PS［→促進的記号］ 90
PSC［→収束の促進的記号］ 65
PSG［→発生の促進的記号］ 65
psychological tools 83
psychology with a thick description of life 193
pure duration 49
qualitative data analysis software 161
race psychology 78
redundancy 98
redundant control 98
repeatability 138
replicability 138
reproducibility 138

欧文索引 241

retrospective **127**
retrospective study **128**
rupture **100**
sameness **46**
sampling **141**
saturation in TEM **27**
scaffolding **106**
SCAT **153**
Schedule for the Evaluation of Individual
　　Quality of Life **148**
science of relationships **72**
SD［→社会的方向づけ］ **14**
second equifinality point **10**
SEIQoL［→個人の生活の質評価法］ **148**
semiosphere **115**
semiotic protocol **64**
semiotic trap **63**
SG［→社会的助勢］ **14**
shadow trajectories **62**
sign **80**
sign hierarchy **96**
sign mediation **82**
similarity **46**
social constructionism **145**
social direction **14**
social guidance **14**
social representation **120**
SOP［→記号的プロトコル］ **64**
SPO［→総合された個人的志向性］ **17**
steady state **41**
steps for coding and theorization **153**
story **109**
storyline **26**
structure **38** 独
STS［→包括体系的セッティング］ **64**
subtext **87**
synthesis **84**
synthesized personal orientation **17**
systemic setting **64**
systemic view **132**
TEA **2**, 44, 77
TEM **2, 3**, 4, 8, 9, 10, 11, 29, 38

TEM diagram **29**
tensions on a bifurcation point **40**
text mining **152**
thick description **107**
Three Layers Model of Genesis **5**
time division **24**
time perspective **55**
TLMG **2, 5**, 16, 32, 40, 90, 116, 170, 175,
　　178, 184, 199, 203
TLMG diagram **32**
TM［→テキストマイニング］ **152**
TP［→時間的展望］ **55**
trajectory **7**
Trajectory Equifinality Approach **2**
Trajectory Equifinality Modeling **3**
transduction **73**
transferability **140**
transforming **39**
transition **102**
trans-view **21**
triangulation **135**
trustworthiness **139**

■ **U-Z**

uncertainty **53**
universalization **136**
validity **137**
value transformation experience **16**
value transformation moment **16**
Völkerpsychologie **78**
VTE **16**
VTM［→価値変容点］ **16**
Vygotsky's mediational triangle **81**
ZEF［→等至域］ **61**
Z-EFP［→ゼロ等至点］ **58**
zero-equifinality point **58**
ZOF［→目的の領域］ **15**
zone of equifinality **61**
zone of finality **15**
zone of proximal development **85**
ZPD［→発達の最近接領域］ **85**

【監修者紹介】

サトウ タツヤ（佐藤 達哉）
　　　立命館大学総合心理学部教授，博士（文学　東北大学）

安田 裕子（やすだ ゆうこ）
　　　立命館大学総合心理学部教授，博士（教育学　京都大学）

【編者紹介】

中坪 史典（なかつぼ ふみのり）
　　　広島大学大学院人間社会科学研究科教授，博士（教育学　広島大学）

土元 哲平（つちもと てっぺい）
　　　中京大学心理学部任期制講師，博士（文学　立命館大学）

上川 多恵子（かみかわ たえこ）
　　　立命館大学 OIC 総合研究機構専門研究員，博士（人間科学　立命館大学）

中本 明世（なかもと あきよ）
　　　甲南女子大学看護リハビリテーション学部准教授，博士（保健学　金沢大学）

加藤 望（かとう のぞみ）
　　　名古屋学芸大学ヒューマンケア学部准教授，博士（教育学　広島大学）

TEA と質的探究用語集

2025 年 3 月 15 日　第 1 刷発行

監 修 者	サトウタツヤ
	安　田　裕　子
編　　　者	中　坪　史　典
	土　元　哲　平
	上　川　多恵子
	中　本　明　世
	加　藤　　　望
発 行 者	柴　田　敏　樹
印 刷 者	西　澤　道　祐
発 行 所	株式会社 誠 信 書 房

〒112-0012　東京都文京区大塚 3-20-6
電話　03 (3946) 5666
https://www.seishinshobo.co.jp/

© Tatsuya Sato et al. 2025　　　　　　　あづま堂印刷／協栄製本
＜検印省略＞　　落丁・乱丁本はお取り替えいたします
ISBN978-4-414-30030-7 C3011　　　Printed in Japan

JCOPY ＜出版者著作権管理機構　委託出版物＞
本書の無断複製は著作権法上での例外を除き禁じられています。複製される場合は，そのつど
事前に，出版者著作権管理機構（電話 03-5244-5088，FAX 03-5244-5089，e-mail : info@jcopy.
or.jp）の許諾を得てください。